D0843979

BASTEI
LÜBBE
TASCHENBUCH

Dieses Buch ist auch als E-Book erhältlich

Über die Autorinnen:

Jeannine Klos, 1973 in Saarlouis geboren, arbeitet als medizinisch-technische Assistentin in einem Krankenhaus-Labor. Zusammen mit ihrem Mann und den beiden Töchtern lebt sie im Saarland.

Co-Autorin Anne Pütz, ebenfalls 1973 in Saarlouis geboren, studierte Theater-, Film- und Fernsehwissenschaft in Köln und Regie an der Deutschen Film- und Fernsehakademie Berlin. Sie schreibt Drehbücher und Reportagen und dreht Dokumentarfilme. Anne Pütz lebt mit ihrer Tochter in Berlin. Zurzeit bereitet sie einen Dokumentarfilm über vertauschte Babys vor.

Jeannine Klos
mit Anne Pütz

Übermorgen
Sonnenschein

Als mein Baby vertauscht wurde

BASTEI
LÜBBE
TASCHENBUCH

BASTEI LÜBBE TASCHENBUCH
Band 60749

1. Auflage: August 2013
2. Auflage: September 2013

MIX
Papier aus verantwor-
tungsvollen Quellen
FSC® C014496

Dieser Titel ist auch als E-Book erschienen

Dieses Buch beruht auf Tatsachen. Zum Schutz der Rechte der Personen
wurden einige Namen, Orte und Details verändert.

Originalausgabe

Dieses Werk wurde vermittelt durch die
Literarische Agentur Thomas Schlück GmbH, 30827 Garbsen

Copyright © 2013 by Bastei Lübbe AG, Köln
Textredaktion: Sylvia Gredig, Köln
Titelbild: © Demurez Cover Arts/Winter Wolf/Trigger Image
Alle anderen Fotos: © privat
Umschlaggestaltung: Manuela Städele
Satz: hanseatenSatz-bremen, Bremen
Gesetzt aus der Stempel Garamond
Druck und Verarbeitung: GGP Media GmbH, Pößneck
Printed in Germany
ISBN 978-3-404-60749-5

Sie finden uns im Internet unter
www.luebbe.de
Bitte beachten Sie auch: www.lesejury.de

Für meine Mädchen

»Vergiss nicht, dass jede schwarze Wolke
eine dem Himmel zugewandte Sonnenseite hat.«

Friedrich Wilhelm Weber (Arzt und Dichter)

KAPITEL 1

*E*s sind die sonnigen Tage in unserem Garten, die ich am meisten liebe. Wir alle genießen diese Zeit. Yara springt auf dem Riesentrampolin, Lina planscht im Schwimmbecken, Ralf jätet Unkraut, und ich entspanne im Liegestuhl, trinke einen Cappuccino und schaue dem Treiben der anderen zu. Wir fahren nirgends hin, wir planen nichts, sondern leben einfach in den Tag hinein. Manchmal kommen am Abend spontan ein paar Freunde vorbei, und wir grillen, was noch im Kühlschrank oder in der Vorratskammer zu finden ist. Das ist unser kleines Paradies, unsere heile Welt.

Damals, im Frühjahr 2007, war auch einer dieser herrlichen sonnigen Tage. Ich lag mit dickem Babybauch im Garten und machte mir Gedanken über die bevorstehende Geburt. Bis zur 35. Woche hatte sich die Kleine wie wild in meinem Bauch gedreht, zwanzig Stunden am Tag, er war schon ganz verbeult ... und ich hatte das Gefühl, dass sie nie richtig lag. *Ob das noch was wird?*, grübelte ich. *Bestimmt holen sie sie wie Yara mit der Saugglocke oder noch schlimmer: mit einem Kaiserschnitt.* Dabei hätte ich so gern ambulant entbunden, das war ein großer Wunsch von mir. Ein paar Stunden im Krankenhaus, und dann alle ab nach Hause. Doch ich befürchtete, dass dieser Wunsch auch dieses Mal nicht in Erfüllung gehen würde. Und während ich meine Gedanken weiter schweifen ließ, sah ich mich plötzlich im Kreißsaal, und Hannah, meine Hebamme, hielt freudestrahlend unser Baby in die Höhe. Da war sie, unsere Kleine! Was für ein wundervolles Kopfkino ... Ralf und ich als überglückliche und stolze Eltern. Bevor wir unsere Tochter aber selbst im Arm halten durften, verschwand Hannah mit ihr in einen anderen Raum, wo alle Neugeborenen medizinisch versorgt wurden. Ralf blieb bei mir und streichelte über meinen verschwitzten Kopf. Ungeduldig warteten wir, dass uns unser Kind endlich gebracht wurde – als etwas Ungeheuerliches passierte: Unsere Kleine, die noch kein Namensbändchen bekommen hatte, wurde von der zuständigen Krankenschwester im Untersuchungszimmer mit einem anderen Mädchen, das auch gerade zur Welt gekommen war und ebenfalls noch kein Namensbändchen trug, verwechselt! Die Krankenschwester, die sich beeilte, weil die Säuglinge schrien und weil noch genug Zeit zum Bonding bleiben sollte, brachte uns das falsche Baby zurück. Das Allerschlimmste aber war: Weder ich noch Ralf bemerkten die Vertauschung.

Ein Schauer lief mir den Rücken hinunter; was Fantasie sein sollte, fühlte sich wie gruselige Wirklichkeit an. Und dieser Sonnentag im Garten erschien mir auf einmal gar nicht mehr so strahlend und warm.

Ich wollte diese Schreckensvorstellung am liebsten abschütteln, aber sie überfiel mich wieder und wieder. Ich wunderte mich über mich selbst. Statt Angst davor zu haben, dass meinem Baby während der Geburt etwas passieren könnte – schließlich hatte ich schon oft gehört, was Sauerstoffmangel und andere Komplikationen anrichten konnten –, biss ich mich allein an diesem einen absurden Gedanken fest. Ich hatte weder Angst davor, dass das ungeborene Kind eine Behinderung haben könnte, noch kam mir der Gedanke, dass mir selbst etwas während des

Geburtsvorgangs zustoßen könnte, in den Sinn. Und das, obwohl ich solch einen tragischen Fall sogar kannte. Die Schwester meines Exfreundes starb bei der Geburt ihres zweiten Kindes, nachdem ihr eine Ader im Kopf geplatzt war.

Doch nachvollziehbare Ängste quälten mich nicht. Mir graute allein vor dem total unwahrscheinlichen Fall einer Kindesverwechslung.

Es war während einer Milchschnitte- und einer Maggi-Werbung, vielleicht auch, als für o.b. oder Duracell geworben wurde, als ich Ralf zum ersten Mal davon erzählte. »Du? Ich hab Angst, dass unser Baby nach der Geburt vertauscht werden könnte. Stell dir mal vor, man geht mit einem falschen Kind nach Hause! Der totale Horror, oder?«

Mir war schon klar, dass er mich bestimmt nicht in den Arm nehmen und antworten würde: »Schatz, jetzt mach dir mal keine Sorgen. Das wird bestimmt nicht passieren. Aber ich kann dich so gut verstehen, diese Angst beschleicht mich auch hin und wieder.« Ralf, der auch sonst eher ein nüchterner Typ ist, kann sich in Ängste, die für ihn »irreal« sind, einfach nicht hineinversetzen. Ich schätze, so geht es den meisten Menschen, insbesondere den meisten Männern.

»Wie bitte soll das denn passieren? Das ist im Leben noch nicht vorgekommen«, entgegnete er kopfschüttelnd und schaute mich ungläubig an.

»Hör zu: Egal, was passiert – auch wenn ich ins Koma fallen sollte oder so was –, du musst immer bei unserem Baby bleiben. Ja?«

»Warum solltest du denn ins Koma fallen – so ein Quatsch!«

»Ich glaub auch nicht, dass ich ins Koma fallen werde. Aber darum geht es jetzt auch gar nicht! Schwör einfach, dass du Hannah bzw. den Schwestern auf Schritt und Tritt folgen wirst, wenn sie mit unserem Baby aus dem Kreißsaal gehen.«

»Alles klar, mach ich«, versprach er mir brav.

Wie so oft hatten wir auch dieses Mal die Werbepause optimal genutzt, um uns auszutauschen. Darin waren wir in den sechs Jahren unserer Ehe Weltmeister geworden. Es ging sogar so weit, dass wir die vielen Werbeunterbrechungen begrüßten und sie gar nicht mehr als nervige Zerstückelung unseres Fernsehvergnügens empfanden. Besonders für Ralf, der nicht gern viel redet und nicht zugetextet werden will, sind diese überschaubaren Zeitfenster zum Austausch perfekt.

Und ich war erleichtert, dass er mich nicht für verrückt erklärt hatte. Trotzdem nahm ich mir vor dem Einschlafen fest vor, diese Panikmache in meinem Kopf abzustellen. So etwas kannte ich auch gar nicht von mir … Oder doch? Während der Schwangerschaft mit Yara hatte ich auch schon einmal solch unbegründete Angstmomente erlebt, aber eben Momente. Ich war damit allein klargekommen und hatte auch niemandem davon erzählen müssen. Nicht umsonst genoss ich den Ruf einer Susi Sorglos, Ängste gab es in meinem Leben nicht, im Gegenteil, ich war immer zu allen Abenteuern bereit.

Ich war es auch, die am Anfang unserer Beziehung mal aus unserem beschaulichen Saarland herauskommen wollte und Ralf zu einer Reise nach Venezuela überredete – inklusive einer dreitägigen Dschungelwanderung im Orinokodelta. Ich erinnere mich, dass ich vor nichts Angst hatte und mich vor nichts ekelte. Auf dem Esstisch stand ein Glas mit einer riesigen Tarantel, die unser einheimischer Guide gefangen hatte. Auf meinem Haaransatz saßen Hunderte von Stechmücken. Wir mussten aufpassen, nicht in Luftwurzeln zu fallen, und an den Bäumen durften wir uns nicht festhalten, weil sie giftige Dornen hatten oder sich vermeintliche Äste als gefährliche Schlangen entpuppten. Aber Angst verspürte ich nicht! Ich war fasziniert von all den unglaublich lauten Tiergeräuschen und dem satten Grün um mich herum. Ich sehe unseren Guide noch vor mir, wie er uns mit einer Machete den Weg bahnte. Und als wir an einem Fluss vorbeikamen, fischte er einen Piranha aus dem Wasser und ließ ihn filmreif in einen Plastikbecher beißen. Im Nu war der Becher zerschreddert. Der Guide erklärte uns, dass die Piranhas einen kleinen scharfen Stachel haben, mit dem sie ihre Beute aufschlitzen. Wenn sie das Blut riechen, kommen sie in ganzen Schwärmen angeschwommen – dann hat man keine Chance mehr. Bei Sonnenuntergang fuhren wir mit einem Bötchen zur Laguna di Silencio. Dort genossen wir einen grandiosen Ausblick. Solch eine unberührte Landschaft hatte ich zuvor noch nie gesehen, ich kam mir wie in einer Traumwelt vor. Das glasklare Wasser schimmerte leicht rötlich. Ab und zu sprangen ein paar Fische in die Luft. Der Guide bot an, dass wir hier eine Badepause machen könnten. Sofort fragten die anderen aus unserer Gruppe, was mit den Piranhas sei. Es gäbe hier keine, sagte der Guide, da das Wasser der Lagune zwei Grad wärmer sei als das des Flusses. Ich wusste, dass ich so eine Gelegenheit nie mehr in meinem Leben bekommen würde. Und ich konnte einfach nicht widerstehen. Ohne zu überlegen, sprang ich kopfüber ins tiefe Kühl hinein. Ich fühlte mich so frei und mutig wie noch nie. Ralf sprang hinterher, aber die anderen blieben alle im Boot sitzen. Ich konnte das nicht verstehen. Ich fürchtete weder irgendwelche Piranhas noch sonst etwas.

Aber jetzt, wenige Wochen vor meiner zweiten Entbindung, hatte ich Angst. Große Angst.

Ich fragte mich, ob das mit den Hormonen zusammenhing? War das vielleicht so ein Frau-in-der-Schwangerschaft-Ding? Während einer Schwangerschaft kann die Gefühlswelt schon mal Kopf stehen. Ob eine meiner Freundinnen solche Ängste vielleicht sogar kannte? Ich nahm mir vor, beim bevorstehenden Treffen in großer Runde Feldforschung zu betreiben.

»Habt ihr eigentlich auch Angst davor gehabt, dass eure Babys im Krankenhaus vertauscht werden könnten?«

Irritierte Blicke statt einer Antwort, dann folgte Gelächter.

»Wie kann man vor so etwas Angst haben? Das ist ja wohl der unwahrscheinlichste Fall aller Fälle«, sagte Jule trocken.

Oje, wenn nicht mal Jule darauf einging, die sonst so einfühlsam war …

»Jeannine, das ist absoluter Unsinn!«, rief Ricarda. »So etwas gibt es nur im Film. Oder in Amerika. Aber doch nicht bei uns im Saarland.« Ricarda, meine Freundin seit Jugendtagen, fasste sich an die Stirn.

Ich kam mir so kindisch vor. Bevor sich auch noch Paula zu einer Bemerkung hinreißen ließ, wechselte ich schnell das Thema.

Zu Hause erinnerte ich Ralf gleich wieder an seine »Aufsichtspflichten«. Und im Vergleich zu meinen Freundinnen kam er mir fast schon wie Mutter Teresa leibhaftig vor: Er nickte und gab mir mit einem unaufgeregten

Blick zu verstehen, dass ich mich auf ihn verlassen könne. Das beruhigte mich – für eine kurze Zeit aber nur. Denn bald schon kam es wieder, dieses schleichende Gefühl der Angst, gegen das ich vergeblich anzukämpfen versuchte. Ich fühlte mich unglaublich allein damit.

KAPITEL 2

*I*ch wünschte mir dieses Mal ein Mädchen – aus zweierlei Gründen: Erstens wusste ich, was mit einem Mädchen auf mich zukommen würde. Durch Yara war ich doch tatsächlich zu einer typischen Mädchenmami geworden, obwohl ich früher immer gedacht hatte, dass Jungs viel besser zu mir passen würden. Sie sind leichter zufriedenzustellen – ein bisschen Sand oder ein Fußball und fertig. So dachte ich es mir zumindest. Für mich als großer Fußballfan wäre ein Junge also perfekt. Mittlerweile wusste ich aber, welchen Chichi Mädchen brauchen, und fand sogar Gefallen daran. Zweitens wollte ich ein Mädchen, das charakterlich ganz anders als Yara sein und aussehen würde. Ich war in die Vorstellung verliebt, zwei ganz unterschiedliche Mädchen zu haben. So unterschiedlich, wie meine Schwester Michaela und ich es waren. Michaela, die völlig anders aussieht als ich, die mit Fußball überhaupt nichts anfangen kann und die einen Beruf gewählt hat, den ich schrecklich öde finde.

Als nun mein erster Ultraschall, zudem noch in 3-D, in der 22. Schwangerschaftswoche anstand, war ich gespannt wie ein Flitzebogen. Wie würde dieses kleine Wesen in meinem Bauch aussehen? Konnte man schon Ähnlichkeiten erkennen? Und vor allem: Würde es ein Junge oder ein Mädchen werden?

Meine Mutter fragte, ob sie mich zu dieser Untersuchung begleiten dürfe. Zu ihrer Zeit, in den Siebzigern, gab es »so etwas Modernes« noch nicht. Mir kam das gerade recht, denn die gynäkologische Abteilung des Winterbergs war bekannt dafür, dass man trotz Termin oft stundenlang warten musste. Und so konnten wir uns unterhalten, und die Zeit würde schneller vergehen.

Dr. Bark, ein junger, sympathischer Arzt mit Brille und einem netten Lächeln, erklärte mir alles ganz genau. Auch die neugierigen Fragen meiner Mutter, was dies oder das für ein Organ sei, beantwortete er geduldig. Er errechnete den Geburtstermin, nachdem er nach dem Datum meiner letzten Periode gefragt hatte und nun die Größe des Fötus ausmaß: Am 12. Juni sollte unser Baby das Licht der Welt erblicken.

Kein gutes Datum!, schoss es mir sogleich durch den Kopf. Ralf hat am 13. Juni Geburtstag. Wenn ich am Tag davor oder gar an Ralfs Geburtstag entbinde, muss seine Feier ins Wasser fallen. Für mich als Partybiest einfach unvorstellbar. Außerdem fand ich, dass Kinder möglichst ihren eigenen Geburtstag haben und nicht mit ihren Eltern oder noch schlimmer mit dem Christkind zusammen feiern sollten. Aber letztlich kann man es sich nicht aussuchen … Und es gab heute noch eine viel entscheidendere Frage – die auch meine Mutter beschäftigte.

»Können Sie denn sehen, ob es ein Junge oder ein Mädchen wird?«, fragte sie den Arzt, und ihrer Stimme war anzuhören, dass sie vor Neugier beinah platzte.

Dr. Bark sah mich grinsend an, und ich nickte grinsend zurück.

»Zu achtzig Prozent«, sagte er und machte eine kurze Pause, »wird es ein Mädchen werden.«

Ich strahlte über das ganze Gesicht. Und auch meine Mutter freute sich riesig, denn sie ist auch ein Mädchenfan. Zum Abschied druckte Dr. Bark von meinem turnenden Baby noch zwei Bilder aus, überreichte sie mir und wünschte mir alles Gute.

Noch im Hinausgehen betrachtete ich die Aufnahmen und erkannte sofort die typische ovale Kopfform, die schmalen Lippen, die hohe Stirn – alles von Ralf! Er hatte einfach die dominanteren Gene. Auch unsere zweite Tochter würde also mehr ihm als mir ähneln. Von wegen unterschiedliche Kinder! »Egal, Hauptsache, das Baby ist gesund« – mit diesem Gedanken schob ich meine aufkeimende Enttäuschung beiseite und freute mich einfach.

Nachdem ich meine Mutter zu Hause abgesetzt hatte, startete ich zur inzwischen traditionellen Freundinnen-Runde, um allen das Ultraschallbild zu zeigen. Ricarda erwischte ich bei Unterrichtsvorbereitungen, wie es sich für eine engagierte Lehrerin gehört, danach traf ich Paula zu einem Kaffee. Beide bestätigten mir, dass unser Baby eindeutig auf Ralf käme, eine zweite Yara sozusagen. Bei Nora, die selbst kurz vor ihrer Entbindung stand, ließ ich mir etwas mehr Zeit. »Hoffentlich bekomme ich nicht wieder so einen Fünfkilokoloss«, sagte sie und strich über ihre pralle Babykugel. »Ich hab richtig Schiss vor der Geburt.«

Ich sprach Nora gut zu und erzählte ihr, dass ich erst kürzlich wieder in einer Babyzeitschrift gelesen hätte, dass die zweite Geburt meist schneller und einfacher vonstattengehe als die erste. Schließlich wusste ich, wie Nora zu beruhigen war – sie glaubt immer ausnahmslos alles, was in Zeitschriften steht.

Zu guter Letzt an diesem Tag schaute ich noch bei Jule vorbei, die sich aber gerade auf den Weg zu ihren Gesangsproben machte, sie ist eine hervorragende Sängerin, und nur einen schnellen Blick auf das Super-3-D-Bild werfen konnte. Immerhin erkannte auch sie sofort, wessen Kind dieser Minifötus war.

Als Ralf am Abend von der Arbeit kam, war er sichtlich stolz, dass sich seine starken, tollen Erbanlagen mal wieder durchgesetzt hatten. »Na, dann kann ja auch die Namenssuche endlich losgehen«, sagte er mit liebevollem Grinsen. Er kannte mich nur zu gut.

KAPITEL 3

Das Duden-Vornamen-Buch ist wohl das meistgelesene Buch in meinem ganzen Leben. Fast jeden Abend lag ich nun im Bett und suchte nach *dem* Namen für unser Mädchen. Als zweiten Namen hatten wir schon bald »Caterina« ganz oben auf unserer Liste – wie Caterina Valente. Auch, wenn wir keine Fans von der Sängerin waren. Aber die Schreibweise des Namens hatte was. Meine Favoriten für den Rufnamen waren schließlich Emily und Lina. Ralf fand Svea am besten, für Emily konnte er sich überhaupt nicht begeistern.

Wie bei der Schwangerschaft mit Yara erzählten wir unsere Namensfavoriten im Familien- und Freundeskreis herum. Doch dieses Mal nervten mich irgendwie die Reaktionen der Leute. Entweder sei der Name »zu inflationär« oder »zu affig« oder sonst was. Das machte die Entscheidung nicht gerade einfacher.

Als ich dann aber beim Friseur saß, las ich in einer Zeitschrift, dass Heidi Klums Tochter, die so alt war wie Yara, Leni hieß. Den Namen gab es damals noch nicht so oft, und er gefiel mir auf Anhieb richtig gut. Ich war wirklich kein Fan von Heidi Klum, mich nervte ihre permanente Präsenz in den Medien, außerdem fand ich ihr Liebesgezwitscher mit ihrem Seal vollkommen aufgesetzt. Ich überlegte, ob ich nicht noch eine andere prominente, aber eher bewundernswerte Leni kannte. Mir fiel nur Leni Riefenstahl ein – mit der waren aber auch keine Pluspunkte zu holen.

»Wie findest du eigentlich Leni?«, fragte ich am Abend Ralf – einfach, um seine Reaktion zu testen.

Er war schon fast eingeschlafen und rappelte sich wieder hoch.

»Leni«, sagte er mit rauer Stimme und ließ den Namen kurz in seinen Ohren nachklingen. »Leni ... Der gefällt mir auch gut.«

»Na, dann haben wir doch den Namen für unser Kind«, rief ich begeistert, »Leni Caterina!«

Wir waren beide ganz glücklich mit unserer Entscheidung. Ralf schob mein Nachthemd hoch, formte seine Hände auf meinem Bauch zu einem Sprechrohr und rief hinein: »Hallo! Holger! Holger, hörst du mich?« Dann drückte er mit seinen Fingern in meinen Bauch. »Da ist der Po«, sagte er und machte so, als würde er einen Klaps geben. Ich lachte und fand Ralf einfach nur süß. Er küsste meine große Kugel, und wir alberten herum und vereinbarten, allen zu erzählen, wir hätten uns nun definitiv für den Namen Emily entschieden. Nur meine Freundin Ricarda weihte ich in unser Geheimnis ein. Niemand zweifelte an unserem Beschluss. Umso überraschter würden alle sein, wenn sie nach der Geburt den richtigen Namen erfuhren.

Hätten wir allerdings gewusst, wie kompliziert die Sache mit dem Namen noch werden sollte, hätten wir auf dieses selbst gemachte Verwirrspiel sicher verzichtet. Doch für uns war es erst einmal nur ein kleiner Spaß.

KAPITEL 4

An den Tagen vor dem errechneten Geburtstermin redete ich Leni in meinem Bauch immer wieder gut zu, dass sie bitte, bitte nicht am 12. oder am 13. Juni das Licht der Welt erblicken sollte. Sie war ein braves Mädchen und hörte tatsächlich auf mich, und so konnten wir noch einmal ausgiebig und ohne Babyalarm eine große Party feiern.

Als sich einige Tage nach Ralfs Geburtstag jedoch noch immer nichts rührte, wurde ich unruhig. Was ich nämlich auf keinen Fall wollte, war eine Einleitung. Davor hatte ich großen Respekt. Ich hatte bislang nichts Gutes darüber gehört. Trotz Einleitung kann es wohl noch lange dauern, bis der Geburtsvorgang losgeht, und die Wehenschmerzen müssen sehr viel heftiger sein als bei einer spontanen Geburt.

Also kam ich auf die geniale Idee, die Geburt selbst irgendwie einzuleiten. Ich überlegte, was ich tun könnte. Wie in der Schwangerschaft mit Yara hatte ich auch dieses Mal zwanzig Kilo zugenommen und fühlte mich schwerfällig wie ein Walross.

Das Erste, was mir einfiel, war mich ausgiebig zu bewegen. Also rannte ich die Treppen in unserem Haus hoch und runter. Ich hörte erst auf zu rennen, als ich kaum noch Luft bekam. Aber es passierte nichts. Dann nutzte ich meine Energie, um das Haus zu putzen. Zumindest etwas Gutes hatte die ganze Aktion: Alles war so sauber wie schon lange nicht mehr. Dennoch spürte ich danach noch nicht einmal die kleinste Wehe. Ich musste also noch mehr machen – nur was? Für den Krankenhausaufenthalt war alles vorbereitet, die Tasche war gepackt, das Babyzimmer eingerichtet, Windeln und Essensvorräte in Massen gekauft. Da fiel mir der Garten ein. Eigentlich mochte ich Gartenarbeit überhaupt nicht, aber vielleicht würde das Bücken und Rausrupfen von Unkraut helfen. Einen Versuch war es wert. Also stieg ich ins Gemüsebeet und arbeitete so lange, bis mein Kreuz schmerzte. Ich sah schon Ralfs leuchtende Augen vor mir. Er wollte unseren Garten immer tipptopp haben. Aber es half alles nichts. Leni hatte anscheinend ihren eigenen Kopf und wollte noch weiter in mir ausharren. Dabei war ich inzwischen schon sieben Tage über dem Termin. Nun brauchte ich wirklich den Rat einer Spezialistin.

Ich rief meine Hebamme an und erzählte ihr von meinen vergeblichen Bemühungen. Hannah empfahl mir, am Abend einen Rizinuscocktail zu trinken. Das wirke in den meisten Fällen und würde sicherlich auch bei mir die Geburt einleiten, versicherte sie. Ich sollte Aprikosensaft, ein bisschen Wodka und Rizinusöl mixen und mir irgendwie einflößen.

Ich fuhr sofort los und besorgte alle Zutaten. Vorm Schlafengehen bereitete ich mir dann wie geheißen den angeblich magischen Cocktail zu. Ich betrachtete den Mix, der eher wie eine Suppe aussah. Obwohl ich ständig rührte, schwammen die Fettaugen immer oben. Ich fand es eklig, kippte das Zeug dann aber ex hinunter. Danach ging ich ins Bett und fiel nach nur wenigen Minuten mühelos in den Schlaf.

Ungefähr zwei Stunden später weckten mich heftige Darmkrämpfe. Ralf schlief tief und fest. Ich musste mich beeilen, um es noch rechtzeitig zur Toilette zu schaffen.

Und dann, von null auf hundert, hatte ich solch heftige Wehen, dass ich nicht mehr wusste, wo oben oder unten war. Ich krümmte mich vor Schmerzen und dachte nur, wie gut, dass ich so etwas nicht bei Yaras Geburt hatte aushalten müssen. Sonst wäre ich sicherlich kein zweites Mal schwanger geworden. Die Wehen kamen alle zwei Minuten mit einer solchen Wucht, dass es mir schier den Atem raubte. Bei Yaras Geburt war ich so stolz auf meine Bauchatmung gewesen, mit der ich die Wehen wegatmen konnte. Jetzt konnte ich froh sein, dass ich überhaupt noch irgendwie Sauerstoff bekam.

Die Ereignisse überschlugen sich – plötzlich hörte ich einen seltsamen leisen Knall, und ich spürte etwas Nasses zwischen meinen Beinen. Ich sprang schnell in die Dusche, um nicht das halbe Bad unter Wasser zu setzen. In der Dusche platzte die Fruchtblase dann komplett. Ich glaubte nicht, dass eine Steigerung der Schmerzen noch möglich sein könnte.

Hoffentlich sagen die Wehen nichts über den Charakter des Kindes aus, dachte ich japsend.

Ich duschte mich ab und beeilte mich, meine Hebamme anzurufen.

»Hannah, es ist so weit. Die Wehen kommen alle zwei Minuten. Die sind kaum auszuhalten.«

»Bleib ruhig, Jeannine, du bist nicht der Typ, dem das Kind unten rausfällt. Genieß noch die Zeit zu Hause«, sagte sie lässig.

»Genießen!?«, plärrte ich ins Telefon. »Ich hab jetzt schon das Gefühl, dass ich die Schmerzen nicht mehr wegatmen kann.«

Überzeugen konnte ich Hannah damit allerdings nicht. Sie blieb dabei: Es würde noch dauern.

Aber die Schmerzen wurden immer schlimmer. Ich

schleppte mich in die Küche und legte mich über die Arbeitsplatte, um dort zu atmen und vor mich hinzuwimmern. Irgendwann war auch Ralf wach und rief vom Schlafzimmer herunter: »Alles klar, Schatz?«

»Ich sterbe nur, aber bleib ruhig liegen«, antwortete ich unter Stöhnen. »Ich bau mir eine Standleitung zu Hannah auf.«

Fortan ließ ich alle halbe Stunde bei Hannah das Telefon klingeln.

»Ich kann nicht mehr!«

»Doch, doch, du kannst noch.«

»Ich kann wirklich nicht mehr!«

»Du hast noch Zeit, glaub mir!«

Irgendwann kam Ralf in die Küche. »Kann ich dir nicht doch irgendwie helfen?«, fragte er mitleidig.

Ich schüttelte kurz, aber bestimmt den Kopf. Allein schon der Gedanke, eine Rückenmassage oder sonst etwas zu bekommen, machte mich schier wahnsinnig. Hilflos trottete er zurück ins Bett. Nach einer weiteren Stunde, als ich die Schmerzen einfach nicht mehr ertrug und dachte, der Muttermund müsse nun schon mindestens einen halben Meter geöffnet sein, rief ich Hannah zum x-ten Mal an. Endlich erbarmte sie sich. »Okay, dann treffen wir uns um fünf in der Klinik.«

»Um fünf?«, stieß ich entsetzt hervor. »Das ist ja noch eine ganze Stunde!«

»Wenn du willst, fahr ruhig schon vor, ich bin dann um fünf da«, sagte sie und legte auf.

Ich war der Verzweiflung nahe. Doch Hannah wäre nicht meine Hebamme, wenn sie nicht immer recht hätte.

KAPITEL 5

*D*a ist ja noch gar nichts offen«, stellte Hannah mit Bedauern fest.

Ich konnte es nicht fassen. Über fünf Stunden diese höllischen Schmerzen für nichts und noch mal nichts! Ich war am tiefsten Tiefpunkt der Frustration angelangt.

»Dann helf' ich jetzt mal nach«, sagte Hannah aufmunternd und begann, mit ihren langen, schmalen Fingern meinen Muttermund zu dehnen. Mit Müh und Not kam sie auf zwei Zentimeter. Bei dieser Aktion überfiel mich eine derart brutale Wehe, dass mir auch noch übel wurde und ich erbrechen musste. Ich wischte mir mit einem Papiertuch den Mund ab und tat mir selbst unendlich leid.

»Wie sieht's denn mit 'ner PDA aus?«, fragte ich eher fordernd. Ich hatte wirklich keine Kraft mehr.

»Das geht leider nicht. Dafür ist es noch viel zu früh. Dann öffnet sich gar nichts mehr«, erklärte mir Hannah.

Zum ersten Mal in meinem Leben wusste ich, wie sich Verzweiflung anfühlt. Ich suchte Hannahs aufmunternden Blick, aber sie schaute besorgt auf den Wehenschreiber.

»Die Herztöne werden schwächer, wir rufen besser Dr. Leist dazu«, sagte sie.

Hannah und die Gynäkologin berieten sich und kamen zu dem Ergebnis, mir am besten einen Wehenhemmer zu geben. Im ersten Moment war ich zwar erleichtert, aber es kam mir völlig absurd vor so mitten im Geburtsprozess.

Schon wenige Minuten, nachdem sie mir den Tropf angelegt hatten, wurden die Schmerzen erträglicher. Nun wollte mich auch Dr. Leist untersuchen. Sie tastete und tastete und runzelte dann die Stirn. »Das Köpfchen ist nicht mehr im Becken.«

Ich fiel innerlich zusammen. *Hier geht ja gar nichts voran, stattdessen geht alles wieder zurück!*

Anscheinend fühlte sich Leni da unten nicht wohl und suchte sich ihren eigenen Weg, der falscher nicht hätte sein können.

»Wir haben nun zwei Möglichkeiten: Entweder warten wir ab, oder wir machen einen Kaiserschnitt«, schlug Dr. Leist vor.

»Einen Kaiserschnitt«, antwortete ich unverzüglich und fühlte mich, als ob ich in der Lotterie gewonnen hätte. Zum ersten Mal seit Stunden konnte ich wieder lächeln. Mir wäre alles recht gewesen, um endlich diesen Qualen zu entgehen. Auch Ralf war sichtlich erleichtert über diese Option. Die ganze Zeit hatte er mit bangem Blick neben mir ausgeharrt. Da er wusste, dass ich in Extremsituationen schnell aggressiv werden konnte, hielt er sich dezent im Hintergrund. Bei Yaras Geburt hatte er mir einmal über den Kopf streicheln wollen, doch ich hatte seine Hand weggeschlagen und ihn angefahren, dass er mich in Ruhe lassen soll. Ich gehörte nun mal nicht zu der Sorte Frau, die während einer Geburt betüddelt und getröstet, geschweige denn massiert, gestreichelt oder gehalten werden will. Das Einzige, was ich brauchte, war ein Bett, in dem ich während der Wehenpausen schlafen konnte.

»Möchten Sie wirklich einen Kaiserschnitt?«, hakte die Ärztin kritisch nach.

Ihrer Skepsis zum Trotz antwortete ich mit fester

Stimme: »Ja, bitte, ich kann nicht mehr. Ich krieg das hier alleine nicht mehr hin.«

Der Anästhesist war etwa so alt wie ich, klein, dunkelhaarig und trug eine Brille. Er wirkte auf mich eher wie ein Pfleger und nicht wie ein Arzt. Aber ich fand ihn auf Anhieb sympathisch. Er hatte einen recht derben Humor, was mir gefiel und in dieser Situation sogar guttat. Es war nicht nur mein erster Kaiserschnitt, es war meine erste Operation im Leben überhaupt. Ich bekam eine Teilnarkose. Wovor ich am meisten Angst hatte, war, dass man mir den Bauch aufschneiden und ich noch etwas spüren könnte. Der Anästhesist nahm irgendein Instrument und berührte damit eine Stelle an meiner rechten Flanke.

»Spüren Sie das?«

»Ja«, antwortete ich wie aus der Pistole geschossen, und gleich spritzte er noch etwas Narkosemittel nach. Dann testete er mich wieder. »Und jetzt?«

»Immer noch«, log ich, denn ich wollte auf keinen Fall riskieren, auch nur eine Sekunde zu früh aufgeschnitten zu werden. Er wartete etwas, bis das Mittel in die tieferen Schichten meiner Zellen einwirken konnte, und nahm dann beim dritten Versuch meine Antwort gleich selbst vorweg. »Jetzt können Sie wirklich nichts mehr spüren, Frau Klos.«

»Ja, jetzt ist es okay«, sagte ich beruhigt.

Und nachdem noch eine zweite Ärztin hinzugekommen war, ging es auch schon los. Meine Arme ausgestreckt und an den Handgelenken angeschnallt, lag ich da wie Jesus am Kreuz. Der Anästhesist erklärte mir, was die beiden Ärztinnen gerade machten. Als gelernte medizinisch-technische Assistentin interessierte mich das alles sehr, und es lenkte mich wunderbar ab. Die Geburt wurde auf einmal zweitrangig für mich. Ich begutachtete alle Geräte und Vorgänge. Bedenken, dass etwas schiefgehen könnte, hatte ich überhaupt keine. Ralf stand neben Hannah an meinem Kopfende. Ab und zu unterhielten sie sich, oder Hannah erklärte Ralf etwas. Von dem Austausch der beiden bekam ich allerdings nicht so viel mit, denn ich redete fast ununterbrochen mit dem Anästhesisten.

»Muss das Tuch da sein?«, fragte ich ihn. Ich hätte so gern zugeschaut, wie mein Baby aus meinem Bauch geholt wird.

»Auf keinen Fall können wir das Tuch fortnehmen, das geht aus ästhetischen Gründen nicht«, wehrte er meinen Wunsch ab. »Keiner will das sehen. Sie sind die Erste, die dabei zuschauen will.«

Ich lachte und fühlte mich so mutig wie damals bei dem Sprung in die Lagune. Doch plötzlich wurde mir elendig schlecht. Ich schaute auf den Monitor des Blutdruckmessers und sah, wie meine Werte in den Keller fielen. »Wenn nicht gleich etwas passiert, dann kotz ich Ihnen auf das Tuch.«

Obwohl mir schrecklich übel war, versuchte ich noch cool zu bleiben. Der Anästhesist schaute nach.

»Ach, das liegt an dem Haken«, bemerkte er trocken. Ich musste lachen. Eine der Ärztinnen nahm mir daraufhin den Haken, der meinen Bauch auseinanderspreizte und mir auf den Magen drückte, fort, und schnell wurde mir wieder besser.

»Jetzt sind Sie gleich durch«, informierte mich der Anästhesist.

»Ach, bis die sich durch meinen Speck gekämpft haben – das kann noch dauern.« Meine Laune stieg von Minute zu Minute.

»Nein, wirklich, man kann das Baby schon sehen«,

meinte Dr. Leist – und plopp – war unsere Leni auf der Welt. Sie war an Bauch, Schultern und Hals so von der Nabelschnur umwickelt, dass eine Spontangeburt überhaupt nicht möglich gewesen wäre. Die viel zu kurze Nabelschnur war also der Grund gewesen, warum Leni wieder aus dem Becken nach innen gerutscht war. Welch ein Glück, dass ich mich sofort für den Kaiserschnitt entschieden hatte!

So gern hätte ich mein Baby jetzt in den Arm genommen, aber es wurde mir nur für Sekunden vors Gesicht gehalten, damit ich es einmal anschauen konnte. Ich registrierte sofort, dass Leni tatsächlich so aussah wie Yara als Säugling. Meine Sehnsucht nach Leni war riesig, aber die Ärztin sagte mir, dass man meinem Kind erst noch die Lunge absaugen müsse, und dazu müsse man sie in ein Untersuchungszimmer mitnehmen.

»Was soll ich machen? Soll ich hierbleiben?«, fragte Ralf, als ob ich ihn nicht auf genau diesen Fall vorbereitet hätte.

»Was ist das denn jetzt für eine Frage«, antwortete ich völlig entgeistert.

»Ich muss mitgehen, weil sie Angst hat, dass das Baby vertauscht werden könnte«, sagte er und tat so, als würde er einen Witz machen, um dann aber gleich der Ärztin und Hannah hinterherzutrotten.

Ich war so glücklich und lachte lauthals über Ralfs Worte, während die andere Ärztin begann, meinen Bauch zuzunähen.

Nach dem Nähen wurde ich in ein Bonding-Zimmer gebracht; hier sollten Neugeborene und Eltern ihre erste nahe Bindung zueinander finden. Dort warteten Ralf und Leni und auch Hannah auf mich. Leni war jetzt in eine Decke gewickelt und hatte ein Mützchen auf. Mein Herz platzte fast vor Freude, als Ralf mir die Kleine auf die Brust legte. Endlich durften wir uns spüren und riechen und miteinander kuscheln. Ich konnte mich gar nicht sattsehen an ihr und genug bekommen von ihrem Babyduft. Pures Glück durchflutete meinen Körper. Ich streichelte sie und hielt sie an den Fingerchen. Um das rechte Armgelenk trug sie ihr Namensbändchen. Es war ziemlich breit und handschriftlich beschrieben. Ich prüfte kurz, ob ihr Name auch richtig geschrieben war. »Leni Klos« – alles korrekt.

Jetzt soll sie sich erst einmal ausruhen, dachte ich mir. So ein Kaiserschnitt ist für die Kleinen schließlich auch ein Schock, plötzlich aus Mamas Bauch raus und an der kalten Luft. Dann dachte ich ans Stillen. Ich wollte mir damit keinen Druck machen so wie bei Yara. Damals hatten Yara und ich eine zweiwöchige Tortur durchgemacht und probierten etliche Methoden aus, bis es – als ich gerade aufgeben wollte – endlich funktionierte. Ich wollte es dieses Mal entspannt angehen lassen und so nehmen, wie es kommen würde.

Als Hannah mir etwas später half, Leni anzulegen, suchte sie nur kurz, dockte sich dann an und trank. Ganz instinktiv und ganz natürlich. Ich war ziemlich verwundert, dass das Stillen sofort klappte, und zugleich unglaublich erleichtert. Leni schmatzte, als ob es ihr richtig gut schmecken würde.

»Was für ein Geschenk«, sagte ich zu Ralf und Hannah. Ralf machte ein paar Fotos, er wollte das unbedingt mit der Kamera einfangen. Als er mich fragte, wie es mit meinem Hunger oder Durst aussähe, winkte ich nur ab. Ich brauchte nichts – ich hatte alles.

»Du kannst alle meine Müsliriegel alleine essen«, sagte ich augenzwinkernd, denn Ralf war geradezu ein Müsliverächter. »Apropos: Wie viel wiegt sie eigentlich?«, erkundigte ich mich. Ich bedauerte es so sehr, dass ich bei den Untersuchungen nicht dabei sein konnte.

»3545 Gramm«, antwortete Hannah.

»Fast genauso viel wie Yara damals. Sie ist ihr überhaupt sehr ähnlich – außer beim Stillen«, bemerkte ich.

Nach dem Trinken schlief Leni friedlich an meiner Brust ein. Es war ein Moment von einem ganz besonderen Zauber.

»Ist die süß«, flüsterte ich Ralf zu und strahlte wie eine Sonne.

KAPITEL 6

*M*it Bettnachbarinnen hat man ja nicht immer Glück, daher war ich gespannt, wie meine so sein würde. Als ich Eva sah, wusste ich gleich, dass wir uns mögen würden. Sie war etwas jünger als ich, blondhaarig und hatte – genauso wie ich – eine charakteristische Nase. Ganz offenherzig begrüßte sie mich, und wir stellten uns gegenseitig unsere Babys vor. »Und das ist Romeo«, sagte sie mit liebevollem Blick auf ihr Baby.

Grundsätzlich stehe ich auf ausgefallene Namen, aber nun war ich doch einen Moment lang sprachlos: Romeo. *Hoffentlich wird der Kleine wegen seines Namens später nicht gehänselt werden.*

Noch bevor ich so etwas wie »Das ist aber wirklich ein besonderer Name« herausbringen konnte, verzog Romeo das Mündchen und fing jämmerlich an zu quäken. Wie sich herausstellte, hatte Eva im Vergleich zu mir wirklich Pech, denn Romeo war ein richtiger Schreihals. Eva wusste nie genau, ob er Hunger oder Schmerzen hatte, und gab ihm sicherheitshalber immer ein Fläschchen, wenn er schrie.

Leni und ich ließen uns davon aber nicht beeindrucken, wir ruhten uns erst einmal aus.

»Frau Klos«, hörte ich im Halbschlaf eine freundliche Stimme. »Frau Klos, ich bin Schwester Marion, ich müsste einmal Ihre Wunde kontrollieren.«

Schwester Marion war vom ersten Tag an meine Lieblingskrankenschwester. Mit ihren gut fünfzig Jahren und ihrer ruhigen, fürsorglichen Art strahlte sie etwas Mütterliches aus.

Ich fasste sofort Vertrauen zu ihr und erzählte ihr, dass ich mit meinem ersten Kind in puncto Stillen so schlechte Erfahrungen gemacht hatte und dass ich dieses Mal alles so machen wollte, wie ich es für richtig empfände. Sie bestärkte mich in meinem Entschluss. »Wenn trotzdem etwas sein sollte, dann rufen Sie aber«, sagte sie, während sie die Wunde begutachtete. »Muten Sie sich nicht zu viel zu, Sie müssen sich erst einmal erholen. Das ist ganz wichtig. Ihrer Kleinen geht es doch wunderbar.«

»Ja, ich bin auch so müde wie noch nie«, sagte ich. Und in Gedanken setzte ich hinzu: *Ist ja auch kein Wunder, wenn man eineinhalb Tage kaum geschlafen, extreme Schmerzen und eine Operation hinter sich hat.*

Es war gar keine Frage, dass Eva und ich unsere Babys für die Nacht abgeben würden. Wir Mütter brauchten Erholung, und ich hätte Leni nicht mal allein aus ihrem Bettchen heben können. Dafür war die Wunde zu frisch.

Und so fielen mir, kurz nachdem die Beistellbettchen mit unseren Babys hinausgeschoben worden waren, bereits die Augen zu.

Um fünf Uhr in der Früh wurde mir Leni wieder gebracht. Sie hatte großen Hunger und trank wie eine Weltmeisterin. Ich genoss das Stillen sehr und streichelte Leni dabei die ganze Zeit über ihre flauschigen hellen Haare. Ewig hätte ich so mit ihr zusammen sein können.

»Ich habe auch Frühstückshunger«, sagte Eva, die Romeo gerade ein Fläschchen gegeben hatte. »Sollen wir uns gleich frisch machen und schauen, was es für uns gibt?«

»Sehr gute Idee, ist sicher auch nicht verkehrt, mal in die Vertikale zu kommen«, sagte ich und drückte Leni, die in meinem Arm eingeschlafen war, noch einmal sanft an mich.

Keine halbe Stunde später gingen Eva und ich zusammen mit unseren Babys in den Frühstücksraum. Na ja, vielmehr schlich ich dorthin, so wackelig war ich noch auf den Beinen. Mein Kreislauf gab das Tempo vor, und das Babybettchen mit seinem Griff diente mir praktischerweise als Gehhilfe.

Der Frühstücksraum war nett eingerichtet, es standen mehrere Tische in der Mitte, und in einer Ecke war ein leckeres Buffet aufgebaut. Von meinem Platz aus konnte ich die anderen Mütter, die nacheinander mit ihren Babybettchen in den Raum wankten, beobachten – ein witziges Bild. Zwischen Brötchenbissen und Teeschlürfen nahmen Eva und ich eine Mutter nach der anderen genau unter die Lupe. Drei Mütter fielen uns besonders auf. Die eine war so eine Überempfindliche und führte diese typischen Zum-ersten-Mal-Mama-Gespräche. Gespräche, die man eigentlich nicht hören will.

»Die wird sich gleich nach dem Krankenhaus für einen Rückbildungskurs, einen Pekip-Kurs, fürs Babyschwimmen und für die Babymassage anmelden«, lästerte ich mit Vergnügen.

»Und noch für einen Stillkurs und für Baby-Osteopathie«, fügte Eva grinsend hinzu.

Zum Glück konnte ich mit ihr so reden. Obwohl sie zum ersten Mal Mama geworden war und Probleme mit ihrem Romeochen hatte, war sie entspannt und nicht nur an Babythemen interessiert. Die anderen Mütter, die uns auffielen, waren zwei Teenagerinnen. Die eine trottete mit gesenktem Kopf von ihrem Tisch zum Buffet und zurück, die Haare hingen ihr ins Gesicht, sie machte einen Eindruck, als ob sie auf Drogen sei.

»Die Arme, der muss es echt schlecht gehen«, flüsterte Eva mir zu, während ich mein drittes Brötchen mit Käse, Wurst und Gurken belegte.

»Eine glückliche Mutter mit Wunschkind sieht jedenfalls anders aus. Ob das gut geht, wenn die mit ihrem Kind nach Hause kommt? Hoffentlich tut sie dann ihm oder sich nichts an. Falls sie nicht schon hier aus dem Fenster springt.«

Dieses Mädchen sah wirklich elend aus. Wir versuchten ihr Alter zu schätzen. »Fünfzehn, allerhöchstens sechzehn«, mutmaßte Eva.

»Krass, in diesem Alter schon Mutter zu sein«, meinte ich kopfschüttelnd.

Als wir zu Ende gefrühstückt hatten, gingen wir zurück in unser Zimmer und kümmerten uns um unsere Babys. Da klopfte es auch schon an der Tür, und mein gut gelaunter Ehemann trat ein. Er küsste mich. Sein Gesichtsausdruck ließ mich vermuten, dass er ein Geschenk dabeihatte. Ich kannte ihn schließlich in- und auswendig. Zu Yaras Geburt hatte ich eine schicke Uhr bekommen. Gespannt fragte ich mich, was er wohl dieses Mal ausgesucht hatte, und rechnete wieder mit einem Schmuckstück. Und tatsächlich: Er überreichte mir ein Silbercollier mit funkelnden Steinchen. Sonst ist Ralf eher der Sparsame, aber wenn es drauf ankommt, kann er sehr großzügig sein.

»Also mit einem Geschenk hätte ich nun wirklich nicht gerechnet«, sagte ich gespielt überrascht.

Daraufhin ließ er betont lässig seinen Standardspruch fallen: »Können wir umtauschen, wenn's dir nicht gefällt.«

Das war natürlich nicht nötig, denn auch er kannte mich

in- und auswendig und traf immer meinen Geschmack. Er legte mir die Kette um meinen Hals. Ich zog einen Handspiegel aus der Schublade des Betttischchens hervor und musste prompt lachen. »Mit OP-Hemdchen eine wirklich außergewöhnliche Kombi«, scherzte ich. »Danke«, sagte ich dann leise, zog Ralf zu mir herunter und gab ihm einen Kuss.

Als Ralf Leni aus ihrem Bettchen hob, rief er lachend: »Puh, da stinkt aber jemand«, und begann, sie zu wickeln. Während ich zuschaute, wie er routiniert den kleinen Babypo säuberte und die Beinchen hochhielt, um die neue Windel auszubreiten, fragte ich mich, wie er sich wohl fortan fühlen würde, so unter drei Weibern. Sicherlich hätte er zur Verstärkung gern einen Jungen gehabt, auch wenn er nicht müde wurde zu betonen, dass ihm das Geschlecht seiner Kinder vollkommen gleichgültig sei. Aber meine und Yaras Shoppingorgien gingen ihm schon jetzt gehörig auf die Nerven. Immer, wenn er herausfand, dass ich fürs Online-Shopping etwas von unserem Konto abgebucht hatte, auch wenn es nur ein läppischer Betrag von zehn Euro für ein T-Shirt war, regte er sich auf. *Tja, mein Liebster, bald werden unsere Schränke noch voller werden*, dachte ich mir und schmunzelte.

Gegen Mittag kam dann der erste Besuch: meine Freundin Ricarda und ihr Mann Mathias – Lenis Patenonkel. Mathias hatte noch vor Ralf erfahren, dass ich schwanger war und dass er Pate werden würde. Ich hatte meinen Schwangerschaftstest nämlich bei Ricarda zu Hause gemacht, und zeitgleich mit Sichtbarwerden des positiven Ergebnisses war Mathias zur Haustür hereingekommen.

»Du wirst Pate!«, hatte ich ihm breit grinsend als Begrüßung zugerufen und mit dem Teststreifen hin und her gewedelt. Er nahm mich daraufhin in den Arm und drückte mich ganz fest. Es war sein »erstes Mal« als Patenonkel, und deswegen freute er sich umso mehr.

»Ist die niedlich!«, sagte Mathias jetzt. Voller Stolz nahm er sein Patenkind auf den Arm, und Ralf schoss gleich ein Foto von den beiden. Leni war ganz lieb, quengelte kaum und schlief die meiste Zeit. Und ich war richtig gut drauf.

»Man könnte glauben, ihr habt eine zweite Yara bekommen«, sagte Ricarda. »Die sah damals doch genauso aus. Wie Zwillinge ...«

»Ja, aber zum Glück trinkt sie besser«, sagte ich. Und während sich die Männer von Leni bespaßen ließen, zog ich meine Freundin beiseite. »Meinst du, es wäre in Ordnung, wenn ich Leni noch eine zweite Nacht abgebe? Ich fühle mich immer noch total schlapp.«

Ricarda bestärkte mich, doch ihre Worte bewirkten das Gegenteil. Ich fühlte mich beim bloßen Gedanken an eine weitere Nacht ohne Leni wie eine Rabenmutter.

Als meine Mutter später dazukam, sagte sie ohne Wenn und Aber: »Es ist wichtig, dass du ordentlich schläfst. Gib sie ab. Sie ist doch gut versorgt im Säuglingszimmer.«

Doch ich blieb hin- und hergerissen zwischen der Vorstellung, ein paar Stunden durchzuschlafen, und dem unguten Gefühl, Leni für eine weitere Nacht ins Säuglingszimmer zu schicken.

Als der Besuch längst gegangen war, haderte ich noch immer mit meiner Entscheidung. Schließlich ging es mir schon etwas besser als am Tag zuvor – auch wenn ich Leni noch nicht aus dem Bettchen heben konnte.

Schwester Marion, die vor dem Feierabend noch ihre Runde machte, sah mich lächelnd durch ihre große Brille an. »Ruhen Sie sich aus, Frau Klos. Dann sind Sie morgen wieder fit. Die Kleine ist doch gut aufgehoben bei uns. Und wenn etwas ist, bringen wir sie Ihnen sofort.«

Wahrscheinlich waren es ihre beruhigenden Worte, die mich ihrem Rat folgen ließen. Wenn auch zögerlich. Ich schob das Abgeben von Leni für die Nacht so lange wie möglich hinaus. Ich stillte sie ausgiebig und kuschelte noch bis kurz vor Mitternacht mit ihr. Dann gab ich mir einen Ruck.

Eva half mir, Leni in ihr Bettchen zu legen.

»Morgen ist deine Mama wieder richtig fit, und dann schläfst du auch bei mir«, versprach ich Leni, als ich sie zum Säuglingszimmer schob.

KAPITEL 7

*U*m sechs Uhr in der Früh hörte ich den geschäftigen Lärm der Morgenschwestern mit ihren scheppernden Wagen auf den Fluren. Ich war noch sehr müde und versuchte wieder einzuschlafen. Auch Eva und ihr kleiner Romeo schlummerten noch tief und fest. Aber so richtig wollte es mir nicht gelingen. Vielleicht lag es daran, dass es schon sehr hell in unserem Zimmer war – nicht umsonst war dies der längste Tag des Jahres. Und normalerweise werde ich immer wach, sobald es hell wird. Jetzt aber döste ich noch eine knappe Stunde vor mich hin, bis die Tür aufgerissen wurde.

»Guten Morgen!« Die Schwester der Frühschicht ging zum Fenster und schob den blassgelben Vorhang zur Seite. »Bitte einmal aufstehen, die Damen!«, rief sie und machte sich sogleich daran, unsere Betten aufzuschütteln. Ohne ein weiteres Wort verließ sie unser Zimmer, um kurze Zeit später mit einem Babybettchen wieder hereinzukommen. Sie schaute in meine Richtung. »Frau Klos? Ihre Leni.«

»Ja, hier«, antwortete ich freudig.

Dann stellte sie das Bettchen an mein Bett. Das Baby war wach und blickte mir direkt ins Gesicht. Ich erschrak so sehr, dass ich zusammenzuckte.

Nein, das kann nicht sein!, blitzte es durch meinen Kopf. *Jetzt ist es wirklich passiert!*

Erstarrt und stumm saß ich in meinem Bett und versuchte mich zu beruhigen. *Das kann nur ein Irrtum sein.*

Die Schwester hat sich sicher in der Tür geirrt. Die sagt jetzt sicher, ach, tut mir leid, das ist ja gar nicht Ihre Leni.

Doch die blondgelockte Schwester war schon fast wieder draußen und schien sich überhaupt keiner Schuld bewusst.

»Hallo, stopp mal!«, rief ich aufgeregt. »Das hier ist nicht mein Kind!«

Sie drehte sich zu mir um, kam zurück und blickte auf das Namensschild, das unten am Rand des Kinderbettchens angebracht war. »Wie?«, fragte sie in leicht pikiertem Tonfall. »Ihr Kind heißt doch Leni Klos, das steht doch hier an dem Bettchen.« Dann blickte sie auf das dünne Handgelenk des Säuglings. »*Und* auf dem Bändchen hier.«

Sie hielt das Ärmchen des Babys hoch. Ich beugte mich vor, um den Namen lesen zu können, aber die Buchstaben verschwammen vor meinen Augen, ich war in einem Schockzustand. *Jetzt konzentrier dich*, befahl ich mir. Ich schaute noch einmal, erst auf das Bändchen am Arm, dann auf das Schild am Bett, und ja, es stimmte – beide Male las ich den Namen meiner Tochter.

»Aber sie – sie sieht so anders aus«, stammelte ich.

»Das ist normal, Säuglinge verändern sich manchmal über Nacht«, entgegnete mir die Schwester resolut und rauschte auch schon davon.

Mir wurde fürchterlich übel, und ich spürte, wie mein Herz zu rasen anfing. Panik überfiel mich. Ich nahm das Baby, das offensichtlich gestillt werden wollte, aus seinem Bettchen und betrachtete es für ein paar Sekunden. Dann drehte ich mich zu Eva herum, die mich ganz ungläubig anschaute.

»Mir ist total schlecht. Das Kind sieht so anders aus. Was mache ich, wenn es verwechselt wurde?«

»Hä!? Das kann doch nicht sein. Lass mich mal schauen.« Eva stand auf, um zu mir herüberzukommen. Ihre Bemühungen in allen Ehren, aber sie war wirklich die Allerletzte, die hätte sagen können, ob das Baby nun anders aussah als am Tag zuvor oder nicht. Schließlich war man sehr mit seinem eigenen Baby beschäftigt, und gerade Romeo ließ ihr kaum eine ruhige Minute. Sie hatte Leni nicht mal bei der Begrüßung länger als ein paar Sekunden anschauen können.

»Das gibt es nicht. Sieh mal die Hände an. Die sind doch viel kleiner«, sagte ich in meiner ganzen Hilflosigkeit zu ihr. »Und diese weißen Pickel – was die für eine Neugeborenenakne hat«, stellte ich zudem fest. »Diese Pickel hatte sie doch gestern noch nicht. Keinen einzigen. Und jetzt sind ihre Wangen damit übersät. Das kann doch nicht alles über Nacht kommen!« Ich fühlte mich so elend wie noch nie in meinem Leben.

»Ich – ich weiß nicht«, stotterte Eva hilflos. »Ich kenne mich ja nicht aus. Aber das kann doch nicht sein, dass Babys verwechselt werden. Beruhig dich erst mal. Romeo hat sich in diesen zwei Tagen auch verändert.«

Das Argument eines ebenfalls mutierten Romeo überzeugte mich reichlich wenig in dieser Situation. Dieses Baby, das das Namensschildchen meiner Tochter trug, sah völlig anders aus als das Baby, das ich noch einige Stunden zuvor in meinen Armen gehalten und gestillt hatte.

»Aber die Kleine hier hat doch viel dunklere Haare, sie ist auch viel zierlicher, und ihre Finger sind kürzer«, insistierte ich. »Ein Säugling schrumpft doch nicht über Nacht.«

Ich hätte erbrechen und schreien können zugleich. Mit aller Macht versuchte ich, wieder einen klaren Gedanken zu fassen. Das Baby half mir dabei. Es fing an zu quäken, sicher weil es von Sekunde zu Sekunde hungriger wurde und die ganze Aufregung spürte.

»Ich still sie jetzt erst mal. Wenn sie nicht trinkt, dann stimmt da wirklich was nicht«, verkündete ich meinen Plan, der vor allem dazu diente, mich selbst zu beruhigen.

Ich schob mein T-Shirt hoch und legte die Kleine an meine Brust. Sie suchte, indem sie ihren Kopf ein paar Mal hin und her drehte, dann dockte sie sich an und schmatzte genauso, wie die Tage zuvor.

»Das gibt es nicht«, hauchte ich fassungslos.

Eva hatte erwartungsvoll zugeschaut und schien nun völlig überzeugt. »Siehste, alles gut.« Damit legte sie sich wieder in ihr Bett.

Ich hingegen war alles andere als überzeugt. Ich starrte auf das Kind an meiner Brust und war völlig durcheinander. Nun brauchte ich Ralf. Ich griff zum Telefon und rief ihn an. Als er abhob, sagte ich sofort: »Ich habe das Gefühl, die haben das Kind vertauscht!«

Ein paar Sekunden lang war am anderen Ende gar nichts zu hören. »Wie, die haben das Kind vertauscht? Jetzt dreh nicht durch!«

An seiner Stelle hätte ich wahrscheinlich auch nichts anderes geantwortet. Ich konnte es ihm wirklich nicht verübeln.

»An dem Kind sieht alles anders aus. Das ist nicht unser Kind«, versuchte ich ihm zu erklären, ohne hysterisch zu wirken.

Er antwortete in seiner gewohnt sachlichen Art. »Ich bin sowieso gleich da. Ich bring Yara noch in den Kindergarten, dann komme ich.«

Obwohl ich wusste, dass er genauso wenig wie Eva den Blick dafür haben würde, ob unser Baby am vorangegangenen Tag Pickel gehabt hatte oder nicht, so hatte es doch etwas Beruhigendes, dass er bald da sein würde.

»Komm, wir gehen uns erst mal stärken, sonst räumen die noch das Frühstücksbuffet ab«, sagte Eva. Und als ich zögerte, fügte sie noch hinzu: »Etwas zu essen, tut dir sicher gut, und bis dein Mann kommt, sind wir längst wieder im Zimmer.«

Die Vorstellung, allein mit diesem Baby hier im Zimmer zu bleiben und auf Ralf zu warten, ließ mich Evas Vorschlag folgen. Und so schoben wir wie schon am Tag zuvor unsere Babybetten vor uns her zum Frühstücksraum. Aber an diesem Morgen war ich wie unter einer Glasglocke, nahm kaum etwas um mich herum wahr. Ständig musste ich das Baby, das meins sein sollte, anschauen. Und die immer gleichen Gedanken wummerten in meinem Kopf. *Was mache ich, wenn mein Baby wirklich vertauscht worden ist? Was mache ich dann bloß?*, fragte ich mich in einer Endlosschleife, ohne eine Antwort zu finden.

Ich hatte keinen Appetit und beendete das Frühstück so schnell wie möglich. Dann ging ich mit dem Baby ins Zimmer, um Ricarda anzurufen. Ich brauchte meine beste Freundin dringender als jemals zuvor. Ich wusste, dass sie schon in der Schule sein würde und hoffte inständig, dass sie gerade an ihr Handy gehen konnte. Ich hatte Glück.

»Ich bin's. Da stimmt was nicht mit dem Kind«, platzte ich vollkommen aufgelöst heraus. »Ich glaube, es ist vertauscht. Aber ich weiß auch, dass das eigentlich nicht sein kann.«

Ricarda spürte sofort den Ernst der Lage. »Ich kann jetzt nicht länger reden. Ich komm direkt nach der Schule zu dir.«

Ich beruhigte mich selbst, indem ich mir sagte, dass

ich mit Ricardas Hilfe die Sache klären würde. Immerhin hatte sie Leni tags zuvor gesehen und hatte sie auch genau angeschaut. »Wie Zwillinge«, hörte ich sie noch einmal sagen und auf die Ähnlichkeit mit Yara hinweisen. Aber dieses Baby hier vor mir hatte so gut wie keine Ähnlichkeit mit Yara.

Bevor mich ein weiterer Panikschub aus der Bahn werfen konnte, stand auch schon Ralf im Zimmer. Er musste sich wirklich beeilt haben. Er gab mir zur Begrüßung einen Kuss und betrachtete dann das Baby, das in meinen Armen lag. Er ließ sich Zeit. Ich beobachtete ihn dabei genau, fühlte mich wie in einem Krimi und konnte seine Meinung kaum abwarten.

»Ja, sie hat sich etwas verändert. Die Haare sind anders«, stellte auch er fest.

Mit dieser schnellen Antwort hatte ich nicht gerechnet. Er sah es also genauso wie ich. Als mir gerade ein Stein der Erleichterung vom Herzen fallen wollte, weil die Sache endlich klar war, fügte er hinzu: »Aber das ist sie.«

Es wäre ja auch zu einfach gewesen, einer Meinung zu sein. Und dann auch noch bei so einer abwegigen Sache. Nun lag es an mir, Überzeugungsarbeit zu leisten. »Aber diese kleinen Finger. Und diese ganzen Pickelchen überall. Schau doch mal.«

Wie ich bereits im Vorhinein vermutet hatte, konnte er sich nicht daran erinnern, ob die Pickel am Tag der Geburt schon da gewesen waren oder nicht.

»Warte, ich mach sie jetzt mal frisch«, sagte Ralf.

Er zog Leni aus und schaute ihren nackten Körper an. Er nahm ihre Hände, betrachtete sie von allen Seiten.

»Sie sieht genauso aus wie nach der Geburt und wie gestern.«

Dann zog er sie wieder an. Ralfs Meinung beruhigte

mich ein wenig. Ich wollte ja auch nur eins: glauben, dass alles gut und dieses Kind Leni und niemand sonst war. Wahrscheinlich waren es einfach nur die Schmerzen, die Geburt, die OP, die Hormone, der Schlafmangel, die sich zu einem explosiven Cocktail der Angst und Unsicherheit mischten. Leni fing an zu quengeln. Anscheinend hatte sie schon wieder Hunger. Ich legte sie an, und sie trank sofort. Dabei machte sie die gleichen Schmatzgeräusche wie bei den anderen Malen. Genauso wie Eva schien Ralf das problemlose Stillen gänzlich zu überzeugen, dass dieses Baby nur unser Baby sein konnte.

Als meine Mutter etwas später ebenfalls zu Besuch kam, sprudelte es, kaum dass sie ihre Jacke ausgezogen hatte, aus mir heraus.

»Mama, ich hatte vielleicht eine Aufregung heute früh!«

»Warum das denn?«

»Ich dachte, die Schwester hat mir ein falsches Kind gebracht.«

Meine Mutter runzelte die Stirn. »So ein Quatsch! Das kann doch gar nicht sein!«, rief sie aus und betrachtete Leni in Ralfs Arm.

»Ja, eben. Und deshalb habe ich mich jetzt auch wieder beruhigt«, antwortete ich und stöhnte alles andere als beruhigt auf.

»Gib die Kleine mal her. Ich schau sie mir mal an.« Ralf reichte ihr Leni, und nach nur wenigen Sekunden Begutachtung sagte sie: »Gestern war dein Näschen aber nicht so breit.«

»Mama, hör auf!«, fuhr ich meine Mutter an – wollte ich doch mittlerweile, dass auch sie mich darin bestärkte, dass dies mein Kind war, und nicht noch Öl ins Feuer goss.

»Ihr spinnt doch alle beide«, sagte Ralf kopfschüttelnd.

»Ich sage ja nur, dass ich die Nase kleiner in Erinnerung

habe. Aber auf meine Meinung könnt ihr auch nichts geben – im Gegensatz zu Ralf war ich ja gestern nur kurz da«, erklärte meine Mutter. Damit war das Thema erst einmal vom Tisch.

Am frühen Nachmittag klopfte es an unsere Zimmertür und meine Freundin Bärbel, meine frühere Querflötenlehrerin, steckte den Kopf zur Tür herein. Ich war froh, dass Ralf sich gerade mal die Beine vertrat und meine Mutter zum Auto begleitete. Sogleich winkte ich Bärbel heran. Sie besuchte jeden Tag ihre krebskranke Mutter, die auf der Nachbarstation, auf der Inneren, lag, und war sogar am Tag der Geburt von Leni kurz bei mir gewesen, um uns zu gratulieren. Gestern hatte sie dann sogar ihren Vater mitgebracht, und die beiden hatten eine Weile bei mir und Leni am Bett gesessen. Ich hatte nachher ein richtig schlechtes Gewissen gehabt, weil ich mich über den Besuch nicht richtig freuen konnte. Mir taten die beiden so leid, und mir fiel es schwer, auch nur irgendwie auf ihre sorgenvolle Situation einzugehen. Aber sie schienen bei mir und meinem Baby einfach ein wenig Leben tanken zu wollen. Fast hätte ich diese kurzen Besuche vergessen, doch jetzt freute ich mich, dass es noch jemanden gab, den ich wegen Lenis angeblicher Veränderung befragen konnte.

Bärbel war mal wieder ganz gerührt von dem Winzling in seinem Bettchen.

»Darf ich sie noch mal auf den Arm nehmen?«, fragte sie.

»Klar«, gab ich schnell zurück und war schon gespannt, ob sie bemerken würde, dass das Baby heute viel zierlicher war als gestern.

Vorsichtig nahm sie die Kleine hoch. Ihr schien nichts

Ungewöhnliches aufzufallen. Ich wollte aber unbedingt auf Nummer sicher gehen und suchte nach den richtigen Worten, Bärbel von meiner Befürchtung zu erzählen. Dabei schämte ich mich, sie hatte weiß Gott genug Sorgen. Margot, ihre Mutter, war doch noch viel zu jung, um zu sterben. Sie war doch der Fels der Familie, stets gut gelaunt, und man fühlte sich bei ihr immer willkommen. Unzählige Male war ich bei den Eigners zu Besuch gewesen. Wenn es bei ihnen ein Fest gab, hatte ich extra den ganzen Tag über nichts gegessen, um am Abend richtig zuschlagen zu können. Margot war eine super Köchin. Es tat mir weh, wenn ich daran dachte, wie diese wunderbare Frau nun dahinsiechte.

Aber wie schmerzhaft musste es erst für Bärbel sein. Und dann ich mit meinem kuriosen Verdacht. Doch ich musste jede Chance nutzen, um der Wahrheit auf die Spur zu kommen. Diese Ungewissheit war nicht zu ertragen, und die Gedanken an eine Kindesverwechslung, so unwahrscheinlich sie auch war, machten mich noch wahnsinnig.

Bärbel reagierte sehr sensibel. »Rede doch mal mit den Ärzten und den Schwestern darüber. Oder schau dir die Babys von den anderen Müttern an.«

Sie war die Erste, die auf mich einging und mir einen wichtigen Ratschlag gab. Natürlich hätte ich schon selbst darauf kommen sollen, auf der Station nach einem Baby, das wie Leni aussah, zu achten. Aber alle anderen hatten mir zu verstehen gegeben, dass es völliger Quatsch sei, dass ich mir solche Gedanken machte. Und ich selbst hätte ja auch gern geglaubt, dass es keinen Grund zur Sorge gab.

Ich wollte am liebsten, gleich nachdem sich Bärbel verabschiedet und mir von Herzen alles Gute gewünscht hatte, aufstehen und eine Runde über die Station machen, aber da war auch schon wieder Ralf zurück und gleich hinter ihm kam auch Ricarda.

Meine beste Freundin ging zielstrebig zu Lenis Bettchen und schaute hinein. Vielleicht weil sie nicht gleich etwas sagte, meinte ich schon, eine Irritation zu bemerken.

Aber dann sagte sie: »Die Kleine sieht doch aus wie gestern – bis auf die Pickelchen. Und die Nase vielleicht. Aber bei Nike war die Nase auch ganz krumm und richtete sich über Nacht.« Ricarda setzte sich zu mir und Ralf. »Aber erzähl mal genau, was dir komisch vorkommt.«

Zum x-ten Mal an diesem Tag zählte ich die Dinge auf, die mir an dem Baby anders vorkamen. Ricarda suchte den Blickkontakt zu Ralf. »Du warst doch bei der Geburt dabei. Das muss doch euer Kind sein.«

Ralf fühlte sich von Ricarda bestätigt und nickte müde. Als ich Leni kurz darauf wieder anlegte, war das auch für Ricarda der Beweis, dass Leni wirklich Leni sein musste.

»Sie nimmt doch deine Brust, so wie gestern und vorgestern. Wenn du nicht ihre Mama wärst, würde sie nicht von dir trinken.« Für Ricarda war das Stillen das entscheidende Argument.

Als ich ihr ein Handyfoto hinhielt, sagte sie, dass Babys sich eben verändern würden, die einen mehr, die anderen weniger.

Auf einmal erinnerte ich mich daran, wie Ricarda nach der Geburt ihrer Tochter Janne geglaubt hatte, die Kleine hätte aufgrund ihrer speziellen Augenform ein Downsyndrom. Sie war wirklich felsenfest davon überzeugt gewesen, dass ihr Kind behindert wäre. Natürlich stimmte es nicht, alles war gut. Wahrscheinlich ging es mir genauso, dachte ich: Ich hatte mich – aufgrund vermeintlicher Indizien – in die Befürchtung, dass mein Baby vertauscht wurde, hysterisch hineingesteigert.

Als Ricarda gegangen war, sagte ich zu Eva, dass ich es schon komisch fände, dass die meisten zwar Unterschiede erkennen würden, jedoch niemand daran zweifle, dass dies mein richtiges Kind sei. Ich hörte, wie Ralf demonstrativ laut ein- und ausatmete. Noch bevor Eva antworten konnte, raunte er, ich sollte doch bitte nicht schon wieder damit anfangen und meine Bettnachbarin nerven. Ich schlug daraufhin vor, den Fernseher anzumachen – eine super Idee, wie Ralf fand. Der Fernseher lief, doch ich schaute nur flüchtig hin. Ich war erschöpft von dem Tag, den ich fast ausschließlich mit quälenden Zweifeln und »Zeugen-Befragungen« verbracht hatte. Die Erschöpfung und all die beruhigenden Worte meiner Besucher zeigten dann irgendwann ihre Wirkung: Meine Angst schien sich zu legen, ich wurde ruhiger und freute mich endlich auch einmal, dass Ralf trotz meiner Nerverei den ganzen Tag bei mir und Leni blieb. Unsere Leni schien sich indes auch nicht mehr von irgendwelchen Unruheäußerungen anstecken zu lassen und schlief friedlich in ihrem Bettchen.

Ich weiß nicht, wie ich und Eva dazu kamen, aber wir fingen plötzlich an, Witze über meine Ängste zu reißen. Wir steigerten uns da richtig rein. Jeder und alles war jetzt vertauscht, und Leni hatte die außergewöhnliche Gabe zur Mutation. Ralf allerdings war nicht zum Mitlachen zumute.

Als Schwester Marion ins Zimmer kam, nutzte ich die Gelegenheit, um auch bei ihr einen Witz loszuwerden. »Mein Baby sieht jeden Tag anders aus …«

Das brachte bei Ralf das Fass zum Überlaufen. »Jetzt ist echt mal gut! Das ist nicht mehr witzig!«, flüsterte er mir in einem messerscharfen Ton zu. »Willst du, dass dich alle für total bekloppt halten?«

Mir wurde sofort klar, dass ich den Bogen überspannt

hatte. Den ganzen Tag hatte er sich meine Paranoia-Gespräche anhören müssen, mit jedem Besuch kauten wir das Thema von vorne bis hinten durch, und am Ende machte ich daraus noch einen Running Gag. Ich wusste bald selbst nicht mehr, was ich von mir halten sollte.

Ich wusste nur eins: Leni gab ich nicht mehr ab. Ich wollte sie lieber pausenlos an meiner Seite wissen, als sie noch einmal für eine Nacht ins Säuglingszimmer zu bringen.

KAPITEL 8

Am nächsten Tag war ich dann so fit, dass ich allein aufstehen konnte und auch sonst keine Hilfe mehr benötigte. Wie jeden Morgen gingen Eva und ich zusammen zum Frühstücksraum, nur dieses Mal etwas dynamischer.

Der Depressiven schien es immer noch nicht besser zu gehen. Nach vorne gebeugt schlurfte sie an uns vorbei, das bisschen Gesichtshaut, das man durch ihre langen Haare hervorschimmern sah, war kreidebleich. Als ich dieses Mädchen so betrachtete, wurde mir auf einmal bewusst, wie gut es mir doch ging. Ich litt weder unter einer Wochenbettdepression noch lag meine Mutter im Sterben. Und ich konnte mich darauf freuen, mein Baby nach dem Frühstück das erste Mal selbst wickeln zu können.

Ich legte Leni auf die Wickelkommode, streichelte sie und sprach ihr ein paar ruhige Worte zu, dann knöpfte ich ihren Body auf und streifte ihn behutsam über ihr Köpfchen. Die Ärmel zog ich ein bisschen schneller durch. Da sah ich etwas weißes Gewölbtes aus dem Body hervorlugen. Es war Lenis Namensbändchen! Sofort war es wieder da, dasselbe Gefühl wie am Morgen zuvor, als die Schwester die Kleine zu mir gebracht hatte. Von der Zeit mit Yara im Krankenhaus erinnerte ich mich, dass die Bändchen meist recht locker saßen, nicht so fest wie eine Armbanduhr zum Beispiel. Aber ich wäre nie auf die Idee gekommen, dass diese Dinger so leicht von der Hand rutschen könnten. Mit zittrigen Fingern nahm ich das Bändchen und starrte es an. In meiner ganzen Aufregung vergaß ich fast, dass Leni nackt vor mir lag und wahrscheinlich fror. *Das muss ich den Schwestern sagen*, war mein erster klarer Gedanke.

Ich zog Leni wieder an, legte sie in ihr Bettchen und das Namensschildchen auf ihre Decke. Dann fuhr ich mit ihr zum Schwesternzimmer.

Vier oder fünf Schwestern saßen um einen Tisch herum und unterhielten sich. Anscheinend machten sie gerade eine Dienstübergabe.

»Entschuldigung«, fuhr ich dazwischen, obwohl es mir unangenehm war. Ich nahm das Bändchen und hielt es wie ein Beweisstück in die Luft. »Das ist beim Wickeln abgefallen. Bitte machen Sie meiner Kleinen ein neues Band dran und vor allem fester.«

»Ja, machen wir«, antwortete eine Schwester, ohne dass die Unterhaltung unterbrochen wurde.

Ich blieb stehen und wartete. Aber nichts geschah. Nach einer Weile schaute eine andere Schwester hoch. »Was ist denn noch?«

Ich konnte förmlich spüren, wie mein Status in den Keller sank. »Ich warte auf das neue Bändchen«, antwortete ich kleinlaut.

»Lassen Sie das Bettchen stehen, wir machen das.«

Ich tat widerwillig wie mir geheißen, ließ das Bett samt Kind stehen und trottete davon.

Als ungefähr zwanzig Minuten später eine Schwester das Bettchen ins Zimmer hereinrollte, hatte Leni doch tatsächlich kein neues Bändchen an, sondern lediglich ihr altes wieder übergestreift.

»Na toll, das hätte ich auch noch hinbekommen«, murmelte ich verärgert. Da ich aber nicht vorhatte, Leni wieder aus den Händen zu geben, dachte ich mir, es dabei zu belassen.

Das Bändchen ging an diesem Tag noch ein paar Mal ab. Immer, wenn ich Leni wickelte oder wenn sie zappelte, verlor sie es. Irgendwann gab ich es auf, ihr das blöde Ding immer wieder dranzumachen und ließ es einfach im Babybett liegen. Ich hatte Leni ja ohnehin immer bei mir. Wenn es denn wirklich, wirklich meine Leni war …

Als Schwester Marion kam, um zu fragen, ob alles in Ordnung sei, weihte ich sie wieder einmal in meine Sorgen ein. »Ich hab das Gefühl, dass dieses Baby nicht mein Baby ist. Ich bilde mir ein, dass es vertauscht wurde. Es sieht so anders aus als am Tag seiner Geburt. Außerdem ging heute beim Wickeln das Namensbändchen ab.« Ich versuchte, meine Befürchtung so unaufgeregt wie möglich rüberzubringen. Auf keinen Fall wollte ich schon wieder paranoid wirken.

»Frau Klos, machen Sie sich nicht solche Gedanken. Das passiert doch nicht.« Obwohl sie nichts anderes als all die anderen sagte, beruhigten mich ihre Worte. Und wieder einmal beschloss ich ganz fest, mit diesem Thema endlich abzuschließen.

KAPITEL 9

Am nächsten Morgen fand die U2 statt. Diese Untersuchung wurde im Säuglingszimmer durchgeführt. Die zuständige Kinderärztin begrüßte mich nur kurz, beinahe schon unfreundlich, und beachtete mich ansonsten kaum. Ich war froh, dass Schwester Marion dabei war. Nachdem ich Leni vollständig ausgezogen hatte, sah die Ärztin sich die Kleine an. Sie diktierte der Schwester einige Ergebnisse, die diese in das gelbe Untersuchungsheft eintrug.

Dann kam der Moment, als Leni gewogen wurde.

»3080 Gramm«, stellte die Schwester etwas ungläubig fest. »Ein Pfund leichter als am Geburtstag.«

Die Schwester hob Leni hoch und legte sie nochmals auf die Waage. Das Ergebnis blieb dasselbe: 3080 Gramm. Es klang wie ein lauter Unkenruf, und ein schreckliches, mir mittlerweile sehr vertrautes Gefühl meldete sich wieder an.

»Ein Pfund leichter – das gibt es doch nicht«, warf ich mit ängstlichem Unterton ein. »Sie hat all die Tage sehr gut getrunken. Sie hat auch nicht viel gespuckt oder ausgeschieden.«

»Das ist wirklich seltsam«, bestätigte die Ärztin. Sie überlegte einen kurzen Moment, um dann zu schlussfolgern: »Aber so genau wird ja auch nicht gewogen.«

»Aber mein Mann war beim Wiegen dabei«, beteuerte ich.

»Es kann aber keine andere Erklärung geben«, entgegnete die Ärztin, und damit war für sie die Sache erledigt.

Die Schwester machte hinter das Geburtsgewicht noch ein großes Fragezeichen. Dann gingen sie zum nächsten Programmpunkt über – der Fersenblutabnahme.

Das kann einfach nicht sein!, dachte ich wie gelähmt. *Merkt denn hier niemand etwas?*

Unruhig stellte ich mich wieder an die Seite, hielt es aber nicht aus, einfach nur zu warten, bis die Untersuchung zu Ende war. Ich schaute mich nervös um und stellte fest, dass in einem hinteren Bereich des großen Zimmers mehrere Säuglingsbettchen standen. Längst hatte ich mich auf der Station umsehen wollen, ob meine Leni nicht irgendwo in einem Bett mit einem falschen Namensschild lag. Also tat ich so, als würde ich gelangweilt, mir die Wartezeit vertreibend, ein wenig herumschlendern. Ich wollte nicht, dass Schwester Marion oder die Ärztin oder irgendeine andere Schwester etwas mitbekamen. Wichtiger, als weitere Indizien für meine untrügerische mütterliche Intuition zu sammeln, war es für mich in dem Moment, dass das Personal nicht denken könnte, ich sei eine paranoide Frischmutti mit postnatalen Wahnvorstellungen. Aber war das Woandershingehen in diesem Moment nicht schon suspekt genug? Jede Mutter leidet mit ihrem Baby mit und versucht es zu trösten, wenn sein kleiner, nichtsahnender Körper zum ersten Mal in seinem Leben mit einer Nadel gestochen wird. Ich überlegte nicht weiter: Ich nutzte den Moment, als sowohl die Ärztin als auch Schwester Marion sich konzentriert über das Baby beugten, und ging zu den Säuglingsbettchen hinüber.

Fünf oder sechs Bettchen mit schlafenden Babys standen an einer Wand. Ich fing an, die Reihe abzugehen, und schon beim zweiten Bett blieb ich abrupt stehen.

Yara. Da liegt Yara, dachte ich. Genauso sah Yara als Säugling aus, und Leni glich ihrer großen Schwester fast bis aufs Haar, als sie zur Welt kam. Und dieses Baby hatte die gleiche rundlich ovale Kopfform, den gleichen Haaransatz und auch die Lippen wie meine Große. Völlig geschockt verharrte ich vor dem Bettchen. Ein fürchterlicher Moment! Ich wusste nicht, was ich tun sollte. Ich dachte immer wieder nur, dass es nicht sein kann, dass hier ein Kind liegt, das zufälligerweise so aussieht wie meins.

»Frau Klos?« Schwester Marion stand plötzlich neben mir.

Verzweifelt sagte ich: »Schauen Sie doch, Schwester Marion. Das Kind hier, das sieht eher so aus wie das Kind, das ich zur Welt gebracht habe.«

In ihrer mütterlichen Art legte sie ihre Hand auf meinen Arm und lächelte. »Ach, Frau Klos. Das kann es aber gar nicht sein, weil das gerade erst von der Kinderintensivstation gekommen ist.«

Ich schaute auf das friedlich schlafende Baby und schüttelte nur noch den Kopf. Argumentieren konnte ich nicht mehr, es fiel mir nichts mehr ein.

Die Ärztin war immer noch mit Leni beschäftigt und schien von meinen Befürchtungen nichts mitbekommen zu haben, oder zumindest tat sie so. Ich seufzte, da ich einfach nicht mehr wusste, wem oder was ich noch glauben sollte – meiner Intuition als Mutter oder den angeblichen Fakten.

Schwester Marion blieb nicht verborgen, wie sehr mich meine Zweifel quälten. »Jetzt machen Sie sich mal nicht verrückt, Frau Klos. Das da drüben ist Ihr Kind. Kommen Sie …«

Dann schritt sie voraus zum Untersuchungstisch, um

der Ärztin weiter zu assistieren. Ich entschied mich, den »Fakten« zu glauben. *Wenn dieses Baby gerade erst auf die Säuglingsstation gekommen ist, kann es ja nicht meins sein,* sagte ich in Gedanken zu mir selbst und ging zurück zu meinem Kind.

KAPITEL 10

*A*m nächsten Tag durften Leni und ich das Krankenhaus verlassen. Ralf kam mit Yara, um uns abzuholen. Auch er war froh, dass endlich unser Alltag als »große Familie« beginnen konnte.

Auf der Fahrt nach Hause versuchte ich, aus Ralf herauszukitzeln, was sich unsere Freunde wohl als Willkommensüberraschung für Leni und mich hatten einfallen lassen, doch er grinste nur und hielt dicht. In unserem Freundeskreis ist es nämlich seit jeher Tradition, Mama und Kind daheim mit etwas Selbstgebasteltem zu begrüßen. Ich war schon sehr gespannt – immerhin gehört so etwas zu den Highlights einer frischgebackenen Mutter, die die meiste Zeit mit Stillen und Wickeln verbringt.

Schon von Weitem sah ich dann das dunkelrote Plakat, auf dem ein Storch aus Pappe klebte. Darüber stand in großen Lettern »Herzlich willkommen Leni«. Und neben der Haustür empfing uns noch ein wunderhübscher, aus Holz geschnitzter Storch. Ich war gerührt, es sah wirklich niedlich aus. Leni bekam von der Überraschung, die ihr galt, nichts mit, sie schlief seelenruhig in ihrem Maxi-Cosi.

Yara, die sich wahnsinnig auf das Abholen ihrer kleinen Schwester gefreut hatte, wollte sie jetzt endlich auch auf den Arm nehmen. Sie war aber einsichtig und ganz die große Schwester, als wir ihr erklärten, dass sie Leni noch nicht allein halten konnte und die Kleine auch noch ein Mützchen Schlaf brauchte. Wir trugen Leni trotzdem erst mal ins Wohnzimmer, wo ein großer bunter Blumenstrauß für mich auf dem Esstisch stand. Ich strahlte und bestellte bei meinem Mann, der schon fleißig dabei war, Fotos von seinen Töchtern zu schießen, erst einmal einen koffeinfreien Cappuccino.

Nachdem ich Leni in den Stubenwagen gelegt hatte, ließ ich mich auf die Couch fallen und las ausgiebig die Zeitung. Ralf fing mit den Vorbereitungen für das Mittagessen an. Er ist ein leidenschaftlicher Koch, kreiert meist aufwendige Gerichte, die alle Gäste begeistern. Was dabei allerdings niemand sieht, ist der Zustand unserer Küche im Anschluss an seine Kochorgien und dass es meine Aufgabe ist, das Chaos zu beseitigen.

Zum Glück hatte ich noch etwas Schonzeit, und er machte die Küche heute selbst wieder tipptopp sauber.

Es war ein herrlich entspanntes Ankommen zu Hause, und, o Wunder, es blieb auch relativ entspannt. Jetzt ahnte ich, was alle meinten, wenn sie von der Gelassenheit ab dem zweiten Kind sprachen. Bei Yara war ich am ersten Tag zu Hause so aufgeregt gewesen, dass ich sie andauernd beobachten musste und gar nichts anderes tun konnte, nicht mal etwas essen.

Ich hatte das Gefühl, schon zehn Kinder in die Welt gesetzt zu haben. Es durfte so viel Lärm gemacht werden, wie man wollte, denn es war mir wichtig, dass mein Kind auch weiterschlief, wenn es an der Haustür klingelte oder wenn gesaugt wurde. Ich war einmal bei Bekannten mit einem Neugeborenen eingeladen, und man durfte die Klospülung nicht benutzen, sondern musste mit einem Eimer Wasser nachspülen, weil das Baby schlief. Das fand ich einfach nur den Gipfel der Übertreibung, und das war bei uns schon beim ersten Kind anders gelaufen. Aber dieses Mal wollte ich selbst auf einen Pekip- oder Babymas sage-Kurs ohne schlechtes Gewissen verzichten. Zu Yaras Zeiten zwang ich mir diese Termine noch auf, obwohl ich mich jedes Mal dahingequält und Yara auch keinen Spaß daran gezeigt hatte. Jetzt würde ich mir die Freiheit nehmen, diese vermeintlichen Verpflichtungen zu ignorieren. Das gäbe ohnehin nur unnötigen Terminstress.

Ich war tatsächlich eine ziemlich entspannte Mama.

Die ersten zwei Wochen hatte sich Ralf Urlaub genommen, um sich um uns zu kümmern. Neben seinem Job als Koch kaufte er fast jeden Tag ein, wickelte Leni und ging oft mit uns zusammen spazieren.

Auch als Ralf dann wieder zur Arbeit musste, gestaltete ich meinen Alltag als zweifache Mutter immer noch ziemlich locker. Denn Leni war ein Traumkind: Sie weinte oder quengelte fast nie, hatte keine Schreistunden wie Yara damals, sie schlief viel, und ich konnte sie überallhin mitnehmen. Wenn ich im Keller die Wäsche aufhängte, lag sie im Maxi-Cosi vor mir und schaute genügsam zu, genauso, wenn ich unter der Dusche stand oder mich föhnte. Sie war absolut unkompliziert und mit allem zufrieden.

Schnell stellte sich ein neuer, wunderbarer Rhythmus ein: Alle vier Stunden brauchte Leni ihre Milchration, nachts hielt sie sogar noch länger durch. Sie hatte exakt den gleichen Rhythmus wie Yara als Baby. Gegen acht Uhr morgens wurde sie dann wach, und ich hatte genug Zeit, Yara das Frühstück zu machen, ihr beim Anziehen zu helfen und sie in den Kindergarten zu fahren. Zum Glück war ich auf keine Hilfe angewiesen. Wenn die Großeltern ihr Enkelchen für ein paar Stunden nahmen, war das purer Luxus für mich.

Ich war wirklich sehr stolz auf mein pflegeleichtes Kind. Besonders, wenn ich es mit Babys im Freundes-

und Bekanntenkreis verglich; die Mütter hatten fast alle Stillprobleme, und manche Babys waren sogar Schreikinder. Immer, wenn ich unsere Kleine so ansah, friedlich nuckelnd an meiner Brust oder schlafend in ihrem Bettchen, dann dachte ich, dass ich genau das Kind bekommen hatte, das ich mir so sehr gewünscht hatte.

Noch schöner wurde es, als Leni dann ein paar Wochen alt war und zu lachen anfing. Sie lachte ständig. Und wenn man auf sie zukam, blinzelte sie ganz schnell mit den Augen, was unglaublich niedlich aussah. Überhaupt sah sie sehr niedlich aus. Meine ganze Verwandtschaft und alle meine Freunde waren von Leni einfach nur begeistert. Meine Mutter wurde nicht müde zu erwähnen, dass ich als Baby auch immer mit allen Leuten gelacht hätte. Lenis Lachen steckte alle um sie herum an, und jeder begann bei ihrem Anblick sofort, in einer drei Oktaven höher liegenden Babysprache zu säuseln und zu gurren: »Och, unser Trutschelchen, ja, komm mal her, mein Schätzchen ...«, und drückte und knuddelte und knutschte sie.

Ziemlich oft kam aber auch die Frage: »Wem gleicht das Kind nur?« Fieberhaft wurde dann nach irgendwelchen verwandtschaftlichen Ähnlichkeiten gesucht. Meine Schwiegermutter Theodora glaubte in Leni Ralfs Schwester Nicole wiederzuerkennen.

»Aber die sieht doch total wie deine Schwiegermutter aus«, meinte hingegen meine Schwester Michaela.

Und meine Mutter wiederum stellte erleichtert fest, dass Leni nicht meine Nase hatte. Wenn ich dann erwiderte, dass kein Baby auf dieser Welt einen Höcker hat, sondern diesen erst, wenn überhaupt, im Laufe des Älterwerdens bekommt, setzte sie noch eins drauf. »Sie hat auch sonst nichts von dir – insbesondere, weil sie so still ist. Nur in deinem Bauch war sie lebhaft.«

Ich ließ mich von diesen Sticheleien aber nicht weiter beeindrucken. Das Einzige, was ich selbst verwunderlich fand, war Lenis dunkler Teint. Niemand von uns hat einen dunklen Teint. Meine Haut ist hell mit unzähligen Sommersprossen, und Ralf ist blond und auch eher hellhäutig. Yara ist so kreideblass, dass sie sogar Schneeweißchen genannt wird. Sie könnte wochenlang in der Sonne sitzen, ohne dass danach eine Farbveränderung zu erkennen wäre. Trotzdem creme ich sie bei Sonne natürlich ein. Yaras Haut ist auch ganz trocken, ähnlich wie meine. Schon seit meiner Kindheit leide ich an Neurodermitis. Lenis Haut jedoch war samtweich, so richtig satt und speckig.

Obwohl ich mich über Lenis Teint und Haut wunderte, zweifelte ich keine Sekunde daran, dass sie meine Tochter sein könnte. Dieses Zweifeln hatte ich ein für alle Mal hinter mir gelassen. »Dann ist sie eben aus der Reihe geschlagen«, erklärte ich die Tatsache, dass sie uns nicht glich. Meine Angst im Krankenhaus war vergessen. Ich dachte auch nicht an sie zurück, als Ricarda oder meine Schwester immer mal wieder scherzhaft in den Raum warfen: »Vielleicht ist Leni ja vertauscht!« Das Einzige, was passierte, war, dass ich diese Scherze irgendwann leid war. »Hört auf damit!«, rief ich dann, »ich find's echt nicht mehr lustig!« Danach war dann auch Ruhe.

KAPITEL 11

*I*ch wünschte mir, dass Leni so früh wie möglich getauft werden würde. Yara war bei ihrer Taufe fast ein halbes Jahr alt und sehr quirlig gewesen. Sie konnte vor lauter Aufregung nicht einschlafen und schrie die ganze Taufpredigt über. Sie wurde von Arm zu Arm gereicht, aber es half alles nichts, sie ließ sich einfach nicht beruhigen. Solch eine anstrengende Taufe wollten wir nicht noch einmal erleben. Wir wollten unser zweites Kind in einem Alter taufen lassen, in dem es noch den größten Teil des Tages verschlafen würde.

Und genau so war es dann auch. Wir wählten den 19. August, also zwei Monate nach Lenis Geburt. Die Taufe fand an einem Sonntagmittag statt.

Meine Freundin Jule sang ein wunderschönes Solo – »Jedes Kind braucht einen Engel« von Klaus Hoffmann. Mathias begleitete sie am E-Piano. Bei diesem Lied stiegen mir sofort Tränen in die Augen. Wobei ich dazu sagen muss, dass ich immer gleich losheule, wenn es in Liedern um Kinder geht. Noch tränenreicher wird es bei mir, wenn Kinder singen. Das ist ziemlich peinlich, denn Yara ist in einem Chor und hat wirklich viele Auftritte. Ich tue dann so, als müsse ich gähnen und würde deshalb feuchte Augen bekommen.

Als Jule noch »Kinderhände, zarte Hände«, ein modernes Kirchenlied, sang, stellte ich erleichtert fest, dass ich nicht die Einzige war, die mit den Tränen kämpfte.

Nach der Taufe feierten wir mit unseren Gästen zu Hause. Es war warm und sonnig, und wir konnten die meiste Zeit draußen im Garten sein. Da in meiner Familie das Essen immer das Allerallerwichtigste ist – es muss abwechslungsreich sein und schnell serviert werden –, artet üblicherweise jede Festivität in Stress aus. Bei zwölf Kindern und mindestens ebenso vielen Erwachsenen müssen etliche Kuchen gebacken werden. Kuchen sind nämlich auch ganz wichtig in unserer Familie, um ehrlich zu sein, sind sie ein integraler Bestandteil unseres täglichen Lebens. Wenn meine Mutter Pflaumenkuchen backt, dann backt sie nicht wie jeder normale Mensch nur einen, sondern gleich fünf und friert drei dann ein. So kann es niemals zu einer Kuchenknappheit kommen – das wäre wahrscheinlich ein kleiner Supergau. Vor jedem Fest bin ich also mehrere Tage damit beschäftigt, einkaufen zu gehen, Kuchen zu backen und natürlich alles schön zu dekorieren, und beim Fest sind wir dann beinahe pausenlos am Spülen und Wegräumen.

Um diesem Wahn zu entgehen, bestellten wir dieses Mal unser Essen bei einem Partyservice. Und zum Glück war das Buffet köstlich, und das Fest wurde richtig schön. Dennoch war ich am Ende des Tages heilfroh, dass wir auch diese Taufe – gemäß unserer Familienplanung die letzte – erfolgreich hinter uns gebracht hatten.

KAPITEL 12

So oft wie möglich, verabredete ich mich mit meiner Freundin Nora zum gemeinsamen morgendlichen Kaffeetrinken. Dass wir unsere Kinder fast gleichzeitig bekommen und beide Elternzeit genommen hatten, war einfach genial.

Kurz bevor Nora mit ihrem sieben Monate alten Max an diesem Morgen kam, las ich in der Zeitung, dass in einem Krankenhaus in Tschechien nach der Geburt zwei Babys vertauscht worden waren. Nach über zehn Monaten wurde die Verwechslung aufgedeckt. Beide Elternpaare waren extrem geschockt und unendlich traurig, planten dennoch zu Weihnachten einen Rücktausch der Kinder.

Diese Meldung weckte seltsamerweise keinerlei Erinnerung in mir – weder an meine Erlebnisse und Ängste im Krankenhaus nach Lenis Geburt noch an meinen scheußlichen Tagtraum damals im Garten. Für mich hatte diese Geschichte null mit mir und meinem Leben zu tun. Nichts, aber auch gar nichts blitzte in meinem Kopf auf. Ich fand das Gelesene einfach nur unglaublich!

Und so fragte ich Nora, nachdem wir es unseren Babys im großen Laufstall gemütlich gemacht hatten: »Hast du schon mitgekriegt, dass in Tschechien zwei Babys vertauscht wurden?«

»Ja, ich hab's in der Zeitung gelesen«, antwortete sie. »Krass ist das. Ich könnte den Max doch jetzt nicht mehr hergeben.«

»Ich die Leni auch nicht«, beteuerte ich.

Wir schauten auf unsere Kinder, die beide fröhlich vor sich hinquiekten, und schüttelten bei dem Gedanken fassungslos den Kopf. Dann fingen wir an, uns das Unvorstellbare auszumalen.

»Stell dir mal vor, du würdest nun plötzlich ein anderes Baby haben. Und das würde ganz anders aussehen und ganz anders riechen als deins«, sagte Nora.

»Man liebt doch sein Kind und hat sich aneinander gewöhnt. Da kann man sich doch nicht wieder trennen. Also nein, das geht gar nicht«, antwortete ich.

Wir beendeten unser Horrorszenario mit der übereinstimmenden Feststellung »Umtausch ausgeschlossen!«, lachten kurz über unser geistreiches Schlusswort und gingen dann unbekümmert zu einem anderen Thema über.

KAPITEL 13

Wahrscheinlich ist es immer so, dass der letzte Tag vor einem Schicksalsschlag besonders gut in Erinnerung bleibt – er macht den Einschnitt im Leben deutlicher. Bei uns war dies der Nikolausabend.

Meine Eltern und Schwiegereltern, meine Schwester Michaela und ihr Mann Martin mit ihren Kindern Ann-Kathrin und Tom und Lenis Patentante Nicole kamen vorbei. Zuerst gab es Kaffee und Kuchen. Gegen achtzehn Uhr klingelte es dann pünktlich. Die Kinder und ich rannten zur Haustür, Yara öffnete, und vor uns stand der Nikolaus mit – nein, nicht mit Knecht Ruprecht, sondern mit seinem Chauffeur. Einen Chauffeur braucht unser Nikolaus deshalb, weil er in dem einen oder anderen Haus ein Schnäpschen beim Rausgehen ausgeschenkt bekommt. Der Chauffeur bleibt im Flur stehen und nimmt die Spenden in Empfang. Man kann sich vorstellen, wie fröhlich der Nikolaus nach all den Hausbesuchen sein muss. Das Nikolausgewand ist übrigens keineswegs aus der Faschingskiste gegriffen – von wegen. Es ist ein echtes Bischofsgewand aus Rom und sieht wirklich beeindruckend aus.

Zuerst haben wir ein Lied gesungen: »Lasst uns froh und munter sein ...« Anschließend fragte der Nikolaus, ob jemand seinen Stab halten wolle. Yara mit ihren dreieinhalb Jahren trat einen Schritt zurück. Ihr flößte der Nikolaus zu großen Respekt ein. Tom war damals fünf, er traute sich, den Stab festzuhalten. Ann-Kathrin, mit ihren elf Jahren gerade in der Vorpubertät, schien die ganze Angelegenheit nur peinlich zu sein. Es war das letzte Mal, dass sie zu diesem Fest mitkam. Man konnte deutlich sehen, wie fehl am Platz sie sich fühlte.

»Kennt ihr eine Geschichte, die ihr dem Nikolaus erzählen könnt?«, fragte der Nikolaus die Kinder. Kopfschütteln, Daumen lutschen und auf den Boden schauen waren die Antworten.

»Na gut. Dann erzähle ich euch eine Geschichte.«

Und wie schon die letzten Jahre erzählte der Mann in dem feierlichen Gewand, wie er einst die Menschen in der Stadt Myra vor einer großen Hungersnot bewahrt hatte. Danach erst ging der Nikolaus zu dem allseits erwarteten Programmpunkt über. Er schlug sein heiliges, mit einer Goldfolie umwickeltes Buch auf. »Ich schau mal, ob da was über euch drinsteht«, tönte er geheimnisvoll.

Von uns Eltern bekommt der Nikolaus immer einige Tage zuvor einen Zettel, auf dem die positiven und die negativen Eigenschaften der Kinder aufgelistet sind. Die positiven Eigenschaften müssen in der Überzahl sein, weil man die Kinder natürlich nicht beschämen will.

Zuerst kam Yara an die Reihe. »Du bist ganz lieb zu deiner kleinen Schwester, steht hier. Toll. Und du hilfst gerne beim Kochen. Super. Außerdem kannst du auch schon zählen und ein paar Buchstaben schreiben. Große Klasse. Und du gehst gern in den Kindergarten und hast dort viele Freunde. Das ist sehr schön.«

Yara vergrub sich in meinen Schoß und lutschte am Daumen.

»Was wünschst du dir denn vom Christkind?«, fuhr der Nikolaus fort.

Yara rannte kurz weg und kam mit einem Playmobil-Katalog zurück. Sie blätterte darin herum und zeigte schließlich auf die Krankenhausstation. Alle lachten.

»Dann richte ich das dem Christkind aus«, versprach der Nikolaus.

Anschließend ging er zu den nicht so schönen Dingen über.

»Hier steht aber auch, dass du beim Essen nicht so ruhig am Tisch sitzen bleiben kannst, stimmt das? Außerdem bist du ab und zu ein bisschen faul, wenn es ums An- und Ausziehen geht. Da lässt du dich gerne bedienen. Und du machst abends im Bad schon mal Theater, wenn der Papa dich ins Bett bringen will. Das sollte nächstes Jahr besser sein, Yara.«

Sie grinste verlegen und nickte. Meine Eltern und Schwiegereltern nickten auch, und zwar überdeutlich. Der Nikolaus blätterte die Seite um.

»Die Leni. Die Leni ist fünf Monate alt.«

Leni saß auf dem Schoß von Nicole und schaute mit großen Augen in der Gegend herum.

»Sie isst sehr gut – steht hier geschrieben. Und sie geht brav ins Bett und schläft meist durch. Das sieht man dem Kind auch an, es ist ein richtiger Wonneproppen. Da kann ich nur sagen: Leni, mach weiter so! Wenn die Untaten kommen, dann kommt der Nikolaus wieder und erzählt was darüber.« Wieder allgemeines Gelächter.

Zum Glück sparte der Nikolaus die mittlerweile hochrot angelaufene Ann-Kathrin aus.

Jedes Kind bekam dann einen Teller mit Süßigkeiten und ein kleines Geschenk überreicht, und zum Abschied wurde »Nikolaus ist ein guter Mann ...« geträllert.

Für die Erwachsenen gab es – wie sollte es bei uns auch anders sein – wieder etwas zu essen. Der Nikolaus bekam im Flur einen selbst gebrannten Mirabellen-schnaps.

»Prösterchen!«, hörte ich Ralf und seinen Freund im Hintergrund sagen und die Gläser klirren.

KAPITEL 14

Wie jeden Morgen brachte ich zusammen mit Leni Yara in den Kindergarten. Als wir gerade wieder zu Hause waren – es muss so gegen halb zehn gewesen sein –, klingelte das Telefon. Es war Irene, meine Nachbarin.

Irene war mit einem Somalier verheiratet, zusammen hatten sie vier Mädchen, die wie die Orgelpfeifen zwei bis drei Jahre auseinander waren und alle super süß aussahen. Ich bewunderte Irene sehr. Ihr Mann war die meiste Zeit auf Montage, und sie musste den ganzen Haushalt allein managen und ihre Kinder fast ohne Unterstützung großziehen. Außerdem arbeitete sie stundenweise für einen ambulanten Pflegedienst. Ich habe mich immer gefragt, wie sie das alles schaffte, und sie bei den Nachbarn verteidigt, wenn diese über ihren chaotischen Garten lästerten.

Unbedarft, wenn auch mit einer gewissen Sensationsgier in den Zwischentönen, berichtete sie mir, welch ungeheuerliche Nachricht sie gerade im Videotext gelesen hatte.

»Stell dir mal vor, in einer Saarlouiser Klinik sind zwei Babys vertauscht worden.«

Wosch! Ich dachte, mir zieht jemand den Boden unter den Füßen weg! Was ich in dem letzten halben Jahr komplett verdrängt hatte, war innerhalb von einer Millisekunde und umso deutlicher vor meinen Augen. Alles war wieder da, mit einer ungemeinen Intensität. Ich spürte, wie sich meine Augen mit Tränen füllten. Zitternd und wie ferngesteuert schaltete ich den Fernseher an und klickte auf den Videotext, während ich Irene fragte, ob es Mädchen gewesen seien. Sie bejahte! Da ich immer die Sportnachrichten im Videotext anschaue, bin ich in der Bedienung sehr flink.

Und tatsächlich! Da stand es: »In einem Saarlouiser Krankenhaus sind zwei Babys nach ihrer Geburt vertauscht worden. Der Fall hat sich bereits vor einem halben Jahr ereignet. Die Verwechslung der beiden Mädchen kam erst jetzt nach einem Gentest ans Licht. Nach dem zweiten Elternpaar wird derzeit gesucht.«

»Irene, ich muss jetzt auflegen. Mir ist todschlecht, ich kann nicht mehr reden.«

Irene hatte anscheinend keine Sekunde daran gedacht, dass uns diese Nachricht persönlich betreffen könnte. Sie wollte mir einfach nur eine krasse Nachricht aus unserem kleinen Bundesland überbringen. Im schlimmsten Fall wäre es so gewesen, dass einer von uns beiden jemanden gekannt hätte, der eine der betroffenen Familien gekannt hätte – typisch für das kleine Saarland eben.

Ich stammelte noch etwas davon, dass wir in der gleichen Zeit entbunden hätten, und legte auf. Meine Panik stieg ins Unermessliche, und ich fing an, hysterisch zu heulen. Ich bekam einen Flashback nach dem anderen: Wie ich mit Schwester Marion im Säuglingszimmer stehe: »Das kann nicht Ihres sein.« Die irritierte Kinderärztin: »Da muss sich die Hebamme im Kreißsaal verwogen haben.« Die starke Neugeborenenakne in Lenis Gesicht, ihr auffallend dunkler Teint …

»Ich hatte recht, mein Gott, ich hatte recht!«

Da klingelte das Telefon erneut. Ich erkannte sofort die Nummer. Es war die Nummer der Klinik! Die Klinik war ein großer Kunde von dem Labor, in dem ich selbst jahrelang gearbeitet hatte. Deswegen kannte ich die Nummer auswendig.

»Das gibt's doch nicht, jetzt rufen die schon an!«, redete ich verzweifelt mit mir selbst, völlig überrannt von der Rasanz der Ereignisse.

»Wenn die Klinik bei mir anruft, dann ist doch klar, dass die mir mein Kind wegnehmen wollen« – so meine Schlussfolgerung. »Aber das werde ich nicht zulassen. Die brauchen mir gar nichts zu erzählen. Die können mich mal!«, bestärkte ich mich selbst.

Die Klinik war nun mein Feind. Ich hatte nur wenige Sekunden, um mich innerlich auf das Gespräch vorzubereiten. Ich musste auf der Stelle aufhören zu weinen, nur so konnte ich stark wirken.

»Klos«, sagte ich mit Eiseskälte in der Stimme.

»Ja, hier Prof. Scherer. Frau Klos, es geht darum …«

»Ich weiß, worum es geht«, unterbrach ich ihn sofort. »Dass zwei Kinder vertauscht wurden.«

»Ach, Sie wissen schon davon?«

»Ja, ich habe es gerade erfahren. Ich hab's im Videotext gelesen, und eine Bekannte hat mich angerufen.«

»Ach so. Also es geht jetzt darum … es ist ja überhaupt noch nichts sicher …«, druckste er herum.

Dann rückte er endlich mit der Sprache heraus. »Sie sind eines von den vierzehn Elternpaaren, und Sie haben jetzt die Möglichkeit, sich testen zu lassen. Dafür müssten Sie hierherkommen und sich eine Speichelprobe abnehmen lassen.«

»Nein, das brauche ich nicht«, antwortete ich schnippisch. »Die Leni ist mein Kind! Und ich lasse überhaupt nichts testen! Das ist ganz klar und eindeutig mein Kind.«

»Ich kann Ihre Reaktion gut verstehen, Frau Klos«,

sagte er ganz ruhig und langsam. »Es ist ja auch nur ein Angebot, ich möchte Sie zu nichts zwingen.«

Wahrscheinlich merkte er, dass ich in Wirklichkeit kurz vor einem Nervenzusammenbruch stand.

»Ja gut, dann ist das ja okay. Ich möchte keine Speichelprobe. Außerdem ist mein Mann jetzt nicht da, ich müsste es ohnehin erst mal mit ihm besprechen.«

»Genau. Sie haben Zeit, Sie müssen das auch nicht sofort entscheiden.«

»Gut. Dann war es das jetzt. Auf Wiederhören.« Damit legte ich auf.

Ich konnte noch nicht einmal durchatmen, da klingelte es an der Haustür. Es war Irene. Ich ließ sie herein, und sofort schossen mir wieder die Tränen in die Augen.

»Wir sind das«, sagte ich schluchzend.

»Wie jetzt?«, fragte sie vollkommen irritiert.

»Die vertauschten Kinder – das sind wir!«, schrie ich.

»Wieso? War das denn genau zur gleichen Zeit?«

»Ja, und die Klinik hat gerade schon angerufen!«

Erst da wurde Irene bewusst, welche Nachricht sie mir eigentlich überbracht hatte. Weil sie aber merkte, in was für einem Zustand ich mich befand, versuchte sie mich zu beruhigen. »Jetzt warte doch erst mal ab.«

Aber ich ließ mich nicht beruhigen. Irene war eigentlich auf dem Sprung. Sie wollte nach dem abrupt beendeten Telefonat nur schnell nachsehen, ob auch alles in Ordnung mit mir war. Und jetzt das!

»Ralf – Ralf muss kommen«, sagte ich und rief ihn auch schon auf seinem Handy an.

Als er ranging, weinte ich bitterlich.

»Stell dir vor, die Klinik hat angerufen. Es sind zwei Babys vertauscht worden. In der Zeit, in der wir da waren. Und wir kommen infrage!«

»Was!? Das gibt es doch nicht.«

Ich war nicht wirklich in der Lage zu telefonieren. Ich stotterte nur noch unzusammenhängendes Zeugs.

»Weißt du was, ich komme sofort«, sagte er und legte auf.

Reflexartig rief ich auch noch Ricarda an, aber sie konnte natürlich nicht einfach den Unterricht ausfallen lassen, um mir beizustehen. Irene musste aber dringend los, und allein lassen wollte sie mich in diesem Zustand nicht.

»Nora … Nora ist sicher zu Hause«, überlegte ich laut und wählte sogleich ihre Nummer.

Nora verstand kein Wort, weil ich ohne Unterbrechung heulte, während ich ins Telefon stammelte. Aber sie kennt mich gut und weiß, wenn ich richtig weine, dann muss etwas Schlimmes passiert sein.

Innerhalb kürzester Zeit war Nora da – mit ihrem kleinen Max. Weinend fiel ich ihr in die Arme und erzählte von dem Anruf. Ich war so aufgelöst, dass ich nur in Bruchstücken reden konnte. Es dauerte etwas, bis Nora verstand, worum es eigentlich ging. Ich fing an, immerzu hin und her zu laufen. Irgendwann nahm ich Fotos von Leni und mir, hielt sie Nora vors Gesicht und beteuerte, dass wir uns doch gleichen würden. Nora betrachtete die Fotos, schwieg aber. Leni und Max lagen während der ganzen Zeit brav nebeneinander im Laufstall.

Nora versuchte mich zu trösten. »Jetzt warten wir erst einmal ab. Gleich kommt auch Ralf.«

Langsam ließ meine Panik nach, und ich kam wieder etwas runter. Wenn ich das Gefühl habe, ich kann nicht mehr weinen, weil ich keine Kraft mehr dazu habe, dann beruhige ich mich auch von allein wieder. Ich sortierte meine Gedanken.

»Eigentlich bin ich doch bescheuert! Ich will es ja auch wissen. Wie kann ich nur diesem Arzt sagen: ›Es ist mein Kind‹, obwohl ich schon damals das Gefühl hatte, es ist nicht mein Kind?«

»Dann ruf ihn jetzt an und sag, dass ihr doch vorbeikommen werdet.« Noras Vorschlag klang nicht nur vernünftig, es blieb mir im Grunde genommen gar nichts anderes übrig. Also rief ich das Krankenhaus an und verlangte Prof. Scherer.

»Ja, Frau Klos«, begrüßte er mich freundlich.

»Ich habe mich jetzt doch anders entschieden. Ich würde gern den Test machen lassen.« Ich blieb ganz ruhig. »Ich möchte es wissen. Außerdem kommt es ja ohnehin heraus, wenn wir die Einzigen sind, die am Ende keinen Test gemacht haben.«

Ich entschloss mich, ihm zunächst nichts von meinen Zweifeln von damals zu erzählen. Ich dachte, es sei besser, wenn er noch nichts davon wissen würde. *Besser nicht zu viel reden*, coachte ich mich während des Gespräches selbst, da ich doch sonst immer ohne nachzudenken sofort drauflosquatschte.

»Ich habe meinen Mann angerufen. Wenn er da ist, kommen wir sofort. Ich muss nur schauen, dass ich unsere ältere Tochter noch irgendwo unterbringe.«

»Kommen Sie einfach zwischen dreizehn und fünfzehn Uhr, wenn es geht.« Dann gab er mir noch eine wichtige Information – im wahrsten Sinne des Wortes – mit auf den Weg. »Bitte nehmen Sie nicht den Haupteingang, da steht die Presse. Nehmen Sie den Eingang, der durch die Ambulanzen führt.« Ganz in meinem und Ralfs Interesse versicherte ich ihm, dies zu tun. Das Letzte, was ich nun wollte, war, von Journalisten bedrängt zu werden.

Nachdem ich aufgelegt hatte, tröstete Nora da weiter,

wo sie aufgehört hatte. Ich sagte immer wieder nur: »Das gibt es nicht! Das kann jetzt nicht wirklich passiert sein, wo ich doch im Krankenhaus schon diese Zweifel hatte!«

Endlich kam Ralf. Als ich ihn sah, war der Verzweiflungssturm wieder da. Ich schrie herum, fiel ihm in die Arme und weinte hemmungslos. Aber es tat gut, dass er da war.

»Erzähl mal ganz in Ruhe«, sagte er, nachdem sich Nora mit Max verabschiedet hatte.

Unter Tränen erzählte ich ihm alles.

»Wir fahren jetzt erst mal in die Klinik und reden noch einmal mit dem Chefarzt. Dann schauen wir weiter. Wir können ja ohnehin nichts machen, bevor die Testergebnisse nicht da sind.«

»Wenn jetzt doch was dran ist, an meiner Angst von damals?« Ich schluchzte noch ein paar Mal auf.

»Mach dich nicht verrückt. Vielleicht ist ja alles gut. Wir sind eben in der Auswahl und müssen jetzt da durch.« Wie es so seine Art ist, blieb er ganz ruhig und sachlich. Das war ein guter Gegenpol für mich.

Bis zu unserem Termin hatten Ralf und ich noch etwas Zeit. Wir überlegten nicht lange und riefen Ralfs Eltern an. »Ich kann Yara aus dem Kindergarten abholen«, bot Theodora sofort an, nachdem sie den ersten Schrecken verdaut hatte. Meine Eltern wollte ich noch verschonen. Mein Vater hatte wenige Wochen zuvor einen Herzinfarkt und einen Schlaganfall erlitten und war in einer entsprechend schlechten Verfassung. Meine Mutter hatte seitdem kaum Zeit für irgendetwas anderes, wir hatten uns in den letzten Wochen meist auch nur telefonisch auf dem Laufenden gehalten.

Doch meine Mutter war mal wieder schneller als ich. Viel schneller, als ich gedacht hätte, und unternahm etwas, was wirklich meine Vorstellungskraft sprengte. Sie war gerade unterwegs zum Tanken, als sie die Meldung über die vertauschten Babys im Radio hörte. Ihr kamen sofort meine Zweifel von damals in Erinnerung. Und auch an Lenis Nase musste sie denken. Auf keinen Fall wollte sie mich beunruhigen und entschied sich, mir erst einmal nichts von der Meldung zu erzählen. Sie hoffte außerdem, dass ich so sehr mit dem Baby beschäftigt war, dass ich weder zum Radiohören noch zum Zeitunglesen kam. Ihr kam die Idee, die Landrätin, Frau Ingrid Koch, mit der sie früher zusammen in der Frauenunion gewesen war, anzurufen. Diese bekam sie aber nicht an den Apparat, da sie wegen dieser Babyverwechslung der Presse gerade Rede und Antwort stehen musste. Kochs Sekretärin riet meiner Mutter, in der Klinik nachzufragen. Gesagt, getan.

»Guten Tag. Hier Lenk. Ich rufe an wegen den vertauschten Babys. Ich bin eine Mutter von einer Mutter, die vom Zeitraum her eventuell infrage kommen könnte. Ich wollte mich eigentlich nur vergewissern, ob meine Tochter zum Kreis der Verdächtigen gehört. Ich will mich nur beruhigen.«

Die Sekretärin von Prof. Scherer schaute in der Liste nach. »Lenk? Nein, Lenk ist nicht dabei.«

Kurz herrschte erleichterte Stille. Aber dann besann sich meine Mutter. »Klos, der Name meiner Tochter ist Klos.«

»Äh. Moment bitte, ich verbinde Sie mal mit dem Professor.« Natürlich war meiner Mutter klar, dass dies nichts Gutes verheißen würde.

Prof. Scherer erzählte meiner Mutter, dass er gerade mit mir gesprochen habe. »Ach, du lieber Gott! Dann kommt sie ja wirklich infrage!«, rief meine Mutter entsetzt. Dann erzählte sie Prof. Scherer von Lenis Namensbändchen, das zu locker gesessen hatte und immer abgefallen war. An seiner Reaktion bemerkte meine Mutter, dass auch er fassungslos war.

Mal ganz davon abgesehen, dass meine Mutter in der Klinik nicht hätte anrufen sollen, hätte Prof. Scherer ihr eigentlich keine Auskunft geben dürfen. Aber für die Klinik war es auch eine Ausnahmesituation. Sie hatten solch einen Fall zum ersten Mal in ihrer Geschichte und waren schlichtweg überfordert. Außerdem war Prof. Scherer nicht mehr der Jüngste. Er stand nur wenige Monate vor seiner Pensionierung und sah sich seine Karriere nun ausgerechnet mit einem Skandal beenden.

Am Haupteingang des Krankenhauses stand ein Kamerateam. Als ob es uns nicht beträfe, gingen Ralf und ich an den Presseleuten vorbei und nahmen wie abgesprochen den Ambulanzeingang. Auf dem Weg wiederholte ich in Gedanken immer wieder diese zwei Sätze: *Bloß nicht heulen! Du wirst auf keinen Fall heulen!*

Ich hatte das dringende Bedürfnis, mich bei dem Gespräch stark und selbstbewusst zu präsentieren. Ich wollte, dass der Chefarzt Respekt vor mir haben würde. Ich wollte nicht schon wieder wie eine hormongesteuerte Mutti wirken, die irgendwas daherredet. Allen sollte klar sein, dass ich etwas auf dem Kasten hatte und voll zurechnungsfähig war.

Der Professor, ein großer, dunkelhaariger Mann mit Brille, war bemüht, die Situation etwas aufzulockern. Er erzählte uns gleich nach der Begrüßung, dass er selbst einen kleinen Enkel habe und ihm diese Sache daher sehr naheging. Obwohl ihn seine verständnisvollen Worte sympathisch machten, konnte ich ihm seine Anteilnahme nicht so richtig glauben. Vielmehr spürte ich, dass ihm die Sache mehr als unangenehm war. Er tat mir schon fast leid.

Er sah Leni an, die neben uns im Maxi-Cosi lag. »Du kleine Maus! Wenn du wüsstest, was hier los ist, was hier für ein Trouble ist wegen dir!« Leni strahlte ihn an, so wie sie immer alle anstrahlte. Mir schossen die Tränen in die Augen, doch da ich mir ein absolutes Heulverbot auferlegt hatte, versuchte ich, sie hinunterzuschlucken und mit Leni zu lachen.

Schließlich kam Prof. Scherer zur Sache. »Ihre Mutter hat mir erzählt, dass Sie ja schon kurz nach der Entbindung Zweifel an der Identität Ihres Kindes hatten.«

Ich muss ihn wohl sehr verdattert angeschaut haben, konnte aber relativ schnell eins und eins zusammenzählen und dachte nur fassungslos: *Das kann doch jetzt nicht wahr sein! Muss die sich denn überall einmischen?*

Obwohl es in mir brodelte, bewahrte ich eisern meine Contenance und antwortete so ruhig wie möglich. »Ja, ich hatte diese Zweifel. Und ich habe sie auch mehrmals geäußert.«

»Ach, wirklich?«

»Ja, ich habe das einige Male gegenüber einer Schwester geäußert. Auch zu der Schwester, die mir morgens das Baby gebracht hat, habe ich gesagt: ›Das ist nicht mein Kind.‹«

»Aha, das wussten wir nicht.«

Das machte die Sache für Prof. Scherer noch peinlicher, und er wollte sofort die Namen der Schwestern wissen. Den Namen der Schwester, die mir das Baby gebracht hatte, hatte ich jedoch nicht abgespeichert, und auf Schwester Marion kam ich gerade nicht, obwohl mir ihr Name auf der Zunge lag. Schließlich erzählte ich dem Professor detailliert, was an dem Baby alles anders war.

Er war sichtlich geschockt, vor allem, als ich die Sache mit dem Gewicht erwähnte. Er blieb zwar genauso ruhig wie zuvor und bemühte sich, sich nichts anmerken zu lassen, aber ich hatte das Gefühl, er war sich schon zu diesem Zeitpunkt sicher, dass wir die Betroffenen waren. Wahrscheinlich waren wir auch das einzige Elternpaar, das so etwas Suspektes erzählte, und alle anderen saßen sorglos mit ihrem Baby da, das entweder seiner Mutter oder seinem Vater wie aus dem Gesicht geschnitten war.

»Wenn man dem doch nur nachgegangen wäre«, sagte Prof. Scherer bedauernd. Dann seufzte er kurz und setzte mit gefasster Stimme hinzu: »Aber man weiß ja noch gar nichts. Erst einmal abwarten. Es kommen ja auch noch weitere Elternpaare in Betracht. Es waren erst drei da.«

Den Speicheltest machte Prof. Scherer persönlich. Mit einem Wattestäbchen entnahm er sogenanntes Zellmaterial aus meinem Mund. Dabei erklärte er, dass Lenis Fersenblut, das damals bei der U2 entnommen worden war und in einem Labor gelagert sei, zur DNA-Analyse geöffnet würde. Dafür mussten wir sogar eine Einverständniserklärung unterschreiben. Ralf erkundigte sich, wann wir mit dem Ergebnis rechnen könnten.

»Das kann bis zu einer Woche dauern«, antwortete Prof. Scherer.

Ich zuckte zusammen. »Kann man das nicht beschleunigen?«, platzte es aus mir heraus. »Das ist ja schlimm, wenn man eine ganze Woche dasitzen und auf das Ergebnis warten muss.«

»Das kann ich verstehen, Frau Klos. Ich werde mein Bestes tun, damit das Ergebnis so schnell wie möglich vorliegen wird.«

Wir verabschiedeten uns und mussten einen anderen Ausgang nehmen, weil im Vorzimmer schon das nächste

Paar zum Speicheltest wartete und wir uns nicht begegnen sollten.

Auf dem Heimweg rief ich meine Mutter an. Eigentlich wollte ich sie zur Rede stellen, aber sie war selbst so aufgelöst, dass ich es für besser hielt, meinen Ärger über ihr Verhalten zunächst zurückzustellen. Ein Familienkonflikt war das Letzte, was wir in dieser Situation gebrauchen konnten.

Als wir wieder zu Hause waren, überfielen mich die gegensätzlichsten Gefühle. Keiner hatte meine Zweifel damals ernst genommen, aber wahrscheinlich hatte ich doch recht gehabt. Dass meine Intuition mich nicht getäuscht hatte, stärkte mich auch. »Ich bin also doch nicht so blöd, wie ihr alle dachtet. Jetzt hab ich es euch allen gezeigt«, dachte ich wie ein trotziges Kind, das sich heimlich über eine verspätete Rache freut. Gleichzeitig zitterte ich bei dem bloßen Gedanken, dass es tatsächlich eine Verwechslung gegeben hatte. Ich klammerte mich an die Hoffnung, dass es nur ein Zufall sein möge, dass ich damals diese Zweifel gehabt hatte und dass meine Leni auch meine Leni bleiben durfte. Ich schwamm in einem Wechselbad der Gefühle. Dabei versuchte ich natürlich, mich Leni gegenüber so unaufgeregt wie möglich zu verhalten, ich wollte die Kleine nicht beunruhigen. Tief in meinem Innern allerdings bereitete ich mich auf das Schlimmste vor.

Auf einmal kam mir die »zugedröhnte« Teenagermutter in den Sinn. Ich malte mir aus, dass sie die andere Mutter sein würde, und sah schon die fürchterlichsten Bilder vor mir: Ein mit Drogen vollgepumptes Mädchen in einer dunklen, versifften Wohnung, das auf einer abgewetzten Couch vor sich hinvegetierte, und irgendwo in einer Ecke lag mein leibliches Kind, verwahrlost, kotverschmiert, wimmernd, unterernährt, vielleicht sogar misshandelt oder missbraucht von irgendwelchen Freiern. Ich drehte fast durch. Diese Gedanken waren nicht auszuhalten. Ich musste mit dieser Selbstquälerei sofort aufhören.

Ich fütterte Leni und wickelte sie, so, als sei nichts Besonderes an diesem Tag geschehen. Danach spielte ich mit ihr und zauberte ihr wie mir beim Guck-guck-Machen ein Lachen auf die Lippen.

Danach bei einem Cappuccino, den mir Ralf brachte, horchte ich noch einmal in mich hinein. Und jetzt fühlte ich, dass ich nicht bereit sein würde, Leni herzugeben. Noch stärker als dieses Gefühl nahm ich aber auch die Sehnsucht in mir wahr nach meinem leiblichen Kind. Ich wollte es bei mir haben und beschützen.

So gerne hätte ich auf der Stelle Klarheit gehabt. Wie sollte ich eine Woche lang mit dieser Ungewissheit leben? Diese Vorstellung machte mich schier wahnsinnig. Dann kam ich auf die Idee, ein Foto von der inzwischen schlafenden Leni zu machen. Ich druckte das Bild aus und kramte ein paar Fotos hervor, die Ralf unmittelbar nach der Geburt geschossen hatte. Lange betrachtete ich die Gesichter, kam allerdings nur zu einem unbefriedigenden Ergebnis: »Die Babys sahen schon unterschiedlich aus – aber es konnte auch an der Aufnahme und der natürlichen Entwicklung des Kindes liegen.« Es war ein Hin und ein Her, wie damals im Krankenhaus. Einfach nur quälend.

Als am Abend Ricarda kam, fiel ich meiner besten Freundin in die Arme. Ich erzählte ihr alles bis ins Detail, auch was mir so im Kopf herumspukte, meine Stimme überschlug sich fast dabei. Immer wieder wischte ich den Küchentresen ab, nur um etwas zu tun und meiner Nervosität entgegenwirken zu können. Dann zeigte ich Ricarda die Babyfotos und fragte sie nach ihrer Meinung. Allerdings war ich gar nicht in der Lage, ihr richtig zuzuhören, so aufgewühlt war ich.

»Ich kann Leni doch jetzt nicht mehr hergeben«, sagte ich schließlich mit entkräfteter Stimme. Ricarda schüttelte den Kopf, immer noch fassungslos über die Nachricht. »Nein, das ist wirklich unvorstellbar. Aber jetzt warte erst einmal ab. Es wird schon alles gut werden.«

Es war wie ein ewig gleiches Mantra, das von allen wiederholt wurde.

»Aber ich bin jetzt die ganze Woche hier zu Hause, Ralf muss arbeiten gehen. Ich werde wahnsinnig, wenn ich hier mit Leni allein den ganzen Tag warten soll.«

»Ach, Jeannine, wir lassen dich schon nicht alleine. Wir schauen, dass immer jemand da ist. Und dann kriegst du die Zeit schon rum«, beteuerte Ricarda.

Sie nahm aus Yaras Spielecke ein Blatt und einen Stift und fing an, einen Stundenplan zu entwerfen für die komplette Woche. Als Lehrerin wusste sie eben, wie man etwas am besten organisierte. Auch bei Geburtstags- oder sonstigen Feiern im Freundeskreis schreibt Ricarda ganze Blöcke mit allen möglichen Einzelheiten voll, wer was wann macht oder bekommt und oder zu besorgen, kochen, backen, basteln, schmücken, dichten, singen, spielen oder was auch immer hat.

»Wen erträgst du gut, wen weniger gut?«, fragte sie mich ganz pragmatisch. Dann rief sie nacheinander alle Gut-Erträglichen an und besprach mit ihnen die möglichen Zeitfenster. Meine Angst vorm Alleinsein hatte Ricarda damit weggezaubert, und ich wusste, dass ich mich hundertprozentig auf alle verlassen konnte.

Am Abend saßen Ralf und ich völlig erschöpft auf der Couch, als das Telefon abermals läutete.

Ich erkannte die Nummer meiner Schwester, sicher hatte sie von meiner Mutter erfahren, was los war, und wollte sich nach uns erkundigen.

»Hier ist Martin«, hörte ich dann aber die Stimme meines Schwagers. »Jeannine, ich muss dir etwas sagen ...« Das klang nicht nach Anteilnahme, sondern er schien selbst ein Problem zu haben. Seine Nachricht, die folgte, verschlug mir für einen Moment die Sprache. »Ann-Kathrin ist in der Homburger Uniklinik – mit Verdacht auf Leukämie. Ihre Leukozyten sind viel zu hoch. Michaela ist bei ihr ...«

Hohe Leukos? Ann-Kathrin? In meinem Kopf begann es zu rattern. *Sie wird bestimmt nur Pfeiffersches Drüsenfieber oder so etwas haben.* Als MTA wusste ich, dass auch Viren für eine hohe Leukozytenanzahl verantwortlich sein können.

»Ganz bestimmt hat sie keine Leukämie«, sagte ich nun schnell. »Jetzt macht euch mal keine Sorgen. Das wird schon.«

Meine Nichte und Leukämie, das konnte nicht sein!

Wir verblieben, dass Martin uns sofort Bescheid geben würde, sobald sich Michaela mit Neuigkeiten aus der Klinik meldete. Auf unsere Geschichte gingen wir nicht näher ein, dafür war jetzt nicht der richtige Zeitpunkt.

Nachdem ich aufgelegt hatte, saß ich dann doch einen Moment lang wie versteinert da. Ich hatte das Gefühl, in einem Film zu sein, es fühlte sich alles so unwirklich an. Gleich zwei solch heftige Schicksalsschläge in einer Familie zu haben, war unvorstellbar. Das war alles einfach nur unvorstellbar!

Sie hat Leukämie.« Mehr brachte Martin am nächsten Morgen nicht heraus. Für Sekunden war nur ein leises Rauschen in der Leitung zu hören. Ich brauchte ebenfalls mehr als einen Augenblick, um mich zu fangen.

»Welche Form der Leukämie hat sie denn?«, hörte ich mich beinahe so sachlich wie eine Ärztin fragen.

»Akute lymphatische Leukämie«, antwortete Martin mit belegter Stimme. Ich merkte, wie er versuchte, seine Tränen zu unterdrücken.

»Gott sei Dank!«, rief ich, wusste ich doch, dass diese Form der Leukämie bei Kindern gute Heilungschancen hat, auch wenn es eine schwere Form ist. Noch immer wollte ich positiv denken und keine Panik aufkommen lassen. Ann-Kathrin würde das schon schaffen.

»Sie wird sofort ihre erste Chemotherapie bekommen ...« Martin brach die Stimme weg.

Vielleicht war es, weil ich gerade wenig emotionale Kapazitäten hatte, aber ich machte mir in diesem Moment keine Gedanken darüber, was eine Chemotherapie mit all ihren Nebenwirkungen, Risiken und Folgen in dem zarten Alter von elf bedeuten würde.

Es ist schlimm, dachte ich, nachdem wir das Telefonat beendet hatten, *aber es wird auf jeden Fall vorbeigehen.*

Ich hatte auch wirklich genug mit unseren Problemen zu tun, mein Kopf war voller Fragen, Zweifel, Wünsche,

Hoffnungen. Dank Ricardas Plan musste ich wenigstens keine Minute allein verbringen, dafür war ich ihr unendlich dankbar. Eine Freundin kam, und als ihre Zeit um war, stand die nächste als Ablösung schon vor der Tür. Es war eine Rund-um-die-Uhr-Betreuung. Ralf tat es gut, dass er arbeiten gehen konnte. Es lenkte ihn ab. Es hätte uns beiden die Zeit nicht erleichtert, wenn wir aufeinandergehockt hätten. Da war mir mit meinen Freundinnen schon mehr geholfen.

Auffällig war allerdings, dass alle gleich reagierten, ähnlich wie damals im Krankenhaus. »Du hattest deine Zweifel, aber das muss ja nichts bedeuten« – bekam ich zu hören. »Jetzt warte erst einmal ab«, und: »Mach dich nicht verrückt, das geht bestimmt gut aus.«

Auch Hannah, meine Hebamme, reagierte erstaunlich gelassen, als sie von der Sache erfuhr. »Das ist doch dein Kind! Das kann einfach nicht sein, dass es vertauscht wurde. Außerdem war Ralf die ganze Zeit im Kreißsaal dabei.« Ich erklärte ihr, dass es meiner Meinung nach ja auch nicht im Kreißsaal passiert war, sondern während des Aufenthalts auf der Station. Doch Hannahs Zuversicht war nicht zu erschüttern. *Wenn sie sich so sicher ist, dann hat sie ja vielleicht recht*, hoffte ich insgeheim. Ich griff nach jedem Strohhalm.

Auch meine Schwiegermutter wollte hoffen können, dass ihre Enkeltochter ihre wahre Enkeltochter ist. Ganz aufgeregt und freudestrahlend kam sie auf einmal mit einem alten Kinderfoto zu mir.

»Das müsst ihr euch anschauen«, sagte sie völlig außer Atem, weil sie so schnell zu uns geeilt war. »Das kann kein Zufall sein!« Auf dem Schwarz-Weiß-Foto, das schon weit über fünfzig Jahre alt war, sah man die kleine Theodora in einem gehäkelten weißen Pullunder mit zwei großen weißen Schleifen an den Schultern. »Auf dem Bild bin ich vielleicht ein dreiviertel Jahr alt«, erklärte meine Schwiegermutter.

Ich sah mir die Aufnahme genau an. »Das gibt es doch nicht! Du siehst ja genau aus wie Leni!«

Das Kindergesicht auf dem alten Foto war zu einer leichten Grimasse verzogen, genauso, wie Leni es manchmal machte.

»Ja, siehst du, das ist unser Kind! Leni ist nicht vertauscht!« Theodoras Stimme überschlug sich fast.

Die anderen Vergleiche mit den ganzen Fotos hatten mich bislang nicht überzeugt. Und wenn man Theodora und Leni heute nebeneinander betrachtete, glich die Kleine ihrer Oma auch nicht. Aber auf diesem Foto waren sie wirklich fast identisch.

Ich überlegte. *Es kann doch nicht sein, dass sie sich so ähneln, obwohl keine verwandtschaftlichen Verhältnisse bestehen. So einen Zufall kann es nicht geben.*

In dem Moment war das Foto ein Rettungsanker für mich – ein Beweis, schwarz auf weiß, so wie ich es immer brauche, um an etwas glauben zu können. Theodora war unendlich glücklich, dieses Foto gefunden zu haben. Mehr noch: Es erfüllte sie regelrecht mit Stolz.

Ich nahm das Bild und hing es mitten an unseren Kühlschrank. Jeder, aber auch wirklich jeder, der dieses Foto sah, meinte, dass wir uns nun keine Gedanken mehr machen müssten.

Nur eine Person fiel mit ihrer Reaktion aus dem Rahmen – meine Freundin Paula. Sie machte sich so ihre eigenen Gedanken. »Wenn es jetzt wirklich so ist und du Leni adoptieren willst und dann zwei Babys hast, dann hab ich fast alles da – ein Babybett, einen Buggy, einen Hochstuhl …, kann ich dir alles geben.«

Wäre es nach Paula gegangen, hätte sie schon in der Woche, in der wir noch auf das Ergebnis warteten, alles angekarrt. In ihrem Kopf hatte sie bereits alles organisiert und ein Traumbild unserer neuen Patchworkfamilie entworfen. Ich nahm es Paula nicht übel, denn ich wusste, dass sie, so wie wir alle, einfach nur überfordert war mit dieser Ausnahmesituation und dass sie mir nur helfen wollte.

Alles in allem ergänzten sich meine Freunde und Verwandten gegenseitig bestens, denn jeder hatte eine andere Idee oder einen anderen Ratschlag.

Bereits in dieser Woche schien sich viel in mir zu verändern. Von einem Tag auf den anderen war Leni nicht mehr das Geschwisterkind, das so nebenherlief. Ich nahm sie und ihre Existenz auf einmal viel bewusster wahr. Sobald sie wach war, holte ich sie auf meinen Arm und genoss jede Minute mit ihr. Das Stillen liebte ich am meisten, denn dabei war sie immer so verkuschelt und blickte mir so unschuldig in die Augen.

»Wer weiß, wie lange ich sie noch stillen kann. Sie ist so süß«, sagte ich mir und streichelte zärtlich ihren Kopf. Im nächsten Moment dachte ich aber auch: »Wenn Leni nicht mein Kind ist, dann hätte ich jetzt lieber mein richtiges Kind an der Brust liegen.«

Maria, eine Freundin, die ebenfalls so lieb war, mir fast einen ganzen Tag Gesellschaft zu leisten, war diejenige, die mir nahelegte, mich von einem Psychologen betreuen zu lassen.

»So was brauche ich nicht, ich krieg das schon alleine hin«, wehrte ich sofort ab.

Aber Maria ließ trotz ihrer ruhigen Art nicht locker.

»Lass dir doch helfen. Ich kümmere mich auch gerne darum. Überleg's dir.«

Ich lehnte dankend ab.

Doch schon am nächsten Tag spürte ich, wie sehr mich das Warten auf das Ergebnis belastete. Also rief ich Maria an und sagte ihr, dass ich ihr Angebot doch gerne annehmen würde. »Wer weiß, wofür ich es noch brauche.« Ich dachte mir, dass es auf keinen Fall etwas schaden könnte. Und wenn ich mich mit dem Psychologen nicht wohlfühlen würde, könnte ich es ja wieder sein lassen.

Maria setzte sich daraufhin sofort mit der Klinik in Verbindung und sagte, dass sie eine Freundin eines betroffenen Elternpaares sei und dass es doch nicht angehen könne, dass die Klinik keine Psychologen zur Verfügung stelle.

Doch das Landratsamt hatte schon längst in Kooperation mit der Klinik einen Krisenstab aus mehreren Psychologen zusammengestellt. Wenig später, nachdem Maria in der Klinik angerufen hatte, erhielt ich einen Anruf von dem Psychologen Michael Schmidt.

»Michael, das gibt es doch nicht«, begrüßte ich ihn erfreut. »Was für ein Zufall!«

Michael und ich kannten uns zwar nur flüchtig – er ist der Mann einer Freundin meiner Schwester, dennoch hatte ich gleich Vertrauen zu ihm und war froh, dass er mich betreuen würde.

Es war noch gar nicht so lange her, dass wir uns das letzte Mal gesehen hatten, nämlich ein paar Wochen zuvor auf dem vierzigsten Geburtstag meiner Schwester. Allein schon, dass er mich »Nina« nannte, so wie es meine Eltern und Michaela tun, gab mir sofort ein Gefühl von Geborgenheit.

Michael war mindestens so schnell wie die Feuerwehr –

kurz nach unserem Telefonat stand er schon vor unserer Tür. Er ist groß, schlank, hat dunkle, gewellte Haare und ist nur ein paar Jahre älter als ich. Er ist der Traum aller Schwiegermütter. Und Mütter … zumindest meine war vom ersten Moment des Kennenlernens an begeistert von ihm. Er ist durch und durch Christ, und ausgebildeter Sänger ist er auch noch. Ich war sogar schon mal auf einem Konzert von ihm und ganz angetan von seiner warmen Stimme.

Michael erzählte mir erst einmal, was er bislang, aus den Medien, über den Fall wusste. Die andere Mutter hatte bereits im November erfahren, dass sie nicht die leibliche Mutter ihres Babys sein konnte. Die ganze Sache wurde durch einen Unterhaltsstreit und einen damit verbundenen Vaterschaftstest aufgewirbelt. Nachdem herauskam, dass der Vater doch nicht der Vater des Kindes war, ließ sich die Mutter auch testen. Das Ergebnis ergab das Ungeheuerliche: dass auch sie nicht die leibliche Mutter des Kindes war! Die einzig schlüssige Erklärung dafür konnte nur sein, dass die Kinder im Krankenhaus vertauscht worden waren. Ab diesem Moment wurde fieberhaft nach den biologischen Eltern des Kindes gesucht.

Während Michael mir das alles erzählte, bereitete ich mich wieder einmal auf das Schlimmste vor. Intuitiv überkam mich das Gefühl, dass die andere Mutter sehr jung sein musste. Wäre sie in meinem Alter gewesen, hätte sie doch bestimmt, genauso wie ich, schon im Krankenhaus Zweifel gehabt, ob das Baby wirklich ihres ist. Wahrscheinlich hatte sie ihr Kind gar nicht richtig wahrgenommen, dachte ich mir.

In diesem Moment sah ich wieder die völlig fertige Teenagermutter vor mir. *Bloß nicht die, bitte!*, flehte ich stumm.

»Kennst du die andere Mutter?«, fragte ich Michael nervös. Mir war klar, dass er zum Schweigen verpflichtet war. Dennoch musste ich es wissen.

»Ich habe die andere Familie noch nicht gesehen«, fing er an. »Ich darf auch nichts sagen, aber soweit ich informiert bin, geht es dem Kind gut. Leg diese Sorgen erst einmal beiseite. Erzähl doch mal, wie ist es dir denn ergangen?«

Und dann sprudelte es nur so aus mir heraus, und es dauerte auch nicht lange, bis ich wie ein Schlosshund heulte. Ich spürte geradezu körperlich, wie ein Gewicht von mir abfiel und dass es die richtige Entscheidung gewesen war, mich einem Psychologen anzuvertrauen.

Irgendwann kamen wir auf Ann-Kathrin zu sprechen. »Diese Doppeltragik in eurer Familie … unfassbar«, meinte Michael.

»Wenn es einer packt, dann Ann-Kathrin«, antwortete ich bestimmt. »Die hat ein Durchsetzungsvermögen, das glaubst du gar nicht!«

Michael fragte mich, wie es mit meinem Glauben stand und ob ich daraus eventuell einen Halt ziehen könnte.

»Ich glaube schon an Gott«, gab ich zur Antwort. »Manchmal schicke ich auch Stoßgebete gen Himmel wie: ›Lieber Gott, mach, dass jetzt alles wieder gut wird!‹ Aber eine wirklich große Stütze ist das nicht.«

»Vielleicht findest du ja einen inneren Satz, der dir helfen könnte, die Situation so anzunehmen, wie sie ist«, schlug Michael vor. Er versuchte, mich so gut es ging zu stabilisieren, auch mit Übungen aus der Traumatherapie. Immer wieder ging es um »Erdung« und darum, nicht mehr zu hadern, vor allem im Hinblick auf das, was in der Klinik passiert war, sondern in der Gegenwart zu sein, im Hier und Jetzt.

In diesem Moment war ich für vieles empfänglich, was mir Halt zu geben versprach. Wir sprachen noch über Möglichkeiten, wie ich zur Ruhe kommen könnte. Michael riet mir, entspannende Musik zu hören oder autogenes Training zu machen. Meine Anspannung war allerdings viel zu groß, um mich auf so etwas überhaupt einlassen zu können. So suchten wir nach Alternativen.

Nach fünf Stunden intensiven Gesprächs verabschiedete sich Michael mit den Worten, dass ich ihn zu jeder Tages- und Nachtzeit anrufen könne.

Auf sein Angebot kam ich dann noch zurück. Ich rief ihn nicht nur spätabends an, es gab Tage, da sahen wir uns sogar zweimal. Ich fühlte mich von Michael verstanden und konnte so manche Sorge, die ich hatte, an ihn abgeben. Immer wieder durfte ich ihm von meinen Ängsten erzählen, und meine Gedanken sprangen dabei meist kreuz und quer.

Ich hätte mir auch gewünscht, mit den anderen betroffenen Elternpaaren sprechen zu können, um mit ihnen meine Ängste zu teilen. Natürlich war das allein schon aus Datenschutzgründen nicht möglich.

Michael erzählte mir, dass die Landrätin allen vierzehn Elternpaaren einen Besuch abstatten wolle. Michael meinte, ihr würde die Angelegenheit sehr nahegehen. Ich hatte nichts gegen einen Besuch von ihr einzuwenden, zumal sie eine frühere Bekannte meiner Mutter war.

Frau Koch, eine sehr große Frau mit Brille, kam uns zusammen mit der Sozialdezernentin Frau Kirch besuchen. Ralf setzte sich ausnahmsweise auch dazu. Normalerweise blieb er bei den Gesprächen mit Michael nie lange sitzen. Sobald Michael tiefer schürfte, ging er ins Bett mit den Worten, dass er müde sei und am nächsten Tag wieder arbeiten müsse. Bei diesem hohen Besuch hatte er allerdings keine Ausrede.

»Jeannine, ich erinnere mich noch gut, als Sie ein Kind waren. Und jetzt haben Sie selbst Kinder. Dass mit der Vertauschung ist so schrecklich. Es ist das Schlimmste, was man sich vorstellen kann. So etwas ist in all meinen Berufsjahren noch nicht vorgekommen.« Sie sagte das nicht nur so daher, sie schien wirklich betroffen zu sein.

Mich interessierte nach wie vor hauptsächlich eine Frage: Wer beziehungsweise wie ist die andere Mutter?

»Da dürfen wir leider überhaupt keine Auskunft geben. Das müssen Sie verstehen. Ich darf auch bei Ihnen keine Ausnahme machen.«

Ich ließ jedoch nicht locker, denn das Schreckensbild der zugedröhnten Teeniemutter schwirrte permanent wie ein Geist in meinem Kopf herum. »Es würde mich nur interessieren, ob es eine junge Mutter ist«, sagte ich und hielt ihrem Blick stand.

Stille. Dann schauten sich die beiden Frauen kurz an.

Alles klar, dachte ich.

Frau Kirch fing sich als Erste. »Es ist egal, ob es eine junge Mutter oder eine in Ihrem Alter ist. Ich kann Ihnen nur eins sagen: Dem Kind geht es sehr gut. Es ist ein richtiger Wonneproppen.«

»Also es ist eine junge Mutter«, sagte ich mit fester Stimme.

»Machen Sie sich jetzt mal nicht verrückt. Das ist absolut irrelevant«, entgegnete Frau Koch.

Ich erzählte den beiden Damen von den Teenagermüttern im Krankenhaus und von meiner Angst, dass die andere Mutter dieses verwahrloste Mädchen sein könnte – und mein Kind bei ihr.

»Da müssen Sie sich keine Sorgen machen, so eine ist

das nicht. Es ist alles ganz normal, und das Kind wird geliebt.«

»Ist die Mutter denn bei dem Kind?«, wollte ich wissen.

»Ja, sie ist immer bei dem Kind«, versuchte Frau Koch mich weiter zu beruhigen und tätschelte dabei meine Hand. Trotzdem ging mir diese Mutterfrage nicht mehr aus dem Kopf.

Nun brachte sich Ralf ein. Er meinte, dass es für ihn ohnehin nicht vorstellbar sei, Leni herzugeben. »Wenn wir es sein sollten, dann will ich nicht tauschen. Ich liebe sie doch.«

Ich sagte dazu erst einmal nichts. Für mich war schon zu diesem Zeitpunkt klar, dass ich unser leibliches Kind unbedingt wiederhaben wollte. Ich konnte den Gedanken nicht aushalten, dass mein eigenes Kind nicht bei mir war.

Jetzt war ein guter Moment, um die Babyfotos zu holen. Frau Koch schaute sich alle an und schüttelte dann den Kopf: »Das ist doch ein und dasselbe Kind! Jeannine, das hier geht gut für Sie aus! Das habe ich im Gefühl.« Schon wieder nahm sie meine Hand. Sie war ungefähr die Hundertste, die sagte, dass es ein und dasselbe Kind sei und dass alles gut ausgehen würde. Selbstverständlich war mir klar, dass sie mich nicht besuchen kam, um noch mehr Panik bei mir zu schüren und um zu sagen: »Oh weh, ich hab ein ganz schlechtes Gefühl! Bestimmt wurde Ihr Kind vertauscht!« Sie wollte Ruhe in die Sache bringen, wohl auch, um das Warten erträglicher zu machen.

Ich erzählte ihr noch von meinen Zweifeln kurz nach der Geburt. Das schien sie nicht zu überraschen, wahrscheinlich hatte sie schon über Michael davon erfahren. Alles, was sie dazu sagte, war: »Man hätte Ihre Zweifel ernst nehmen müssen.«

Zum Abschied wiederholte Frau Koch ihre beschwörenden Worte. »Ich habe ein richtig gutes Gefühl, Jeannine.«

»Danke, es beruhigt mich, dass Sie das sagen« – und das tat es wirklich. Zumindest für diesen Moment.

In der folgenden Woche lief Leni mehr oder weniger nebenher mit. Ich war einfach zu sehr mit mir selbst beschäftigt, manchmal kam ich mir wie in Trance vor. Nur das Stillen nahm ich ganz bewusst wahr und stellte mich innerlich schon darauf ein, dass es eines der letzten Male sein würde.

Yara wollte ich unbedingt das Gefühl geben, dass bei uns alles in Ordnung ist. Ich versuchte darauf zu achten, dass sie die Gespräche und meine Ängste nicht mitbekam.

Aber ich drückte mich davor, sie in den Kindergarten zu bringen. Mittlerweile wusste das ganze Dorf, dass wir eine der Familien waren, die als Betroffene infrage kamen. Ich hatte keine Nerven dafür, mich irgendwelchen Fragen oder auch nur neugierigen Blicken auszusetzen. Theodora war so nett und brachte Yara in den Kindergarten und holte sie auch wieder ab.

Im Dorf einkaufen wollte ich genauso ungern. Ricarda und Ralf übernahmen das.

Meine Mutter konnte mir in dieser Zeit nicht so viel helfen. Sie war hauptsächlich damit beschäftigt, sich um meinen kranken Vater oder um ihren Enkel Tom zu kümmern. Michaela und Martin waren die ganze Zeit abwechselnd bei ihrer Großen im Krankenhaus. Ich fragte zwar regelmäßig nach, ob es etwas Neues gab, aber wirklich einbringen konnte ich mich nicht. Mein Kopf drohte auch ohne die Gedanken an die Leukämie meiner Nichte schon zu platzen.

KAPITEL 16

*M*ichael ließ uns wissen, dass mit ziemlicher Sicherheit am Mittwoch, dem 12. Dezember 2007, das Ergebnis des Gentestes vorliegen würde. Also fünf Tage, nachdem der Speicheltest gemacht worden war. Er versprach uns, dass er uns das Ergebnis persönlich überbringen würde – egal, wie es ausfiele. Auch die anderen Eltern würden ihre Ergebnisse von Psychologen erfahren.

Ralf ging wie jeden Tag auch an diesem Morgen zur Arbeit, und für mich war klar, dass ich auf keinen Fall allein zu Hause sein wollte. Ich überlegte, wohin ich mit Leni flüchten könnte, und entschied dann kurzerhand, zu meiner Mutter zu fahren. Mein Vater war in einer Rehaklinik, aber meine Schwester war da – sie durfte Ann-Kathrin wegen einer Magen-Darm-Grippe seit ein paar Tagen nicht besuchen.

Ich war fürchterlich nervös, tigerte nur umher und war kaum fähig, mich mit meiner Mutter oder Michaela zu unterhalten.

Es war gegen Mittag, als Ralf und Michael plötzlich in der Küche meiner Eltern standen. Sie hatten sich vor der Haustür verabredet und dann den Weg durch die offene Terrassentür genommen. Ralf war weiß wie die Wand und hatte Tränen in den Augen. Auch Michael sah mitgenommen aus.

Ein gellender Schrei war das Einzige, was aus mir herauskam. Ralf ging auf mich zu und nahm mich in die

Arme. Er drückte mich ganz fest. Mit Michael zogen wir uns ins Wohnzimmer zurück.

Michael versuchte, die Situation irgendwie unter Kontrolle zu behalten und tat genau das Richtige: Er ging gleich zum rationalen Teil über.

»Ihr müsst jetzt an einen geheimen Ort, wo ihr vor der Öffentlichkeit geschützt seid. Ihr habt bis siebzehn Uhr Zeit, dann wird es eine Pressekonferenz geben. Es werden zwar keine Namen genannt, aber wir sind hier auf dem Dorf, deswegen wird schnell bekannt sein, wer die Betroffenen sind.«

Auf einmal war ich wieder gefasst und hatte einen ganz klaren Kopf. Die praktische Aufgabenstellung lenkte mich von den ganzen auf mich einstürmenden Gefühlen ab. Wir berieten, wohin wir fahren könnten.

»In Frankreich, nicht so weit von der Grenze entfernt, gibt es ein Nonnenkloster. Die sind sehr verschwiegen, da wird nichts hinausgelangen«, sagte Michael. »Aber ich war schon länger nicht mehr dort, insofern …«, verwarf er seinen Gedanken gleich wieder.

Aber sofort fiel ihm eine Alternative ein. »Wie wäre es mit Sankt Matthias in Trier, bei den Benediktinern?«

Wir nickten, der Ort sagte uns etwas. Michael rief sofort dort an, erreichte aber niemanden. Zwischendurch klopfte meine Mutter an, um zu fragen, ob wir etwas essen wollten. Ich erklärte ihr, dass ich weder etwas essen konnte noch wollte. Ihr hochroter Kopf verriet, dass auch sie unter Schock stand.

Michael überlegte mittlerweile für sich allein und murmelte vor sich hin. »Der Markus Weiss in der Eifel …«

»Pfarrer Markus Weiss?«, fragte ich erstaunt. »Der in Sankt Thomas?«

»Kennt ihr den?«

»Na klar! Der hat uns doch getraut.«

Schon wieder einer dieser seltsamen Zufälle. Ralf rief Markus, unseren Traupfarrer, an und hinterließ ihm eine Nachricht auf der Mailbox.

Wir entschlossen uns dann, nach Hause zu fahren, um unsere Sachen zu packen. Meine Mutter drückte mir noch schnell einen Korb in die Hand, der bis oben mit Essen gefüllt war.

»Im Kloster gibt es doch nichts«, waren ihre Worte. Wäre die ganze Situation nicht so dramatisch gewesen, hätten wir uns über die Bemerkung meiner Mutter wahrscheinlich kaputtgelacht. Michael riet meiner Mutter noch dringend, erst einmal niemandem etwas zu erzählen.

Zu Hause angekommen ging ich als Erstes in die Küche und machte das blöde Kinderbild von Theodora vom Kühlschrank ab. Ich ärgerte mich in dem Moment, dass ich mich durch dieses Foto von meinem untrüglichen Gefühl hatte abbringen lassen.

Während ich ziemlich kopflos einige Klamotten in unsere Koffer warf, rief Markus Weiss zurück.

»Hast du mitbekommen, was hier los ist?«, fragte ich ihn.

»Nur so am Rande. Und ihr seid das wirklich?«

»Ja, das sind wir.«

Ich erzählte ihm, dass Michael vorgeschlagen hatte, für ein paar Tage in Sankt Thomas unterzukommen. »Von mir aus kein Problem. Wir haben Platz. Kommt her.«

Ich merkte, wie sehr es mich stabilisierte, dass wir so unterstützt und an die Hand genommen wurden. Auch Ralf versuchte, ganz rational zu funktionieren und alles Nötige zu organisieren. Er hatte sogar eine Liste geschrieben, was wir alles mitnehmen müssten, und hakte diese ab. Er kam mir schon fast wie ein Roboter vor.

Seinen Eltern und Geschwistern übermittelte er kurz und knapp die wichtigsten Informationen. »Wir haben das Ergebnis: Wir sind es.«

Theodora bekam einen Schock.

»Ihr müsst jetzt Yara nach Hause bringen«, ordnete er an. »Wir fahren weg.«

»Wo fahrt ihr denn hin?«, fragte Theodora entsetzt.

»Nicht bös sein, aber das geht im Moment niemanden etwas an«, antwortete Ralf. »Und noch etwas: Egal, wer nachfragt, erzählt, dass alles in Ordnung ist.«

Kurze Zeit später standen meine Schwiegermutter, meine Schwägerin und Yara vor uns.

»Was machen wir?«, wollte Yara aufgeregt wissen.

»Wir fahren ein paar Tage in Urlaub, mein Schatz«, erklärte ich ihr in dem ganzen Tohuwabohu von Packen und Rollläden Herunterlassen.

»Hurra! Leni, wir fahren in Urlaub, wir fahren in Urlaub!«, jubelte sie und sprang herum. Anscheinend bekam sie von unserem allgemeinen Schockzustand nichts mit, vielleicht auch, weil ihre Tante Nicole sie wunderbar ablenkte.

Michael bot an, mit nach Sankt Thomas zu fahren. Sein Angebot erleichterte mich ungemein. Für mich war er in dem Moment die wichtigste Bezugsperson, und ich brauchte ihn jetzt noch viel mehr als in den Tagen davor.

Vor der Abfahrt warnte er uns noch, dass er mit seinem Auto wahrscheinlich ab und zu stehen bleiben würde, weil etwas mit dem Motor nicht in Ordnung sei. Und genauso war es dann auch. Mit achtzig, neunzig Sachen tuckerte er auf der Autobahn hinter uns her und blieb alle Weile stehen. Dann wurschtelte er an seinem Motor herum, und weiter ging es. Obwohl uns wirklich nicht zum Lachen zumute war, brachen wir beim dritten Mal in schallendes Gelächter aus. Es war ein befreiendes Gefühl, einfach mal laut loszulachen. Wir witzelten sogar noch, dass wir besser zu Fuß gegangen wären, um noch am selben Tag in Sankt Thomas anzukommen.

Während der Fahrt hörten wir im Radio die Pressemeldung vom Geschäftsführer des Krankenhauses: »Wir sind zutiefst betroffen und geschockt. Was geschehen ist, darf eigentlich nicht geschehen. Wir entschuldigen uns auch auf diesem Wege in aller Form bei den betroffenen Familien für die Sorgen und Ängste, die sie in den letzten Tagen durchlitten haben. Vorrangigstes Ziel ist es jetzt, die Betroffenen zu schützen und die Zusammenführung der Familien zu begleiten …«

Es war ein befremdliches, geradezu unwirkliches Gefühl, eine Pressemeldung zu hören, die uns selbst betraf. Überhaupt fühlte sich alles so unwirklich an, als seien wir Schauspieler in der *Truman Show*. Wie sehr ich mir wünschte, dass alles nicht wahr wäre!

Immerhin konnten sich die Kinder nach einigen Stunden Autofahrt freuen, dass wir endlich an unserem »Urlaubsziel« angekommen waren.

KAPITEL 17

*I*ch fühlte mich in Sankt Thomas auf Anhieb sehr geborgen. Vor allem war ich heilfroh, weit weg von dem Tumult im Saarland zu sein. Hier war es absolut still. Durch die dicken Klostermauern konnte nichts hindurchdringen. Es war ein bisschen so, als seien wir nun im Exil. Und das Exil meinte es gut mit uns: Ein Abendessen stand schon bereit, in einem Raum nur für uns, abgeschottet von den anderen Gästen des Hauses, die hier Exerzitien machten.

Ich beschloss, noch kurz bei Ricarda anzurufen, bevor wir zusammen mit Markus Weiss den Abend verbringen würden. Unser kompletter Freundeskreis hatte sich bei ihr eingefunden.

»Warum meldest du dich nicht?«, schrie sie hysterisch ins Telefon.

Ich erklärte ihr, dass die letzten Stunden einfach zu stressig gewesen waren. Und dann fackelte ich auch nicht länger herum. »Jetzt behalte bitte die Nerven«, sagte ich so sanft wie möglich. »Wir sind es.« Ricarda fing sofort an zu weinen und war völlig aufgelöst.

»Beruhige dich, Ricarda. Es geht uns so weit gut.«

»Du glaubst gar nicht, was hier los ist im Dorf! Es gibt nur noch dieses eine Thema.«

Zum Glück ließ mich das komplett kalt. »Sollen sie doch reden.«

Nach dem Gespräch mit Ricarda rief ich auch noch Hannah an. Schließlich sollte sie als meine Hebamme so früh wie möglich Bescheid wissen. Doch sie war schon informiert worden und konnte gar nicht aufhören zu weinen. »Jeannine, ich bin so froh, dass du anrufst. O Gott, das ist alles so schlimm!«

Sie ließ sich kaum beruhigen, und ich hatte Angst, dass sie am anderen Ende der Leitung zusammenbrach. »Hannah, es geht uns den Umständen entsprechend gut. Es geht nun alles seinen Weg. Du musst dir wirklich keine Sorgen machen.«

Erst, als sie wieder normal atmete und nicht mehr heulte, konnte ich auflegen. Ein wenig wunderte ich mich schon, dass ich meine Leute beruhigen musste und nicht sie mich. Aber vielleicht tat es mir auch ganz gut, in dem Moment die Starke sein zu müssen.

Bis spät in die Nacht saßen wir vier zusammen, redeten und tranken Wein. Das Babyfone funktionierte hier im Kloster ohne Probleme. Wir erzählten von früher, von unserer Hochzeit und lachten sogar immer mal wieder über die eine oder andere Erinnerung. Bis Markus Weiss irgendwann sagte, er müsse morgen früh raus und sich verabschiedete. Ich hingegen hätte gern noch etwas mit Michael besprochen.

»Ich rufe nur noch kurz meine Frau an, dann komme ich wieder«, sagte er.

Wir warteten, dann klopften wir an seiner Tür, doch er lag schon im Tiefschlaf.

»Komm, wir lassen es gut sein, wir haben ja auch genug geredet für heute«, flüsterte Ralf. Er hatte recht, auch ich war todmüde.

Zurück in unserem Zimmer bemerkten wir, dass es Leni nicht so gut ging – sie wurde zum ersten Mal krank in ihrem Leben. Ihre Nase war verstopft, und sie hatte etwas Fieber. Ich gab ihr ein paar Globuli, die ich für alle Fälle dabei hatte. Vielleicht war es eine Reaktion auf das Ganze, was wir gerade durchmachten, überlegte ich mir.

Ich lag im Bett und hörte nichts außer Lenis Schniefen. Sonst herrschte absolute Stille.

Erst jetzt konnte ich wieder meine Gefühle wahrnehmen. Etwas in mir hatte sich verändert. Ich war nicht mehr Mutter zweier Kinder, ich hatte nun quasi drei Kinder – wovon eines woanders lebte. Ich wusste nicht wo und nicht mit wem. Ich wusste nicht, wie mein kleines Mädchen aussah. Und vor allem wusste ich nicht, wie es ihm ging. Diese Frage ließ mich nicht mehr los: »Wie geht es meinem Kind?«

Wieder und wieder stellte ich mir diese Frage und wie es jetzt wohl weitergehen würde, bis ich irgendwann in einen unruhigen Schlaf fiel.

Am nächsten Tag hatten wir unseren ersten offiziellen Gesprächstermin von all denen, die noch folgen sollten. Die Sozialdezernentin Frau Kirch und Herr Reichard, der Leiter des zuständigen Jugendamtes, kamen nach Sankt Thomas, um uns über die Rechtslage aufzuklären.

Frau Kirch begrüßte mich herzlich und drückte mich ganz fest an sich. »Wie geht es Ihnen denn? Nun ist ja doch eingetreten, was wir nie erwartet hätten. Es tut mir so leid für Sie.«

Herr Reichard gab mir die Hand, doch von ihm kamen keine Worte des Mitgefühls, nichts. Stattdessen packte er gleich die rechtlichen Fakten auf den Tisch.

Endlich erfuhr ich, was ich so dringend wissen wollte.

»Die andere Mutter ist erst fünfzehn Jahre, also noch minderjährig. Ebenso der leibliche Vater des Kindes.«

Ralf und ich blickten uns an. Ich glaube, dass wir sofort denselben Gedanken hatten: *Adoption!*

»Ist es die, an die ich mich erinnern kann?«, fragte ich Frau Kirch mit zitternder Stimme.

»Nein, die ist es mit Sicherheit nicht. Die Mutter hat einen ganz normalen Bezug zu ihrem Kind.«

Herrn Reichard interessierte dies herzlich wenig. Stattdessen ging er sofort zum nächsten Programmpunkt über.

»Rein theoretisch ist zurzeit das Jugendamt der Vormund Ihres leiblichen Kindes. Zwei Mal in der Woche schauen wir bei der anderen Mutter vorbei, ob auch alles in Ordnung ist.«

Ich war geschockt. Was dieser Mann mir gerade mit seinen trockenen Worten sagte, war furchtbar für mich. Ich versuchte, die Sache klarer zu bekommen.

»Was heißt das – das Jugendamt ist der Vormund meines Kindes? Dass ich nichts zu sagen habe, wenn es um die Belange meines Kindes geht?«

Er sah mir ins Gesicht. »Im Grunde genommen ja.«

Tränen schossen in meine Augen. *Das ist doch mein Kind! Und dieser Mann will mir sagen, dass er über es bestimmen kann?!*, dachte ich fassungslos.

Vielleicht war Herr Reichard ein typischer Bürokrat, der sich hinter irgendwelchen Paragrafen versteckte, oder sogar selbst unsicher in dieser Situation. Wie auch immer … Es war einfach zu heftig für mich, dass er so gar kein Mitgefühl zeigte. Meiner Ohnmacht wollte ich jedoch keinen Platz einräumen. Ich spürte, wie ich wütend wurde.

»Ich finde es unmöglich, dass das so eiskalt in diesem Ton geäußert wird! Ein bisschen mehr Gefühl wäre schon angebracht«, sagte ich. Und fragte mich gleichzeitig, warum ich nicht schon vor einem halben Jahr diese Vehemenz an den Tag gelegt hatte.

»Aber das ist nun mal der Stand der Dinge«, versuchte sich der Jugendamtsleiter zu rechtfertigen.

Frau Kirch ergriff nun Partei für mich und pfiff ihren Kollegen etwas zurück. »So drastisch müssen Sie das ja auch nicht ausdrücken, Herr Reichard.«

»Wenn ich wüsste, meinem leiblichen Kind geht es nicht gut, dann würde ich auch Leni gerne behalten«, schoss es aus mir heraus.

»Das geht aber nicht. Die andere Mutter hat einen Anspruch auf das Kind«, ging es im selben Ton weiter.

Und schon stritt ich mich weiter mit ihm. Jetzt, wo es darauf ankam, kämpfte ich wie eine Löwenmutter. Ich wollte, dass gemacht wurde, was ich für das Beste hielt.

»Ich sage ja nur, was ich fühle. Ich kann doch nicht ein Kind irgendwo hingeben, das ich monatelang wie mein eigenes geliebt habe, wenn ich nicht die Gewissheit habe, dass es da gut aufgehoben ist.«

»Aber Sie können es auch nicht einfach so adoptieren. Und das steht ohnehin nicht zur Debatte, weil die andere Mutter das gar nicht will«, konterte er.

»Okay, dann lassen wir das jetzt – weiter zum nächsten Tagespunkt«, sagte ich schnippisch.

Er klärte uns auf, dass beide Elternpaare rein rechtlich Anspruch auf ihr leibliches Kind hätten. Wenn nur eines von beiden sagen würde: »Wir wollen unser Kind«, dann müsste getauscht werden.

Für mich war ja von Anfang an klar gewesen, dass ich tauschen wollte. Ich hatte es bislang nur noch nicht ausgesprochen. Doch jetzt sagte ich es zum ersten Mal ganz offiziell: »Ich will auf jeden Fall tauschen. Oder beide Kinder behalten. So lassen, wie es ist, das kommt für mich nicht infrage.«

Ich hatte mein Kind länger in meinem Bauch gehabt, als es fort gewesen war. Es war in mir groß geworden. Sechs Monate war Leni jetzt bei mir. Und sie hergeben zu müssen war natürlich eine schreckliche Vorstellung. Aber die Ungewissheit, was mit meinem leiblichen Kind geschah, und die Tatsache, dass ich keinen Einfluss auf seine Entwicklung haben würde, waren kaum zu ertragen.

Jetzt meldete sich auch Ralf zu Wort. Er versuchte, meine Entschlossenheit etwas abzuschwächen. »Jetzt mal langsam«, sagte er. »Eins nach dem anderen.«

Ich war ihm zu schnell, das war mir klar. Aber ich war zuversichtlich, dass sich das auch bei ihm in die für mich einzig vorstellbare Richtung entwickeln würde. Ich glaube ohnehin, dass Väter erst einen Bezug zu ihrem Kind aufbauen, wenn es auf der Welt ist. Vorher ist es viel zu abstrakt für sie – ganz im Gegensatz zu den Müttern, die schon von Anfang an mit diesem Wesen, das da in ihnen heranwächst, verbunden sind.

Herr Reichard informierte uns noch, dass er und Frau Kirch auch zu der anderen Mutter fahren und ihr dasselbe darlegen würden. Auch sie wurde – zu ihrem eigenen Schutz – von der Presse abgeschirmt und in eine Jugendhilfeeinrichtung gebracht.

Zum Abschied erinnerte mich Herr Reichard daran, dass ich, wenn ich mit Leni irgendwohin fahren wolle, dem Jugendamt Bescheid geben müsse. Auch das empfand ich als die reinste Unverschämtheit, blieb dieses Mal aber still. Stattdessen dachte ich mir, dass ich das natürlich auf keinen Fall machen würde.

Anschließend ging es um die weitere Planung: Wann und wo treffen wir die andere Mutter und unser Kind? Dieser Termin sollte am nächsten Tag in der Uniklinik Homburg unter der Leitung eines Psychiaters stattfinden.

Wann treffen wir unseren Anwalt? Frau Koch vermittelte uns – laut ihren Worten – den »renommiertesten Anwalt des Saarlandes« – Justizrat Prof. Dr. Hans Rodenbusch. Der Termin mit ihm wurde auf den übernächsten Tag gelegt.

Und wie lange bleiben wir noch in Sankt Thomas? Ich wäre gern länger geblieben, denn für mich kam es gerade richtig, dass ich mich in unserer jetzigen Situation auf das Wesentliche konzentrieren konnte und mich nicht mit Alltagskram belasten musste.

»Zu Hause wartet doch nur Stress«, sagte ich zu Ralf. »Dann geht die ganze Kocherei und all das wieder los.«

Ralf, wie es seine Art ist, blieb bei den praktischen Fakten. »Ich weiß, aber die Fahrerei mit den Kindern ist noch stressiger. Wenn wir ständig von der Pfalz zu den Terminen ins Saarland und wieder zurück fahren müssen, überleg mal, wie viele Kilometer wir dann schrubben.«

Okay, das war ein Argument, auch wenn ich die Fahrerei in Kauf genommen hätte. So einigten wir uns darauf, am nächsten Tag wieder nach Hause zu fahren.

An Schlaf war in dieser Nacht natürlich nicht zu denken. – Schon ganz bald sollte ich mein Kind und die andere Mutter sehen! Wieder und wieder malte ich mir die Szene der Begegnung aus: Ich sehe mein Baby, breche in Tränen aus, reiße es der anderen Mutter vom Arm und sage: »Ich gebe dir mein Kind nicht mehr zurück!« Ich hatte eine unbändige Angst vor meiner eigenen, unberechenbaren Reaktion als Mutter. Ich war mir sicher, ich würde mein Kind nie mehr loslassen können.

KAPITEL 18

*P*rof. Dr. Christian von Rhein, Leiter der kinderpsychiatrischen Abteilung der Uniklinik Homburg und, wie ich gehört hatte, die Koryphäe unter den saarländischen Kinder- und Jugendpsychiatern, bot sich an, als Mediator für die Zusammenführung von uns und der anderen Familie zur Verfügung zu stehen. Ihm ging es hauptsächlich darum, die minderjährige Mutter emotional aufzufangen und sie so gut wie möglich auf den Tausch vorzubereiten.

Die Uniklinik Homburg ist wunderschön an einem Wald gelegen. Ein ruhiger Ort mit hellen und freundlichen Räumen. Dennoch verband ich nichts Gutes mit der Klinik. Ann-Kathrin lag hier und bekam ihre Chemotherapie – einen Krankenbesuch hatten wir fest eingeplant. Und wir kamen ja auch nicht zum Vergnügen hierher.

Prof. von Rhein, ein großer, schlanker, gutaussehender Mann mittleren Alters, sah in seinem dunkelgrauen Anzug und seiner Krawatte fast schon stylisch aus – ich hatte mir ihn konservativer vorgestellt. Er begrüßte uns ausgesprochen freundlich.

Zunächst sprach er mit Ralf und mir allein. Mit der anderen Mutter hatte er bereits ein Gespräch geführt, sie wartete in einem Nebenraum. Prof. von Rhein zeigte sich sehr betroffen über unser Schicksal. Er redete bedächtig und leise. »Erst werden Sie die andere Mutter und deren Mutter kennenlernen, und dann Ihr Kind.«

Ich wunderte mich über mich selbst. Ich blieb erstaunlich ruhig. Das Einzige, was ich mich fragte, war, wie wohl mein Kind aussehen würde. Mein Horrorszenario vom Vortag war seltsamerweise wie weggeblasen.

Zuerst fragte Prof. von Rhein uns, wie es uns ginge und wie wir die letzten Tage verbracht hätten. Ich sagte meinen Standardsatz: »Es geht uns den Umständen entsprechend gut.«

Ziemlich schnell kam er dann zu der entscheidenden Frage: »Wie sieht Ihre Tendenz bezüglich eines Tausches aus?«

Ich sah Ralf kurz an, dann erklärte ich bestimmt: »Wir wollen auf jeden Fall tauschen.«

»Gut, dass Sie so gefestigt sind und wissen, was Sie wollen. Sie sind ja wirklich sehr stark.«

Sicherlich war es das Erste, was ihm im Vergleich zu der Teenagermutter auffiel. Wie sollte ein fünfzehnjähriges Mädchen auch schon wissen, was es will? Ich wollte in der Pubertät alle paar Minuten etwas anderes. Allerdings war das Letzte, was ich zu jener Zeit gewollt hatte, ein Kind. Wahrscheinlich war ihre Schwangerschaft ein Unfall gewesen. Aber hätte sie dann nicht vermutlich abgetrieben …?

»Wollen Sie die andere Mutter jetzt mal kennenlernen?« Prof. von Rhein riss mich aus meinen Gedanken. Was für eine Frage, immerhin waren wir doch deswegen hier!

Der Professor erklärte uns noch, dass unsere Babys in der Zeit bei den Sekretärinnen bleiben würden. Dort seien sie gut aufgehoben, und wenn etwas sei, würden wir sofort gerufen.

Und dann ging endlich die Tür auf, und – Vanessa kam herein.

Gott sei Dank, nicht die Teeniemutter!, schoss es mir unsagbar erleichtert durch den Kopf.

Und dann stand ich auf, ging auf sie zu, und wir fielen uns in die Arme und weinten. »Wir kriegen das hin, wir schaffen das! Wir können ja Patchwork machen«, schluchzte ich ihr ins Ohr.

Sie nickte.

Auch Vanessas Mutter, die ihre Tochter begleitete, fiel ich um den Hals. Auch ihr liefen die Tränen nur so über das Gesicht, sie drückte mich fest an sich. Ralf und Vanessa umarmten sich ebenfalls.

Nach einer Weile ließen wir alle voneinander ab und setzten uns. Prof. von Rhein reichte uns Taschentücher. Auch er schien ziemlich ergriffen. Er wartete einen Moment, bis wir uns wieder beruhigt hatten und fing dann behutsam mit der Moderation an.

»So, da sitzen wir nun. Vanessa – das ist die Familie Klos. Was ist das jetzt so für ein Gefühl? Was denkst du jetzt?« Er sprach mit ihr wie mit einem kleinen Kind.

Ich schaute sie mir genauer an. Vanessa war eher klein und wirkte fast noch kindlich, aber sie sah hübsch aus. Sie hatte dunkle, glatte Haare und braune Augen. Klar, von wem Leni diesen dunklen Teint hatte.

»Nett«, antwortete Vanessa kurz und knapp.

»Darf ich ›du‹ sagen, ist das okay?«, fragte Prof. von Rhein.

»Ja, ja«, antwortete Vanessa leise.

»Die Frau Klos hat das eben schon so schön gesagt: Ihr schafft das zusammen. Und ich habe auch gehört, dass das Wort ›Patchwork‹ gefallen ist – das hört sich ja alles toll an.«

Es hätte mich nicht gewundert, wenn er uns noch seine Patenschaft für die Kinder angeboten hätte. Plötzlich klopfte es an der Tür, und eine Frau kam herein. »Möchte jemand Kaffee? Tee? Wasser?« Es war wirklich eine bizarre Situation!

Zugleich aber war bei allen eine Erleichterung zu spüren, dass endlich der erste Schritt getan worden war. Prof. von Rhein hielt den Small Talk in Gang, obwohl klar war, dass hier eigentlich niemand großartig reden wollte. Jeder wollte sein leibliches Kind sehen. Als ich gerade dachte: Ich will jetzt endlich zu meinem Kind, sagte Prof. von Rhein: »Sie möchten doch jetzt sicher die Kinder sehen?«

»Jaaa!«, riefen wir alle gleichzeitig und grinsten uns gegenseitig zu.

Ralf und ich gingen zu Leni, und Vanessa und ihre Mutter holten Angelina. Ja, so hieß mein Kind: Angelina! Das war so ziemlich der letzte Name, dem ich ihm gegeben hätte. Man dachte doch sofort an Angelina Jolie. Und ich mag diese Frau weder als Schauspielerin noch als Persönlichkeit. Ich finde, dass sie etwas Wahnhaftes hat mit ihren permanenten Adoptionen und Spendenaktionen, die sie immer an die große Glocke hängen muss. Aber zum Glück sagte Vanessa noch: »Wir rufen sie meist Lina.« Dieser Name gefiel mir ganz gut, er war ja sogar kurzzeitig in meiner eigenen Auswahl gewesen.

Wieder zurück in dem Raum, nahm ich Leni auf meinen Schoß. Und dann kam auch endlich Vanessa mit Lina auf dem Arm. Ich sah das Kind und spürte, wie mir leicht unwohl wurde. Ich schaute Ralf an und sagte verunsichert: »Das soll sie jetzt sein?« Ich hatte eine zweite Yara erwartet. Aber das Baby auf Vanessas Arm hatte weder mit Yara noch mit Ralf noch mit mir irgendwelche Gemeinsamkeiten. Es kam mir total fremd vor.

»Hoffentlich ist denen bei der Untersuchung kein Fehler unterlaufen. Stell dir mal vor, es stellt sich irgendwann heraus, dass wieder irgendwas vertauscht wurde«, murmelte ich.

Ralf lachte bloß kurz auf, und dann nahm er seine Tochter einfach auf den Arm.

»Also, nein, Frau Klos, da gibt es nun wirklich keinen Zweifel mehr. In dem Fall ist so viel untersucht worden, da können Sie sich tausendprozentig drauf verlassen«, versicherte Prof. von Rhein.

»Ja, das glaube ich Ihnen. Aber ich habe mir mein Kind so anders vorgestellt«, sagte ich tonlos und streichelte der kleinen Leni auf meinem Schoß mehr zu meiner Beruhigung über die Beinchen.

Augen hatte ich aber nur noch für Lina auf Ralfs Arm, und jetzt wollte ich mein leibliches Kind auch gern genauer ansehen. Ralf brachte sie mir, nahm Leni und setzte mir Lina auf den Schoß. Sie hatte einen riesigen Kopf und fast keine Haare. Ich suchte ganz pragmatisch nach Anhaltspunkten: Wo könnte etwas sein, mit dem ich mich identifizieren könnte? Ich betrachtete ihre Ohren. In meiner Familie mütterlicherseits waren schon häufig unterschiedliche Ohren vorgekommen – ein normal großes und ein überdimensional großes Ohr. Das ist sozusagen das Seidelsche Markenzeichen. Zum Glück hatte Lina zwei gleich große Ohren. Ihre Augen waren braun. Sowohl Ralf als auch ich haben braune Augen. Das war aber auch das Einzige, was identisch war. Alles andere kam mir so fremd vor. Das lag sicher auch an ihrer Kleidung – damit konnte ich gar nichts anfangen. Auf ihrem T-Shirt stand auf Saarländisch »Kläni Grott«, was so viel heißt wie: Kleine Kröte. Wenn es ein Fußball-T-Shirt gewesen wäre, hätte ich nichts gesagt. Aber das da war mir wirklich zu viel saarländischer Nationalstolz.

Erst nach einer Weile nahm ich die anderen im Raum wieder wahr. Vanessas Mutter, die schätzungsweise zehn Jahre älter als ich war, sagte immer wieder, wie süß Leni doch sei. Vanessa machte einen hilflosen und eingeschüchterten Eindruck. Prof. von Rhein versuchte, ihr die Hemmungen zu nehmen. »Willst du die Leni nicht mal auf den Arm nehmen, Vanessa?«

Vanessa nickte zögerlich, und Ralf legte ihr Leni in den Arm. Unsicher stand sie mit dem Baby da. Im Gegensatz zu unserer leiblichen Lina musste man Lenis Köpfchen immer noch stabilisieren. Lina war Leni in allem weit voraus. Sie war ganz aufgeweckt und schaute ständig hin und her und zappelte, im Gegensatz zu Buddha Leni, die mal wieder die Ruhe in Person war.

Ralf packte unsere Kamera aus und machte Fotos von Lina.

Die ganze Situation war so befremdlich, dass ich gar nicht das Bedürfnis verspürte, mein Kind zu herzen. Es war, als ob ich mir selbst von außen zuschauen würde. Sicherlich wäre das anders gewesen, wenn ich mit ihr allein gewesen wäre. Fürs Erste reichte es mir aber, sie anzuschauen. Ralf war überraschenderweise derjenige von uns beiden, der Lina gleich Nähe schenken konnte, ganz ohne Hemmungen. Ich konnte deutlich spüren, dass es nun auch für ihn kein Zurück mehr gab. Nun würde er sein Kind genauso sehr haben wollen wie ich.

Irgendwann wurden die Kinder unruhig – sie bekamen Hunger. Vanessa griff in ihre Babytasche und nahm eine Packung Babymilch mit Schokogeschmack heraus. Ich dachte, ich falle gleich vom Stuhl! Nicht, weil meine Tochter anscheinend nicht gestillt wurde, sondern weil es für mich ein absolutes No-Go ist, einem sechs Monate alten Baby Kakao zu geben – egal, ob es allergiegefährdet ist oder nicht. In Sachen Babynahrung hört meine Muttercoolness einfach auf. Da habe ich ganz genaue Vorstellungen, wie es sein muss. Ralf schaute mich an und grinste, weil er wusste, was ich gerade dachte. Er musste sich fast auf die Lippen beißen, um nicht loszuprusten.

Zwei Jahre lang bekam Yara keine Süßigkeiten, keine Gummibärchen, keine Kekse, nichts. Erst dann fing ich langsam mit dem Zucker an, zum Beispiel, wenn wir irgendwo eingeladen waren. Ralf fand das immer viel zu rigoros und dogmatisch. Und jetzt das!

Um Leni zu stillen, setzte ich mich etwas abseits – es wäre mir unangenehm gewesen, dies vor allen zu tun. Ich bedauerte es sehr, dass meine leibliche Tochter niemals in den Genuss von Muttermilch kommen würde. Denn mir war auch klar, dass ich mir nicht einzubilden brauchte, dass Lina als Flaschenkind noch meine Brust nehmen würde. Damit musste ich mich wohl oder übel abfinden. Diese Gedanken taten mir weh.

Nach ungefähr einer halben Stunde hatten wir wieder Einzelgespräche mit Prof. von Rhein, um das Erlebte zu verarbeiten. Ohne zu zögern, sagte ich ihm, dass ich schockiert sei über das, was meine Tochter zu trinken bekäme. Es sei ja klar, dass sie, wenn sie Kakao trinke, sicher auch mit gesüßten Tees, Kunstmilch und anderem ungesunden Zeugs gefüttert würde.

»Vanessa macht das komplett anders, als ich es mit Lina gemacht hätte.«

»Frau Klos, glauben Sie mir – es gibt Sachen im Alltag der Kinder, die sind weitaus schlimmer als Kakao trinken. Ihrem Kind geht es im Vergleich zu sehr vielen Kindern verdammt gut. Die gesüßten Getränke sind wirklich nichts, worüber Sie sich aufregen müssen«, redete er mir ins Gewissen, um mich runterzubringen.

Ich war mir durchaus der Tatsache bewusst, dass er als Jugendpsychiater tagtäglich die schlimmsten Fälle vor sich sitzen hatte. Und ich war auch voller Dankbarkeit und Demut, dass es uns so gut ging. Aber wir litten nun mal nicht unter häuslicher Gewalt oder sexuellem Missbrauch. Natürlich jammerte ich auf einem anderen Niveau. Aber dennoch: Für mich war dieser Zuckerkram, den mein Kind bekam, schon schlimm genug.

»Der Kakao bringt Ihr Kind nicht um. Seien Sie froh, dass es Ihrem Kind so gut geht und es geliebt wird«, versuchte er nochmals meine Aufgebrachtheit zu relativieren.

Daraufhin gab ich Ruhe – auch wenn ich die Neurodermitis-Ekzeme schon vor mir sah.

Wir vereinbarten, dass wir uns alle regelmäßig an diesem Ort treffen würden. Dann tauschten Vanessa und ich noch unsere Handynummern aus und verabschiedeten uns mit einer kräftigen Umarmung.

Als wir durch das Klinikgebäude gingen, machte sich mit jedem Schritt ein völlig neues Gefühl in mir breit, nämlich ganz großes Glück, dass ich nun endlich mein richtiges Kind kennengelernt hatte. Egal, was jetzt kommen würde, ich freute mich auf einmal unbändig darüber, mein Kind wiedergefunden zu haben.

Eigentlich war es nicht der geeignete Moment, um Ann-Kathrin auf der Kinderkrebsstation zu besuchen. Aber was lief in unserem Leben gerade auch schon nach Norm. Nichts.

Da man nur einzeln und ohne Kleinkinder auf die Station durfte, warteten Ralf und Leni draußen. Ich musste meine Hände desinfizieren, brauchte aber keinen Mundschutz. Dennoch sollte ich darauf achten, Ann-Kathrin nicht zu nahe zu kommen, um sie nicht unnötig zu gefährden.

Ich hörte die Worte der Schwester wie durch eine Wand

und nahm auch das sonstige Geschehen um mich herum, und vor allem die Tatsache, dass hier Kinder um ihr Leben rangen, überhaupt nicht wahr. Ich war von der Begegnung mit meiner Tochter nach einem halben Jahr Trennung völlig euphorisch. Ich konnte es kaum erwarten, meiner Schwester und meiner Nichte die Fotos von Lina zu zeigen.

Ann-Kathrin machte auf den ersten Blick auch keinen sonderlich kranken Eindruck. Sie war blass, aber das war sie ohnehin immer, weil sie so ein heller Typ ist. Mit ihrem Laptop auf dem Schoß saß sie auf dem Bett und chattete – wie ein ganz normaler Teenager eben. »Wie war es denn?«, fragte sie neugierig. Und auch meine Schwester schien alles ganz genau wissen zu wollen.

Ich setzte mich in den Ruhesessel, der in der Ecke stand, und fing an, ohne Punkt und Komma von meinem Erlebnis zu erzählen.

KAPITEL 19

*L*ina sieht total lustig aus, so drollig mit diesem Riesenkopf und den Knopfaugen. Und sie ist so aufgeweckt«, sagte Ralf auf der Heimfahrt fröhlich.

»Ja, aber es war total befremdend für mich«, brachte ich jetzt nur raus. Die Euphorie war auf einmal wieder verflogen. Meine Gefühle den Kindern gegenüber waren so komplex, und immer kam mal eine andere Seite mehr hervor.

Ich wunderte mich über mich selbst. Von wegen, ich würde Lina nicht mehr hergeben wollen, wenn ich sie einmal auf meinem Arm hatte! Ich musste mich erst einmal an sie herantasten. Und Leni hätte ich auf keinen Fall jetzt schon loslassen können. Dafür hatte ich sie viel zu lieb.

Dennoch spürte ich den Beginn eines Abnabelungsprozesses in mir. »Ab jetzt wird abgestillt«, sagte ich ganz resolut.

Einerseits freute ich mich schon auf die Freiheiten, in deren Genuss ich dann wieder kommen würde. Andererseits machte ich mir etwas Sorgen darüber, ob Leni die Flasche überhaupt nehmen würde. Ich musste sie erst einmal daran gewöhnen. Und mit Fläschchengeben hatte ich bislang keine Erfahrungen gemacht. Ich wollte, dass alles perfekt war, wenn ich Leni Vanessa endgültig übergeben würde. Sie sollte mit dem Zufüttern keine Probleme haben. Es reichte ja schon, dass sie ein Kind bekommen würde, dass motorisch viel weniger entwickelt war als ihr falsches Kind.

Wir beschlossen, noch kurz bei meinen Eltern vorbeizufahren und ihnen die Fotos zu zeigen. »Diese Stirn kommt mir bekannt vor«, stellte meine Mutter fest.

Ralf zoomte Linas Gesicht ganz nah heran, und ich schaute genau hin. Dann betrachtete ich die Stirn meiner Mutter. Tatsächlich: Lina hatte genau die gleiche Stirn wie sie – erst fliehend und dann wie abgeschnitten, ein bisschen so wie Frankenstein. Endlich hatten wir eine markante Ähnlichkeit gefunden und freuten uns alle wie verrückt über das gemeinsame Frankenstein-Gen.

Auch meine Schwiegereltern konnten es kaum erwarten, Lina zu sehen. »Man sieht die Ähnlichkeit, und wo sie hingehört«, stellten auch sie fest.

Doch so ganz war ich mit meinen Zweifeln noch nicht durch. *Wer weiß, wer weiß! Vielleicht haben die im Labor ja doch schlampig gearbeitet*, grübelte ich in einem schwachen Moment und beschloss, ein paar Alben mit Babyfotos von mir herauszukramen. Beim Durchblättern fiel mir ein Foto sofort ins Auge: Da war ich ein halbes Jahr alt, lag bäuchlings auf der Wickelkommode und hielt meinen Kopf hoch. Meine Haare waren ziemlich dunkel. Auf dem Bild konnte ich Ähnlichkeiten zwischen mir und Lina erkennen. Auf jeden Fall passte dieses Kind vom Aussehen her zehn Mal mehr zu mir als Leni. Ich war erleichtert und froh, ein glaubhaftes Indiz gefunden zu haben.

Das ist nun das richtige Kind, dachte ich. *Es kann nicht noch mal ein Fehler passiert sein.* Ich nahm das Foto aus dem Album und hängte es an unseren Kühlschrank.

Für den Abend luden wir Ricarda und Mathias ein. Sie freuten sich riesig, zumal sie damit nicht gerechnet hatten.

Sie dachten, wir würden unsere Ruhe haben wollen. Als die Kinder gerade eingeschlafen waren, klingelten die beiden. Ralf und ich gingen gemeinsam zur Tür. Ricarda und ich fielen uns sofort in die Arme, sie drückte mich ganz fest und weinte. Ich spürte, wie angespannt sie war und wie sehr sie die ganze Sache als meine beste Freundin mitnahm. Dann nahm auch Mathias mich in den Arm. Ralf sagte einfach nur »Hallo« und ging wieder ins Wohnzimmer zurück. Vielleicht war es keine Absicht von ihm, aber im Stillen ärgerte ich mich schon darüber, dass er in diesem Moment eine innige Begrüßung nicht zulassen konnte. Warum war dies bei unseren besten Freunden und bei dem, was uns gerade widerfuhr, nicht möglich? Auf einmal wurde mir bewusst, dass ich mir nicht nur in diesem Moment, sondern auch schon in einigen Situationen zuvor mehr Gefühle von ihm gewünscht hätte. Er tat wirklich alles, um uns durch diese Sache irgendwie durchzubringen. Aber emotional hatte er sich verriegelt und verrammelt mit einem Dutzend schusssicherer Türen. Es hatte auch keinen Sinn, mich der Illusion hinzugeben, dass ich die Schlüssel zu diesen Türen jemals finden würde. Er machte einfach alles mit sich selbst aus – im krassen Unterschied zu mir, die alles sofort in die Welt hinausposaunte.

Ralf öffnete eine Flasche Wein, und ich holte die Fotos von Lina und Leni. Als Mathias und Ricarda die Kleinen auf den Bildern sahen, gab es einen großen Aha-Effekt.

»Die sehen ja ganz unterschiedlich aus!«, rief Ricarda.

Wir lachten über die offensichtliche Unähnlichkeit. In Wirklichkeit aber lachten wir, weil wir alle so glücklich waren, dass das »verlorene Kind« gefunden worden war und die Ordnung bald wiederhergestellt sein würde. Endlich waren die Zeit der zermürbenden Ungewissheit und das Fahnden nach der richtigen Identität vorbei.

Ricarda wollte alles über die letzten Tage und vor allem über die andere Mutter, über Lina und das Treffen wissen. Ich sprudelte mal wieder wie ein Wasserfall. Ralf sagte nicht viel. Er war froh, als wir irgendwann bei einem anderen Thema landeten.

Plötzlich hörten wir von oben ein bellendes Husten. Es war Leni. Ricarda und ich liefen ins Kinderzimmer und machten das Licht an. Leni hustete pausenlos und hatte eine pfeifende Atmung.

»Sie hat einen Kruppanfall«, stellte ich besorgt fest.

Yara war auch ein Pseudokrupp-Kind gewesen, deshalb hatte ich damit Erfahrung. Normalerweise hätte ich die Fenster aufgemacht und ein paar Globuli gegeben, und nach zehn Minuten wäre der Anfall vorüber gewesen. Alles halb so wild.

Doch nun verlor ich die Nerven. Ich bekam Panik, dass Leni ersticken könnte. Wie gelähmt stand ich da und wusste nicht, was ich tun sollte. Auch Ricarda war mit der Situation überfordert, sie kannte sich mit Kruppanfällen nicht aus. Irgendwann kamen auch Ralf und Mathias hoch. Alle vier standen wir vollkommen hilflos vor dem hustenden Kind.

»Ich ruf jetzt den Notdienst an!«, entschied ich schließlich.

Nachdem ich dem zuständigen Arzt Lenis Symptome beschrieben hatte, forderte er mich auf, den Hörer an ihr Gesicht zu halten. Ich tat, wie mir geheißen. Daraufhin meinte er, ich solle nasse Tücher im Zimmer aufhängen und Leni ein Kortisonzäpfchen geben. Glücklicherweise hatte ich welche da.

Nach kurzer Zeit ging es Leni schon besser. Sicherheitshalber stellte ich trotzdem ihr Bettchen neben unser Bett und sagte zu Ricarda und Mathias, dass ich mich nun zu ihr legen würde. Sie verabschiedeten sich und sagten, dass sie immer für uns da seien, wenn wir sie bräuchten.

Als ich vollkommen erschöpft im Bett lag, ging mir auf, wie sehr ich überreagiert hatte. Letztendlich hatte Leni doch *nur* einen Pseudokruppanfall gehabt, der in der Regel genauso schnell verschwand, wie er gekommen war. Niemals hätte ich ihr übereilt ein Kortisonzäpfchen, ein derart heftiges Medikament, gegeben, wenn sie mein leibliches Kind gewesen wäre. Aber sie war nun mal in Wirklichkeit das Kind einer Fremden, und die Verantwortung für das Kind lastete wie ein tonnenschwerer Stein auf mir.

Am nächsten Morgen rief ich als Allererstes Hannah an. Nach sechs Monaten wusste ich plötzlich nicht mehr, wie ich Leni ernähren sollte. Ich hatte ja keine Ahnung von diesem Pulverzeugs. Hannah meinte, dass das ganze Fett in der 3er-Milch die Babys nur dick machen würde. Die 1er-Milch würde genauso sättigen. Dann gestand sie mir noch, dass sie Angst habe, dass die Klinik sie wegen der Verwechslung belangen könne und dass sie eventuell mit beruflichen Konsequenzen zu rechnen hätte. Ich versprach ihr, dass ich mich auf jeden Fall für sie einsetzen würde.

Nach unserem Gespräch fuhr ich gleich in einen Drogeriemarkt, denn ich merkte, dass ich schon wesentlich weniger Muttermilch hatte als am Vortag. Das wunderte mich, denn bei Yara hatte das Abstillen sehr, sehr lange gedauert. Mein Körper setzte den Abnabelungsprozess anscheinend schneller in die Wege, als ich es gedacht hätte.

Trotz aller meiner Befürchtungen trank Leni doch tatsächlich problemlos aus dem Fläschchen, sie verzog noch nicht einmal das Gesicht. Es war ein Segen, dass sie munter saugte und ihr die Kunstmilch schmeckte, denn schon drei Tage später kam kein Tropfen Milch mehr aus meiner Brust.

KAPITEL 20

*U*nser »Staranwalt« Hans Rodenbusch lud uns zum Kennenlernen zu sich nach Hause ein. »Das hat schon mal was zu bedeuten«, sagten wir uns, hatten Ralf und ich doch ein Treffen in seiner Kanzlei erwartet.

Sein großes Haus mit den weitläufigen Räumen, die massiven, edlen Möbel und Teppiche wirkten sehr beeindruckend auf mich. Ich war heilfroh, dass wir ohne Kinder gekommen waren, sonst wäre dieser Besuch zu einem einzigen Spießrutenlauf geworden. Ich hatte auch so schon Angst, dass ich die Couch, auf der wir Platz nehmen durften, oder die feinen Dekokissen bekleckern könnte.

Hans Rodenbusch empfing uns mit den mitfühlenden Worten, dass er selbst gerade Opa geworden sei und die ganze Sache unvorstellbar fände. Er blieb ganz ruhig und souverän, schaute uns aber kaum in die Augen und schüttelte ständig den Kopf.

»Wie geht es Ihnen denn jetzt damit? Wie kommen Sie denn mit der Sache klar?«

Während ich antwortete, versuchte ich mich gleichzeitig darauf zu konzentrieren, keinen Wasserfleck auf den Tisch oder die Untersetzer zu machen. Noch nicht einmal ein Fingerabdruck oder ein Staubkörnchen war auf dem Glastisch zu finden. *Diese Haushaltshilfe hätte ich gerne*, dachte ich.

Schließlich kam er zur Sache. »Ich habe etwas recherchiert, aber so gut wie nichts zu dieser Thematik gefunden. Es gibt natürlich viel über Adoptionen und Pflegevormundschaften. Doch so etwas hier – nein.« Er schüttelte wieder ganz verzagt den Kopf.

Dann klärte er uns über die Möglichkeiten, die wir hatten, auf. »Man kann die Kinder tauschen, man kann aber auch nicht tauschen. Wobei das alles nicht so einfach ist, wenn man es nicht tut. Einfacher ist es zu tauschen. Wenn man sich entscheidet, die Kinder nicht zu tauschen, müsste man sich vertraglich absichern. Denn rein theoretisch könnte eine der Parteien auch nach Jahren plötzlich sagen: ›Ich will nun doch tauschen‹, da man jederzeit das Recht dazu hat. Außerdem wäre es natürlich von der emotionalen Seite her sehr schwierig.«

Es gab weder ein auf diesen Fall passendes Gesetz noch einen Präzedenzfall für unser Schicksal. *Vielleicht würde ja wegen uns bald ein Gesetz dafür verfasst werden*, überlegte ich mir und musste schmunzeln.

»Jetzt stehe ich kurz vor meinem siebzigsten Geburtstag und habe solch einen schwierigen Fall«, seufzte er – natürlich nicht, ohne den Kopf zu schütteln.

Ich mochte seine großväterliche Art und fühlte mich schon jetzt in guten Händen. Er informierte uns noch, dass wir von der Klinik auf jeden Fall Schadenersatz bekommen würden. Um wie viel Geld es dabei gehen würde, konnte er uns jedoch noch nicht sagen. Er versicherte uns allerdings, dass auf jeden Fall keine Kosten auf uns zukommen würden. Alles – jede Autofahrt und jede Briefmarke – könnten wir der Klinik in Rechnung stellen. Und in Sachen Presse würde er uns auch unterstützen. Wir hatten schließlich keine Ahnung, wie wir damit umgehen sollten. Über wen laufen die Anfragen? Was dürfen wir sagen? Was sagen wir auf keinen Fall? Sagen wir überhaupt etwas? – Alles Dinge, die es zu klären galt.

Nach zwei Stunden beendeten wir unser Gespräch.

Auf der Rückfahrt meinte Ralf: »Wenn uns jemand da gut durchboxt und das Beste für uns rausholt, dann er!«

»Oh ja, der wird das vertauschte Kind schon schaukeln!«, sagte ich, ebenfalls um positive Stimmung bemüht. Aber ich war mir auch sicher, dass wir einen schweren Weg vor uns hatten. Und ich wollte diese Herausforderung annehmen und diesen Weg so gehen, dass wir alle möglichst keinen Schaden nahmen.

KAPITEL 21

Die Klinikgeschäftsleitung bat uns zu einem Gespräch. Es sollte hauptsächlich darum gehen, Verdachtsmomente zu rekapitulieren.

Drei Leute saßen uns gegenüber: die kaufmännische Direktorin Frau Geiser, der Geschäftsführer Herr Schafft und Prof. Scherer, den wir ja schon kannten. Allesamt waren sie überschwänglich freundlich zu uns.

»Von den diensthabenden Schwestern kann sich keine mehr erinnern, wann und wie die Vertauschung passiert sein könnte. Das muss nun alles untersucht werden«, begann die Direktorin.

Herr Schafft, der das Gespräch protokollierte, fügte noch hinzu, dass auch das Gesundheitsministerium alle Personen, die in den Fall involviert waren, anhören würde. Erst dann könnte man eventuell eine Rekonstruktion der Geschehnisse erwarten.

»Es steht die Frage im Raum, ob es noch ein zweites Bändchen gegeben hat«, sagte Herr Schafft.

Ich war perplex. »Wer sagt denn so etwas?«

»Das hat Ihre Mutter Prof. Scherer erzählt.«

Ich schaute Ralf an, der die Augen rollte. Schon wieder meine Mutter, die irgendeinen Quatsch erzählt hatte!

»Es soll auf Ihrem Nachttisch gelegen haben«, fuhr Herr Schafft fort.

»Ich weiß nicht, wie meine Mutter auf so etwas kommt. Es gab keine zwei Bändchen. Und das Bändchen lag auch

Yara und
ihre Schwester
am Tag der
Geburt.

Leni am Tag
der Geburt.

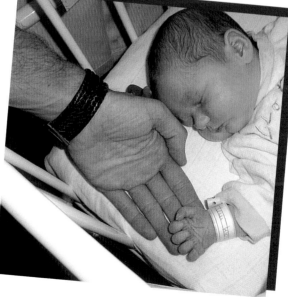

Ein verrückter Zufall: Lenis Patenonkel am Tag der Geburt mit Leni, zwei Tage später mit Angelina.

Der letzte Strohhalm im
Moment des Zweifels:
Die Ähnlichkeit zwischen
meiner Schwieger-
mutter und Leni schien
frappierend.

Theodora

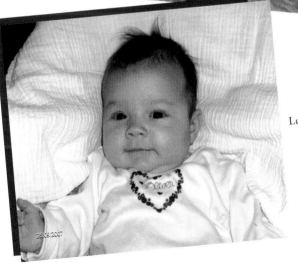

Leni

Wir lernen
uns als
Familie kennen …

… beim ersten
stundenweisen
Tausch.

Liebe Ann!
Willst Du gerne meine Gode sein?
Ich würde mich sehr freuen. Meine
Mama, Papa und Yara wären auch
sehr froh. Wir haben Dich alle lieb.
Frohe Ostern wünscht Dir

LINA TERESA

* 20. JUNI 2007

Die Einladung
an Ann-Kathrin,
Linas Patin
zu sein.

Die Taufe war
ein wichtiges Ritual
für uns alle.

Lina am Tag
ihrer Taufe.

Familienkur: Mit Lina am Strand.

Ich bin innerlich gewachsen,
und mein Leben ist so, wie es sein soll.

nicht auf dem Nachttisch. Wenn es überhaupt irgendwo lag, dann im Bettchen, weil es immer wieder abging.«

Ich hatte plötzlich das Gefühl, dass ich auf der Anklagebank saß und man doch tatsächlich versuchte, mir die Schuld in die Schuhe zu schieben. Ganz nach dem Motto: Sie sind mit dem Bändchen aber ganz schön schlampig umgegangen – vielleicht sind Sie ja auch selbst schuld an allem! Das wollte ich mir natürlich nicht gefallen lassen und nutzte den Moment, um die Dinge ein für alle Mal klarzustellen. Ich erzählte, dass ich ins Schwesternzimmer gegangen war und um ein neues Bändchen gebeten hatte. Ich hatte jedoch keines bekommen, obwohl es ständig abfiel.

»Aber da war es ohnehin zu spät. Zu diesem Zeitpunkt war die Vertauschung ja schon passiert. Insofern kann man diesen Schwestern nicht die Schuld geben«, fügte ich hinzu.

Dann kam ich auf meine damaligen Zweifel zu sprechen. Ich spürte, wie Tränen in mir hochstiegen, doch ich konnte sie zum Glück unterdrücken.

»Ich erinnere mich zwar nicht an ihren Namen, aber ich teilte meine Zweifel mehrmals der Schwester mit, die an diesen Tagen Dienst hatte.«

»Das war Schwester Marion«, sagte Frau Geiser. »Sie kann sich noch genau an Sie erinnern.«

»Ja, stimmt, so war ihr Name!«, antwortete ich und freute mich, dass wenigstens eine Person sich noch erinnern konnte.

»Wir sollten der Vollständigkeit halber noch über Ihre Hebamme und den Ablauf im Kreißsaal sprechen«, sagte Herr Schafft.

Sofort nahm ich Hannah in Schutz. »Für meine Hebamme lege ich die Hand ins Feuer. Im Kreißsaal ist definitiv nichts passiert. Und mein Mann war ja auch immer bei der Kleinen. Ich weiß ganz genau, dass es in der zweiten Nacht passiert sein muss.«

Frau Geiser bemerkte meine Empörung und griff in das Gespräch ein. »Egal, wie es passiert ist, das Allerschlimmste ist, dass man Frau Klos nicht gehört hat. Sie äußerte mehrmals ihre Zweifel, und darauf hätte eingegangen werden müssen. Punkt. Vertauschen ist zweifelsohne schlimm, aber dass man Frau Klos nicht ernst genommen hat, ist das eigentliche Unding an der Geschichte.«

Prof. Scherer wollte anscheinend noch etwas dazu sagen. »Ja, aber …«, begann er.

Doch er kam nicht weit. »Nein, Fakt ist, man hätte Frau Klos hören müssen!«, unterbrach ihn die Direktorin ziemlich resolut.

»Wissen Sie, ich mache mir selbst die größten Vorwürfe, ich hätte doch sagen müssen: ›Das ist nicht mein Baby, ich will einen Test machen lassen‹«, warf ich ein.

»Nein, Frau Klos«, entgegnete mir Frau Geiser bestimmt. »Sie haben sich ja deutlich genug geäußert. Aber es ist abgetan worden.« Dass sie so ganz auf meiner Seite stand, war ein beruhigendes Gefühl für mich.

Im Verlauf des Gespräches wurde mir immer klarer, dass diese Suche nach einem Schuldigen völlig sinnlos war.

»Ich mache niemandem einen Vorwurf. Überall, wo Menschen arbeiten, passieren Fehler. Darüber muss man sich im Klaren sein. Ich hege keinen Groll gegen die Schwestern oder sonst wen«, hörte ich mich sagen.

Nach diesen Worten leuchtete, glaube ich, ein Heiligenschein über meinem Kopf.

»Das ehrt Sie sehr, Frau Klos. Es ist wirklich bewundernswert, dass Sie keine bösen Worte finden. Das würde in Ihrer Situation nicht jeder machen«, sagte Frau Geiser ganz gerührt.

Schließlich wurde Ralf gefragt, ob ihm denn nichts aufgefallen sei. Er kniff die Lippen zusammen und schüttelte den Kopf. Ich musste lachen, woraufhin die anderen auch anfingen zu lachen.

»Das heißt gar nichts. Ich gebe Ihnen Brief und Siegel, dass achtzig Prozent der Väter ihre Kinder nicht erkennen würden«, sagte ich.

»Ich finde es so toll, wie Sie hier sitzen und darüber reden können. Sie scheinen ja wirklich sehr gefestigt zu sein«, meinte Frau Geiser.

»Na ja, ich habe ja auch einen guten Psychologen«, antwortete ich lachend.

»Ich bin froh, dass Sie psychologische Hilfe in Anspruch genommen haben und dass das so gut klappt. Ich finde es wirklich bewundernswert, wie Sie das bis hierhin gemacht haben«, lobte mich Frau Geiser erneut.

Herr Schafft erkundigte sich noch nach der anderen Familie. Ich erzählte, dass es ihnen den Umständen entsprechend ganz gut gehe. Aber dass Vanessa aufgrund ihres Alters einen ganz anderen Umgang mit dem Schicksal habe als wir.

»Ihr ging es nach der Geburt ja auch nicht gut«, fügte Prof. Scherer hinzu. Vanessa hatte eine Wochenbettdepression und sehr viel geweint in den ersten Tagen. Außerdem hatte sie Schmerzen von dem Kaiserschnitt, und das Stillen klappte auch nicht.

Ich wusste, dass Vanessa und ihre Mutter gar nicht gut auf die Klinik zu sprechen waren. Sie waren der Meinung, dass so ein Fehler auf gar keinen Fall passieren dürfe und weigerten sich, im Gegensatz zu mir, mit der Geschäftsführung überhaupt zu sprechen.

Zum Abschied sagte Frau Geiser noch, dass die Klinik mir gern etwas schenken würde.

»Sie brauchen mir doch nichts zu schenken«, war meine spontane Reaktion.

»Es geht ja nicht darum, dass wir Ihnen große Geschenke machen, aber eine kleine Aufmerksamkeit als eine winzige Wiedergutmachung. Es ist so schlimm, was passiert ist, und es tut uns allen sehr leid. Dürfen wir Ihnen denn wenigstens Blumen schenken?«

»In Gottes Namen, dann schenken Sie mir halt Blumen«, antwortete ich.

»Was sind denn Ihre Lieblingsblumen?«

»Bloß keine roten Rosen oder bunte Blumen. Am besten etwas Neutrales, Champagnerfarbenes.«

Dann wollte sie wissen, was sie den Kindern schenken könnte, und das Ganze ging wieder von vorne los, bis wir uns auf einen Gutschein von einer Kinderboutique einigten.

Als ich zu Hause war, rief ich sofort Eva an. Ich wollte wissen, ob sie sich erinnern könne, dass das Bändchen mal auf dem Nachttisch gelegen hatte. Ich war plötzlich so konfus und selbst nicht mehr sicher, wie es gewesen war.

»Nein, du hast immer geschaut, dass das Bändchen an Lenis Arm war, weil du panisch warst, dass etwas passieren könnte«, beruhigte sie mich.

Mit meiner Mutter hatte ich also noch ein Hühnchen zu rupfen. Zu ihrer Rechtfertigung erzählte sie mir, dass sie dachte, das Bändchen müsse ja auf dem Nachttisch gelegen haben, wenn es abgegangen sei. Typisch meine Mutter. Ich sagte ihr, dass sie in Zukunft aufpassen solle, was sie wem sagt, und nicht Dinge annehmen solle, die ihr persönlich plausibel erscheinen. »Oje, da hab ich jetzt wohl etwas durcheinandergebracht«, gab sie zerknirscht zu.

Ein paar Tage später bekam ich einen Strauß – mit apricot- und orangefarbenen Blumen. Auf einer beiliegenden Karte stand: »Entschuldigen Sie bitte, dass es keine champagnerfarbenen Blumen sind, die gab es leider nicht mehr. Ich hoffe, Sie haben trotzdem Freude an dem Strauß.«

KAPITEL 22

Bau um Himmels willen keinen Unfall!, flehte ich mich selbst stumm an, während ich wie eine Oma mit achtzig Sachen über die Autobahn tuckerte. Ich blieb kategorisch auf der rechten Spur, damit ich, falls jemand in mich hineinfahren würde, noch Ausweichmöglichkeiten hätte. Völlig absurd. War das wirklich ich hinter dem Lenkrad?

Wie bei Lenis Pseudokruppanfall verhielt ich mich immer häufiger völlig irrational. Mich schien eine unendlich große Sorge um Leni derart zu bremsen, dass ich selbst auf der Autobahn nicht ordentlich Gas geben konnte. Verrückt, das kam mir echt verrückt vor. Aber ich konnte es auch nicht ändern.

Ich musste mir eingestehen, dass sich die tiefe Mutterliebe zu Leni verwandelt hatte. Vielleicht war diese neue Liebe mit der zu vergleichen, die eine Pflegemutter für ihr Pflegekind hegt, keine Ahnung. Aber ich hatte die ganze Zeit nur ein Mantra: *Dem Kind darf nichts passieren!* Meine wichtigste und selbstauferlegte Aufgabe war es nun, Leni so gut es ging zu beschützen. Mich quälte mittlerweile nämlich eine neue Horrorvorstellung: Wir wollen die Kinder tauschen. Doch ich habe nicht genug auf Leni aufgepasst und kann Vanessa daher kein Kind geben!

Fakt war, dass ich von heute auf morgen nicht mehr Lenis richtige Mutter war. Ich sorgte weiter für sie, ich tat alles, damit es ihr gut ging, ich hatte sie auch noch lieb, aber meine tiefe Mutterliebe galt nun meinem leiblichen Kind.

Ich hatte solch eine Sehnsucht nach Lina! Obwohl ich sie nicht wirklich kannte, wollte ich sie so schnell wie möglich zurückhaben. All diese Gefühle wurden von Tag zu Tag stärker.

Als wir uns mit Vanessa, ihrer Mutter und Lina das zweite Mal in Homburg trafen, waren wir alle nicht mehr ganz so aufgeregt. Und Prof. von Rhein sagte schon nach ein paar vermittelnden Worten: »Am besten ich lass Sie jetzt mal ein wenig allein mit Ihren Kindern, wir sehen uns dann später zu den Einzelgesprächen wieder.«

Vanessa und ich tauschten uns intensiv über die Kinder und ihre Gewohnheiten aus.

Beim Thema Essen und Trinken musste ich mich stark zurückhalten, um ihr keine Predigt zu halten, wie ungesund dieses ganze Industriezeug war. Ralf schaute mich auch immer wieder beschwichtigend an. Dann sprachen wir über die Schlafgewohnheiten, und Vanessa erzählte, dass Lina bei ihr im Bett schlafen würde. Bei diesen Worten drückte sie die Kleine auf ihrem Schoß lächelnd an sich. Für mich wäre das niemals infrage gekommen. Meiner Meinung nach sollen Kinder von Anfang an in ihrem Bett schlafen und auch nicht in den Schlaf gewiegt werden. *Wieder so ein Unterschied zwischen Vanessa und mir*, dachte ich.

»Guck mal, Vanessa, dein Kind«, sagte Vanessas Mutter jetzt bestimmt schon zum dritten Mal.

Vanessa lächelte angespannt, es schien ihr wirklich schwerzufallen, sich auf Leni einzulassen.

»Hier, nimm sie doch mal«, sagte ihre Mutter, nachdem Ralf sich Lina noch einmal auf den Arm geholt hatte. Vanessas Mutter hielt ihr Leni hin. Vanessa griff zögerlich nach ihrem Händchen und streichelte es ein wenig. Die

Annäherung an Leni wie auch die Abnabelung von Lina kamen bei ihr anscheinend nur mühsam in Gang. Aber sie war ja auch noch selbst fast ein Kind; ich in ihrem Alter wäre mit so einer Situation ebenfalls völlig überfordert gewesen.

Im anschließenden Einzelgespräch mit Prof. von Rhein nutzte ich die Gelegenheit, um meinen größten Wunsch zu äußern. »Ich wäre wirklich froh, wenn ich Lina mal stundenweise allein haben könnte, sodass ich einen Bezug zu ihr bekomme.«

Prof. von Rhein fand die Idee gut und riet uns, wir sollten das forcieren.

In der großen Runde machten wir dann einen Fahrplan, wann und wo wir uns weiter treffen könnten. Wir überlegten, ob Weihnachten eine gute Gelegenheit sei.

»Vielleicht nicht unbedingt an Heiligabend, aber wie wäre es mit dem ersten oder zweiten Weihnachtstag?«, fragte ich in die Runde.

Alle stimmten meinem Vorschlag zu, besonders Prof. von Rhein war hellauf begeistert. »Das ist doch eine Superidee!« So langsam hatte ich das Gefühl, dass er immer alles toll fand, was ich vorschlug oder machte. Das nervte mich ein wenig.

Schließlich kam Prof. von Rhein auf den Tausch zu sprechen. »Wann, denken Sie, ist der Zeitpunkt zu tauschen?« Er schaute Vanessa an.

Sie blickte traurig unter sich und zuckte mit den Schultern.

»In dem Alter, in dem Ihre Babys jetzt sind, bilden sich konkrete Gedächtnisspuren, konkrete Erinnerungen an die Umgebung, an Gesichter und so weiter. Und ungefähr im achten Monat fängt außerdem das Fremdeln an. Wenn

Sie erst in zwei oder drei Monaten tauschen würden, wäre es für die Kinder ganz schlimm. Denn entwicklungspsychologisch gesehen wäre dann ein Tausch mit vielen Verlustängsten verbunden. Zögern Sie es also nicht zu lange hinaus«, riet er uns.

Vanessa fing an zu weinen.

Und ich auch. Ich war gerade dabei, Leni zu füttern und nahm einfach ihr Lätzchen, um meine Tränen abzuwischen.

»Sie müssen den Tausch auch nicht überstürzen, aber in drei oder vier Monaten wäre es zu spät. Wenn die Kinder zwei oder drei Monate alt sind, kann man einen Beziehungsabbruch von einem auf den anderen Tag machen, aber jetzt nicht mehr.«

Ralf sagte, dass Leni sich in der letzten Zeit deutlich verändert habe, viel agiler und wacher geworden sei.

Prof. von Rhein fragte Vanessa, wie es ihr mit der Vorstellung ginge, Angelina herzugeben.

»Zuerst habe ich gesagt, ich gebe Lina nicht mehr her. Aber jetzt ist es so teils, teils.«

Vanessas Mutter fügte noch halb lachend und halb weinend hinzu, dass sie am Anfang immer zu Vanessa gesagt habe: »Wenn der Herr Klos kommt, dann rück ich das Kind nicht raus!«

»Wann wirst du denn am traurigsten, Vanessa?«, fragte Prof. von Rhein.

»Wenn Angelina mich anschaut oder wenn sie mich anlacht, dann kommen mir immer ...« Ihr Schluchzen erstickte den Satz.

Da strich Vanessas Mutter ihrer Tochter liebevoll die Haare aus dem Gesicht. »Wir können es nicht so lange hinauszögern, auch, wenn es so weh tut. Es wird der Familie Klos nicht anders gehen als uns. Und du kannst sicher jederzeit zu ihnen, wenn du Angelina vermisst.«

Dann drückte sie ihre weinende Tochter an ihre Brust und küsste sie auf ihren Kopf. Ralf reichte Vanessa ein Taschentuch.

Obwohl für mich das Thema Tauschen von Anfang an ohne irgendeinen Zweifel behaftet war, bedrückten mich Vanessas Worte und die Schmerzen, die ihr die bevorstehende Trennung von Lina verursachten, sehr.

Einen konkreten Termin für den Tausch konnten wir noch nicht festlegen. Stattdessen weinten Vanessa, ihre Mutter und ich einfach nur.

Als wir den Gang in Richtung Aufzug liefen, legte Ralf seinen Arm um mich. Leni trug ich auf dem Arm, sie war kurz davor einzuschlummern. Auch die Kinder nahmen diese Treffen sicherlich mit. Dieses Mal beeilte ich mich nicht, Ann-Kathrin zu besuchen. Dieses Mal war mir alles andere als euphorisch zumute. Ich fühlte mich verletzlich und müde.

Nachdem Ralf sich mit der schlafenden Leni auf den Weg zum Café der Klinik gemacht hatte, schritt ich durch die breite Tür, die zur Kinderkrebsstation führte. Ein kleiner Junge mit einer Glatze und einem künstlichen Darmausgang kam mir entgegengehumpelt. Und auch im Spielzimmer, an dem ich vorbeikam, saßen lauter Kinder, die alle keine Haare mehr hatten. Ich wäre am liebsten umgedreht, so nah ging mir das Leid der Kinder auf einmal.

Ich versuchte mich innerlich wieder aufzurichten, klopfte kurz an die Tür von Ann-Kathrins Krankenzimmer und trat ein.

Ann-Kathrin saß lächelnd auf ihrem Bett, aber ihren Augen fehlte der Glanz, das Lebendige. Als ich ihr zur Begrüßung über die Haare strich – eine Umarmung kam wegen ihres schwachen Immunsystems ja nicht infrage –, fühlten sie sich dünn an. Meine Schwester jedoch strahlte umso mehr und machte mir auf diese Weise auch ohne Worte ihre Besucherregeln noch einmal klar: Wir sprechen hier nicht über Ann-Kathrins Krankheit, wir machen jederzeit gute Miene zum bösen Spiel, und wir verbreiten nichts als positive Gedanken. Doch heute gelang es mir nicht so recht, für gute Stimmung zu sorgen.

KAPITEL 23

*N*ormalerweise verkrachten Ralf und ich uns immer am Heiligabend. Er musste unbedingt jedes Mal ein Sieben-Gänge-Menü kochen – für mich der totale Stress, weil ich, wie bei jedem Fest, währenddessen und danach putzen und aufräumen musste. Wenn wir dann in der Kirche saßen, was natürlich so früh wie möglich sein musste, um noch einen guten Platz zu bekommen, war ich kurz vorm Heulen. Jedes Mal bestand ich darauf, dass es im kommenden Jahr etwas Einfaches geben sollte, wie zum Beispiel eine kalte Platte.

Dieses Mal wurde mein Wunsch ohne Wenn und Aber erfüllt. *Mannomann, anscheinend muss es mir erst richtig schlecht gehen*, dachte ich mir insgeheim.

Doch obwohl alles nur halb so stressig war wie sonst, spürte ich, dass ich mit meinen Kräften völlig am Ende war. Ich konnte die Tränen nur noch mühsam unterdrücken. Sollte das wirklich das erste und letzte Weihnachtsfest mit Leni sein? Und warum war meine kleine Lina nicht bei mir? Sie gehörte doch zu uns. Ich vermisste sie so sehr.

Wie bitter war das alles.

Mein Blick fiel auf Yara, die sich gerade über ihren Weihnachtsteller hermachte. Sie hatte sich wahnsinnig auf Weihnachten gefreut, und es sollte heute trotz allem ein schönes Fest für sie werden. Also riss ich mich mal wieder zusammen, und auch die anderen taten ihr Bestes, Yara einen schönen Heiligabend zu bescheren.

Nach dem üblichen Singen der Weihnachtslieder befürchtete ich jedoch, dass sich meine Schwiegermutter und meine Schwägerin mal wieder in ein Gespräch über Krankheiten und Todesfälle verstricken könnten. »Der liegt im Sterben, die hat wieder Krebs bekommen, der geht jetzt schon am Rollator, ich war letzte Woche auf der Beerdigung von ...« Das waren geradezu ihre Lieblingsthemen, sie waren wirklich ausdauernd darin, aber solche Gespräche könnte ich jetzt nicht ertragen.

Ich nahm Ralf beiseite, um ihn einzuschwören. »Wenn die jetzt mit ihren Horrorgeschichten anfangen, dann dreh ich durch!«

Ich weiß bis heute nicht, was er ihnen gesagt hatte. Aber diese gruseligen Gespräche wurden an diesem Abend ausgespart. Selbst über unser Schicksal verlor keiner ein Wort, und niemand, noch nicht einmal meine sehr nah am Wasser bauende Schwiegermutter, brach in Tränen aus – nur ich.

Yara hatte einen Roller geschenkt bekommen und kurvte damit gerade strahlend durchs Wohnzimmer. Leni fingerte an dem Steckspiel, das ich ihr schon vor ein paar Wochen in einem Spielzeuggeschäft ausgesucht hatte. In diesem Moment wünschte ich mir, dass Lina mit dem bunten Holzspielzeug spielen würde. Ich wollte es am liebsten behalten – für *mein* Kind. Eine große Traurigkeit erfasste mich. Ich schlich ins Schlafzimmer und sank kraftlos aufs Bett. Das Gesicht in einem Kissen vergraben fing ich an zu weinen. Und es brauchte eine ganze Weile, bis ich mich wieder beruhigen konnte. Als ich mir das Gesicht trocknete, dachte ich immer wieder, dass ich Lina sobald wie möglich ganz nah und für immer bei mir haben wollte. Ich stand auf und ging ins Bad, um mir die verquollenen Augen zu kühlen. Als ich zurück ins Wohnzimmer kam, sah ich, wie Theodora Leni gerade liebevoll auf den Arm nahm. »Ach, mein Schätzlein, komm mal her. Ich drück dich noch mal«, sagte sie.

Abgesehen von ihrem morbiden Faible für Krankheiten und Todesfälle war sie zweifelsohne eine klasse Oma. Sie küsste und herzte die Kleine, während ich mich schämte. Wie konnte ich nur derart hässliche Gedanken haben? Und warum hatte ich nicht mehr das dringende Bedürfnis, mit Leni zu kuscheln? Ich tat es zwar noch, weil ich dachte, dass sie nichts bemerken dürfe und weil ich sie in der Beziehung nicht vernachlässigen wollte. Aber wenn ich ehrlich mit mir war, konnte ich diese »Urliebe« zu ihr nicht mehr verspüren.

KAPITEL 24

*E*ndlich war es am zweiten Weihnachtsfeiertag so weit, dass ich Lina wiedersehen konnte. Ich freute mich riesig auf sie. Wir machten mit Vanessa ab, dass wir zu ihr in die Jugendhilfeeinrichtung fahren würden. Dort gab es eine Gästewohnung, die uns zur Verfügung gestellt wurde.

Als wir hereinkamen, wünschte erst einmal jeder jedem »Frohe Weihnachten«, und dann aßen wir den Kuchen, den ich mitgebracht hatte.

Da saßen wir also alle zusammen auf einer großen Couch – Ralf, Yara, Leni, Vanessa, ihre Mutter und Vanessas kleine Schwester Jennifer und ich – und unterhielten uns. Nur Lina lag vor uns auf einer Krabbeldecke auf dem Boden. Ralf fragte Vanessa, wie es denn in dieser Einrichtung sei, ob sie sich wohlfühle. Vanessa meinte, es wäre in Ordnung, aber es gäbe auch »echt schräge Sachen«. Und dann erzählte sie so lebhaft, wie wir sie bis dahin gar nicht kennengelernt hatten, von einem Mädchen aus der Jugendhilfeeinrichtung, das sich nie duschte. »Die ist total abgedreht und eklig. Die ging jeden zweiten Tag ins Bad, sperrte zu, ließ die Dusche laufen und saß daneben. Irgendwann haben wir gemerkt, dass sie uns austrickste, weil sie so krass stank.«

Während ich ihr zuhörte, konnte ich meinen Blick nicht von Lina wenden. Sie war völlig verschnupft, und ihre Augen tränten. Sie trug ein weißes Käppi, das sie noch blasser machte, als sie es ohnehin schon war. Ich rutschte zu ihr auf den Boden, gab ihr mein Weihnachtsgeschenk und spielte ein wenig mit ihr, aber ich fühlte mich nicht wirklich wohl dabei. Ich hatte Sorge, dass ich vielleicht zu viel machen würde. So gern hätte ich sie dieses Mal geknuddelt und geküsst, aber ich hielt mich zurück. Auf keinen Fall wollte ich Lina zu sehr für mich vereinnahmen. Das höchste der Gefühle war ein Streicheln über ihre Wange. Ich wäre froh gewesen, wenn alle einfach hinausgegangen wären und ich sie für mich allein gehabt hätte. Ich merkte, wie sehr mich dieses Treffen anstrengte, auch wenn von außen alles locker und harmonisch wirkte.

Hin und wieder nahm Vanessas Mutter Leni auf den Arm. »Komm mal zur Oma.« Dann versuchte sie wieder, Leni ihrer Tochter ein wenig näherzubringen. Aber Vanessa ging auch dieses Mal nicht so richtig darauf ein. Prinzipiell fand ich die Bemühungen der Oma gut, aber sie wirkten auf mich auch aufgesetzt. Am Ende lief es mal wieder darauf hinaus, dass sich jeder hauptsächlich um sein »falsches« Kind kümmerte.

Dann kam es zu einer Szene, die bei mir erneut die Alarmglocken klingeln ließ. Vanessa, ihre Mutter und Jennifer gingen in die Küche, um Brote für alle zu machen. Dafür setzten sie Lina in einen Hochstuhl mitten im Zimmer. Ich war entsetzt. Gerade Lina, die so zappelig war!

»Was fällt denen ein? Sie können doch das Kind nicht einfach dahinsetzen«, zischte ich Ralf zu.

Anstatt selbst auf Lina aufzupassen, gab ich Ralf Anweisungen. »Geh du hin und pass auf, dass sie nicht rausfällt.«

Ich selbst wollte es nicht machen, da ich vor Vanessa und ihrer Mutter nicht den Eindruck einer Übermutter erwecken wollte. Wie ihm geheißen, stellte sich Ralf neben den Hochstuhl. *Der arme Kerl*, dachte ich mir zerknirscht, jetzt *muss er für mich herhalten. Wie unmöglich von mir.* Aber ich schaffte es einfach nicht, meinen Mund aufzumachen und zu sagen, dass ich es unverantwortlich fand, wie sie mit meinem Kind umgingen. Zumindest hätte ich doch von einer erfahrenen Großmutter erwartet, dass sie ihrer Tochter so etwas beibringt.

Von diesem Moment an hatte ich keine ruhige Minute mehr. Ich malte mir ständig aus, wie Lina allein im Hochstuhl sitzt und herausfällt. Mir selbst war das auch schon mal mit Yara passiert, von daher wusste ich, wie schnell so etwas geschehen kann. Und es war damals ein großes Glück, dass sich Yara nichts getan hatte.

Als wir dann die Brote aßen, wagte ich einen entscheidenden Vorstoß. Ich fragte Vanessa so locker wie möglich: »Sollen wir die Babys beim nächsten Mal für zwei, drei Stunden tauschen?«

Ich traute mich kaum Vanessa anzuschauen, hob dann aber doch wieder den Kopf und lächelte sie an. Ich wollte für uns alle zusammen stark sein.

Und wie froh war ich, als auch Vanessa ebenfalls zaghaft zu lächeln begann und leise »Ja, okay« sagte.

KAPITEL 25

*A*uf Silvesterfeiern hatte ich dieses Jahr überhaupt keine Lust. Ich wollte zu Hause bleiben und mich mit so wenigen Leuten wie möglich unterhalten müssen. Ricarda war im Urlaub, und so verabredeten wir uns kurzfristig mit Nora und Simon und deren Kindern. Nora war auch nicht in Feierlaune und schlug ein gemütliches Abendessen vor.

Die Kinder lagen schon früh im Bett, jedes in einem anderen Zimmer. Vor uns auf dem Boden standen vier Babyfone. Über unseren bevorstehenden Rücktausch der Kinder redeten wir nicht viel. Meine Jahresbilanz, die ich traditionellerweise an Silvester zog, fiel dieses Mal nicht sonderlich gut aus. Die Hälfte des Jahres hatte ich ohne mein leibliches Kind leben müssen, und nun musste ich auch noch ohne es ins neue Jahr feiern. Genauso wie Weihnachten konnte ich diese Zeit nicht mehr nachholen. Das setzte mir zu. Trotzdem versuchte ich den Abend einigermaßen zu genießen.

Um Mitternacht gingen plötzlich alle Babyfone los. »Oh nein, jetzt sind alle wach geworden von dem Lärm«, sagte Nora, und wir flitzten schnell hoch zu den Schlafzimmern. Doch die Kinder schliefen seelenruhig. Es war nur der Raketenlärm, auf den die Babyfone reagiert hatten. Wir lachten und beschlossen, kurz auf die Straße zu gehen.

Wir nahmen Sekt und Gläser mit und stießen draußen

an. Ralf drückte und küsste mich. »Es wird schon alles gut werden«, versuchte er mich aufzumuntern.

Dann ließ er zusammen mit Simon ein paar Böller los. Nora drückte mich einfach nur ganz lange, ohne etwas zu sagen. Ich selbst wünschte mir auch, dass alles so schnell wie möglich wieder gut werden würde. Dann schickte ich noch ein Stoßgebet in den eiskalten Winterhimmel: »Bitte lieber Gott, mach, dass Ann-Kathrin wieder gesund wird!«

»Jeannine?«, holte mich eine Männerstimme zurück ins feierlaunige Hier und Jetzt. Der Bruder meines Exfreundes, der nur ein paar Häuser von uns entfernt wohnte, stand hinter mir. Er streckte mir seine Hand entgegen. »Gutes neues Jahr, Jeannine«, sagte er.

»Dir auch«, antwortete ich schnell.

Er blickte mich ganz ernst an und meinte dann leise: »Es ist ja alles so beschissen. Ich drück dir die Daumen.«

»Ja, es wird schon alles«, antwortete ich und kämpfte mit den Tränen.

Obwohl auf der Straße so viele Leute waren, war er der Einzige von unseren Nachbarn, der zu uns kam. Anscheinend trauten sich die anderen nicht. Aber das war auch in Ordnung, denn das Letzte, was ich jetzt wollte, waren mitleidige Blicke.

Nach dem Feuerwerk beendeten wir den Abend. Ich war froh, dass ich Silvester irgendwie hinter mich gebracht hatte.

KAPITEL 26

*E*s war Mitte Januar, als ich zum ersten Mal für drei Stunden mit meinem Kind allein sein konnte. Vanessa und Lina waren nicht mehr in der Jugendhilfeeinrichtung untergebracht, sondern wohnten wieder zu Hause. Dort brachte ich Leni hin und holte Lina ab.

Als ich mit Leni die Wohnung von Vanessas Mutter und ihren beiden Töchtern betrat, fielen mir als Erstes die dunklen Eichenmöbel auf. Unangenehm war die stickige Luft in den Räumen, aber alles in allem fand ich die Wohnung für das Leben mit einem Baby in Ordnung, was mich erleichterte.

Lina war schon angezogen. Sie war immer noch verschnupft. Es war ein besonders kalter Tag, und ich wunderte mich, dass sie nur ein eher dünnes Jäckchen und keine Mütze trug. Die Tasche mit den Windeln und dem Fläschchen stand schon gepackt neben ihr.

Ich wollte Leni gerade noch die Mütze und das Winterjäckchen ausziehen, als Vanessa sagte: »Lass Leni ruhig angezogen, wir gehen gleich zusammen mit ihr einkaufen.«

Dann verabschiedeten wir uns schnell, ich nahm Lina und die Babytasche und war auch schon wieder draußen.

Ein kleiner Stein fiel mir vom Herzen. Irgendwie war ich froh, wieder auf der Straße zu sein, aber vor allem war ich froh, mein Kind endlich für mich zu haben.

Ich brachte Lina schnell zum Auto, in dem es noch

von der Hinfahrt einigermaßen warm war. Dann überlegte ich, zu wem ich zuerst fahren sollte. Denn ich wollte mein Kind jetzt unbedingt meiner Familie und meinen Freunden vorstellen. Da es Mathias' Geburtstag war, entschied ich mich, zuerst bei ihm vorbeizuschauen. Sicherlich würde er sich freuen, sein eigentliches Patenkind wiederzusehen.

»Na, mein Schatz, freust du dich auch ein bisschen auf deine Familie? …« Ich redete die ganze Fahrt über mit Lina und versprach ihr, dass wir gleich da seien. Erst als wir angekommen waren, bemerkte ich, dass sie schon längst eingeschlafen war.

Als Ricarda die Tür öffnete, rief sie sofort: »Was für eine Überraschung! Komm rein, meine Mutter und Mathias' Mutter sind auch da, die werden sich riesig freuen, dass sie das miterleben dürfen.« Augenblicklich standen uns allen vor Rührung die Freudentränen in den Augen.

Ich stellte Lina samt Maxi-Cosi auf den Esstisch.

Alle flüsterten auf einmal. »Lass sie schlafen, lass sie schlafen.«

»Nix da«, entgegnete ich, »wenn wir schon mal hier sind, dann machen wir sie auch wach«, und nahm die Kleine behutsam aus dem Maxi-Cosi.

Lina öffnete langsam die Augen.

»Hallo Lina, ich bin dein Patenonkel Mathias«, begrüßte er sie. Dann nahm er Lina vorsichtig auf den Arm. Die Kleine wurde von Arm zu Arm gereicht und bestaunt wie eine Außerirdische, bis sie auf Ricardas Arm anfing zu quengeln.

Noch bevor ich meine Arme nach ihr ausstrecken konnte, suchte Lina plötzlich meinen Blick und streckte die Arme nach mir aus.

»Ja, du willst zurück zu deiner Mama. Geh du nur zu deiner Mama«, bestärkte Ricardas Mutter Marita sie.

Voller Rührung nahm ich sie entgegen, und sofort beruhigte sie sich. Jetzt war mir das Herz vollends aufgegangen. Ich hatte meine Tochter nur ein paar Mal gesehen, und schon war ich ihre Bezugsperson. Konnte es wirklich sein, dass sie spürte, dass ich ihre Mutter war?

»Wollt ihr tauschen? Wisst ihr, wie ihr es machen könnt?«, fragte mich Marita.

»Ich will auf jeden Fall tauschen«, antwortete ich wie aus der Pistole geschossen.

»Ja, das ist das einzig Richtige. Man will doch sein Kind haben. Das ist so wichtig. Schau, dass du das durchziehst, Jeannine«, sagte sie.

Alle bestärkten mich darin, den Tausch möglichst bald über die Bühne zu bringen. Ich sog den Zuspruch regelrecht in mir auf, dann verabschiedete ich mich aber auch schon wieder. Ich wollte Lina nicht überfordern und meine Familie nicht länger warten lassen.

Draußen rief ich meine Mutter an und kündigte ihr an, dass ich gleich vorbeikommen würde – es war ihr ausdrücklicher Wunsch gewesen. Ihre Oma kennenzulernen, würde für die Kleine schon nicht so stressig sein, sagte ich mir.

Ich konnte allerdings nicht ahnen, dass meine Mutter noch ihre Freundin und ihre Nachbarin bestellt hatte. Alle begutachteten Lina neugierig. Mein Vater, der mittlerweile wieder zu Hause war, merkte gar nicht, dass ein »fremdes« Kind im Maxi-Cosi lag.

»Aber das ist doch endlich unser richtiges Kind!«, klärte meine Mutter ihn lachend auf. Daraufhin schaute er Lina nochmals genauer an und war dann so stolz, wie ich ihn noch nie erlebt hatte.

»Jawohl, das ist jetzt unser Kind!«, sagte er strahlend.

Auch die Nachbarin meinte, dass dieses Kind definitiv in unsere Familie passe, im Gegensatz zu dem anderen. Meine Mutter schoss unzählige Fotos, und alle sagten immerzu, wie goldig und süß Lina sei. Niemand fragte nach Leni. Und auch ich dachte seltsamerweise kein einziges Mal an sie.

Lina fing wieder an zu quengeln. »Es reicht jetzt«, sagte ich. »Ich muss noch Yara vom Kindergarten abholen, und Ralf kommt extra nach Hause.«

Auf dem Nachhauseweg fiel mir dann aber noch ein, dass ich nicht am Haus meiner Schwiegereltern vorbeifahren konnte, ohne auch ihnen ihr richtiges Enkelkind zu zeigen. Das hätte Ärger gegeben. Also musste Lina auch da noch durch.

Theodora reagierte allerdings nicht so überschwänglich wie meine Familie. Im ersten Moment dachte ich, dass es vielleicht daran liegen könnte, dass sie in ihrer Enkelin Ralf nicht wiedererkannte. Doch dann wurde mir klar, dass es daran lag, dass sie Leni nicht loslassen konnte. Unsere Situation belastete sie extrem.

Da ich Yara vorher angekündigt hatte, dass Lina ein bisschen zu uns kommen und dafür Leni zu Vanessa gehen würde, nahm sie Linas Anwesenheit ohne zu hinterfragen hin. Wir spielten mit Lina, bis Ralf kam.

Nun war es an der Zeit, unsere Große endlich einzuweihen. Wir setzten uns zusammen mit ihr aufs Sofa.

»Wir müssen dir noch etwas erklären, Yara. Damals im Krankenhaus lagen die Lina und die Leni immer nebeneinander. Und zwar in zwei unterschiedlichen Bettchen. Und dann sind die beiden nachts mal gebadet worden und haben dabei ihr Namensbändchen verloren.

Da konnte man nicht mehr wissen, wer welches Kind ist.«

An ihren Blicken merkte ich schon, dass die ganze Geschichte viel zu kompliziert für sie war. Dennoch gab ich mir größte Mühe, alles so einfach wie möglich zu formulieren und fuhr fort:

»Und dann hat eine Schwester so einen dummen Fehler gemacht und hat Linas Bändchen der Leni angezogen, und so sind die beiden vertauscht worden.«

Ich machte eine kurze Pause. Jetzt musste ich der ganzen Angelegenheit nur noch ihre Tragik nehmen. »Aber das ist auch gar nicht schlimm, weil wir sie ja jetzt wiederhaben. Leni ist zwar auch deine Schwester – das war sie ja die ganze Zeit –, aber nicht deine richtige. Deine richtige Schwester ist eigentlich die Lina.«

Auch Ralf schaute, als ob er die Geschichte nicht kapiert hätte – warum auch immer.

»Aha, verstehe ich. Aber die Lina gefällt mir auch ganz gut«, sagte Yara ganz abgeklärt.

Dann ging sie zu Lina und liebkoste sie. »Na, du falsche Schwester?«, sagte sie zu ihrer Schwester.

Ralf und ich schauten uns erleichtert an und lachten.

Nachdem ich Lina gefüttert hatte, spuckte sie etwas. Ich war richtig froh, dass sie ganz verkleckert war, denn so hatte ich quasi eine Legitimation, ihre Wäsche zu wechseln und ihr Sachen von Leni anzuziehen. Wie auch schon bei den letzten Malen, mochte ich ihre Kleider überhaupt nicht. Ich zog sie aus, auch um zunächst einmal zu sehen, wie sie nackt ausschaute.

Ich bekam einen Schock, als ich ihre Haut sah. *O Gott, hat die eine schlechte Haut! So schrecklich dünn und durchscheinend*, dachte ich mir. Aber noch viel schlimmer waren all ihre Ekzeme. Raue, rote, schuppende Stellen.

Ich schob die Ekzeme auf ihre Ernährung – auf die Kuhmilch und den ganzen Zucker. Natürlich war mir klar, dass ihre schlechte Haut hauptsächlich genetisch bedingt sein musste – die hatte sie von mir als Allergikerin wohl geerbt. Aber ausgebrochen waren ihre Ekzeme sicherlich durch die falsche Ernährung und weil sie nicht gestillt worden war. Mal machte ich Vanessa dafür verantwortlich, dann war ich wieder milder gestimmt, schließlich hatte sie nicht meine Erfahrung ... Aber irgendwo musste ich mit meiner Wut ja hin, und als ich so weiter nachdachte, kam ich auf den Kinderarzt. Eigentlich wäre es doch sein Job gewesen, auf Linas Gesundheit zu achten, oder zumindest hätte er Vanessa zu einer Ernährungsberatung schicken können. Am Ende waren die Lebensmittelkonzerne die Bösen für mich. Sie waren es schließlich, die die Supermarktregale mit gesüßten Babytees, Kakao und den ganzen ungesunden Sachen füllten, nur um Geld zu verdienen. *Nichts ist einfacher, als da zuzugreifen!*, dachte ich empört.

Trotzig nahm ich unser Bio-Olivenöl aus der Küche und cremte Lina damit am ganzen Körper ein. Obwohl sie mein eigenes Kind war, hatte ich ein schlechtes Gewissen. »Wenn die wüssten, was ich alles mit ihr mache ...«

Auf der anderen Seite fand ich es auch nicht besonders toll, dass Vanessa und ihre Mutter mit Leni direkt einkaufen gingen, anstatt sich mit ihr zu beschäftigen.

Ich versuchte, mich wieder etwas lockerer zu machen und mich nicht nur auf Linas Haut zu fixieren. Ich betrachtete sie überall und stellte fest, dass sie ganz dünn war. Eigentlich bestand sie nur aus Haut, Knochen und Muskeln. Ihre Beine waren ganz lang, ihre Oberschenkel genauso dünn wie ihre Unterschenkel. Sie sah wie ein Frosch aus. Zudem zog sie ihre Beine auch noch wie ein Frosch an. Ihre Arme waren auch extrem dünn, und einen Popo hatte sie erst recht nicht. Sie zappelte herum und versuchte, das Mobile über ihr zu greifen. Im Grunde genommen sah sie richtig lustig aus, wobei ich mich nicht wirklich schlapp lachen konnte, weil mir mein Humor gerade etwas abhandengekommen war.

Bevor Ralf Lina wieder zu Vanessa fuhr, zog ich ihr die gesäuberten Sachen an, mit denen sie gekommen war. Endlich konnte ich sie zum Abschied knuddeln und küssen, ohne dass ich beobachtet wurde oder ein schlechtes Gewissen haben musste.

Als Leni zurückkam, freute sie sich, wieder bei uns zu sein – da, wo sie von ihrem Gefühl her hingehörte. Ralf erzählte mir, dass Lina bei der Übergabe genauso reagiert hatte. Sie war froh, wieder von Vanessa in die Arme geschlossen zu werden, auch, wenn sie sich bei uns wohlgefühlt hatte.

Ich hingegen spürte, dass dieser kurze Tausch mal wieder etwas bei mir bewirkt hatte. Ich fühlte mich noch ein kleines Stückchen mehr von Leni entfernt. Je mehr ich Lina kennen- und lieben lernte, umso mehr ließ ich Leni los. Es war, als ob das eine Gefühl das andere brauchte.

Am späten Abend telefonierten Vanessa und ich, um uns über den Tag auszutauschen. »Wie war es, wie hat es geklappt bei euch?«, fragte ich sie.

Wie immer antwortete Vanessa höflich, aber knapp. »Alles super.«

»Tauschen wir nun täglich?« Im Gegensatz zu ihr konnte ich es kaum erwarten, sofort wieder stundenweise zu tauschen. Leider ging es nicht schon am nächsten Tag, da wir beide so viele Termine hatten. Vanessa musste jeden Tag zur Schule, dann passte ihre Mutter auf Lina auf, und bei mir standen auch immer tausend Sachen im Kalender. Daher verabredeten wir uns erst für Ende der Woche.

Ich schloss den Tag mit einem guten Gefühl ab. »Wenn wir jetzt schon mal so weit sind, dass wir stundenweise tauschen, dann kann es ja nicht mehr so lange dauern, bis wir Lina für immer bei uns haben.«

Aber unsere Verabredung kam leider nicht zustande. Stattdessen bekamen wir eine SMS von Vanessa, dass sie eine Magen-Darm-Grippe habe. Meine Enttäuschung kann sich niemand vorstellen. Außerdem hatte ich das ungute Gefühl, dass die Krankheit nur vorgeschoben war. In meinen Augen war das ein Rückschritt.

»Wer weiß, was noch alles dazwischenkommt. Es zieht sich schon so lange hin«, jammerte ich, als ich mit Ralf darüber sprach.

»Es ist jetzt nicht zu ändern, nimm es so hin«, sagte er.

Daraufhin versuchte ich, mich zurückzunehmen und wieder rationaler zu denken. Ich wollte ja, dass Vanessa und die anderen Beteiligten sich auch wohlfühlten, es ging ja nicht nur um mich. Obwohl es mein größter Wunsch war, so schnell wie möglich zu tauschen, hätte ich das niemals eingefordert. Sicherlich auch aus der Angst heraus, dass Vanessa das nervlich nicht packen könnte und dann gar nichts mehr ginge. Ich beschloss, fortan einen Tag nach dem anderen anzugehen und nicht zu sehr an die Zukunft zu denken.

KAPITEL 27

Als ein nächster Kindertausch endlich zustande kam, beschlossen wir, die Babys den ganzen Tag zu behalten. Es sei denn, es würde bei einem von uns beiden nicht gut laufen. Ricarda bot mir an, für einige Stunden Yara zu nehmen. Als ich Yara bei ihr abgab, erzählte Ricarda, dass sie plane, mit den Kindern zu Ikea zu fahren.

Ich zuckte zusammen. »Um Gottes willen, bloß nicht zu Ikea! Wenn da was passiert, wenn du sie verlierst …!«

Ricarda schaute mich verdutzt an. So kannte sie mich nicht. Und ich mich auch nicht. Schlagartig wurde mir klar, dass ich nicht nur Angst hatte, dass den Babys etwas zustoßen könnte, sondern dass ich anscheinend eine generelle Angst um die Kinder entwickelt hatte. Ich fragte mich, ob das schon die ersten Anzeichen einer Traumatisierung waren oder ob meine Nerven einfach nur blank lagen.

»Bitte nicht«, bettelte ich geradezu. Daraufhin versprach mir Ricarda hoch und heilig, die Ikea-Aktion sein zu lassen. Beruhigt fuhr ich zu Vanessa.

Doch meine Beruhigung hielt nicht lange an, denn als ich die Wohnung betrat, roch ich Zigarettenrauch. *Das kann doch nicht wahr sein!*, dachte ich entsetzt.

Vanessa und ihre Mutter standen am gekippten Fenster und rauchten. Das ganze Zimmer war verqualmt. Wie schon beim letzten Mal lag Lina mit dieser dünnen Jacke in ihrem Maxi-Cosi.

»Lina ist ziemlich krank, sie hatte sogar Fieber heute Nacht. Jetzt ist es etwas besser. Sollen wir heute denn überhaupt tauschen?«, fragte mich Vanessa.

»Falls es nicht klappt, bringe ich sie wieder«, antwortete ich. Mit ein bisschen Fieber kannte ich mich aus, das sollte kein Problem sein.

Eigentlich hätte ich aber sagen müssen: »Wie, ihr raucht hier? Und dann noch im Raum mit meiner kranken Tochter!?« Aber ich war so geschockt, dass mir die Worte fehlten. Außerdem wollte ich auf keinen Fall Streit mit ihnen bekommen. Bisher lief alles harmonisch, und das sollte auch so bleiben. *Halt einfach den Mund und schnapp dir dein Kind*, wies ich mich selbst an. Erst jetzt fiel mir auf, dass ich Leni in ihrem Maxi-Cosi immer noch nicht abgestellt hatte. Sollte ich sie hierlassen, ohne etwas zu dem Rauch zu sagen?

Vanessa gab mir einen Fiebersaft und ein Antibiotikum mit. Als ich jetzt Lina aus nächster Nähe sah, war mir sofort klar, dass sie nicht nur ein bisschen Fieber hatte, sondern dass sie richtig krank war. Sie war ganz blass, hatte aber feuerrote Backen, und ihre Augen glänzten feucht. Sie röchelte und schnappte ganz seltsam nach Luft. Dabei machte sie die Augen immer wieder auf und zu.

»Lass Leni angezogen, wir gehen mit ihr spazieren«, meinte Vanessas Mutter.

Zum Glück gehen sie mit ihr raus, dachte ich. Ich hatte immer noch ein schrecklich schlechtes Gewissen, sie dazulassen. Aber die Sorge um mein krankes Kind war größer.

Als ich die Haustür hinter mir zugezogen hatte, wurde ich wütend, und zwar so richtig. Ich inspizierte Lina im Auto nochmals ganz genau und nahm vor allem ihre Kurzatmigkeit wahr. Da bekam ich Angst, dass sie einen

Kreislaufkollaps bekommen könnte. *Was mache ich jetzt?*, überlegte ich. *Mein Kind braucht Hilfe!*

Ich war kurz davor, die Nerven zu verlieren. Ich hatte überhaupt kein Gefühl mehr, ob ich gerade überreagierte oder die Situation richtig einschätzte. Was ich jetzt brauchte, war ein neutraler Blick von außen.

Kurzerhand beschloss ich, bei Jule vorbeizufahren – sie wohnte ganz in der Nähe. Sie als dreifache und ziemlich coole Mutter würde die Lage schon richtig einschätzen, sagte ich mir.

Als Jule Lina sah, meinte sie sofort: »O Gott, wie sieht die denn aus? Fahr sofort zum Kinderarzt mit ihr!« Ich war so erleichtert, dass Jule meinen Eindruck bestätigte und dass ich jemanden hatte, der mir in dieser fürchterlichen Situation half.

»Zu welchem Kinderarzt soll ich denn gehen? Zu Linas Arzt oder zu unserem?«

»Was denkst du denn?«, fragte Jule zurück.

»Ich würde lieber zu meinem Arzt gehen. Den anderen kenne ich doch gar nicht«, antwortete ich.

»Dann rufst du den jetzt an.«

So rief ich also bei Dr. Ludwig an. »Hallo Frau Heising, hier ist Jeannine Klos. Ich habe ein kleines Problem.« Das ist mein Standardspruch, wenn ich bei Dr. Ludwig anrufe.

»Ja, was ist denn, Frau Klos?«, fragte mich die Arzthelferin.

Ich wollte unsere Vorgeschichte so schnell wie möglich abhandeln. »Also: Ich bin die eine Mutter von den vertauschten Kindern.«

»Wie, Sie sind die eine Mutter von den vertauschten Kindern? Da von der Klinik? Wie bitte, Frau Klos?!«

»Ja, ich bin die eine. Ich hab jetzt nur das Problem, dass ich heute für einige Stunden meine leibliche Tochter habe, die aber total krank ist. Und ich wollte wissen, ob ich nun zu Ihnen kommen kann oder ob ich zu dem Kinderarzt muss, bei dem meine Tochter bislang in Behandlung war.«

Am anderen Ende der Leitung herrschte Totenstille.

»Haben Sie mich verstanden?«, hakte ich nach.

»Äh, Moment. Moment!« Frau Heising legte hörbar hektisch den Hörer ab, und dann passierte lange Zeit gar nichts mehr. Als sie endlich zurückkam, sagte sie: »Kommen Sie sofort zu uns.«

Zehn Minuten später war ich in der Praxis. Kopfschüttelnd kam die Arzthelferin auf mich zu. »Kommen Sie direkt durch. Frau Klos, ich kann das gar nicht fassen, dass Sie das sind. Und überhaupt diese ganze Geschichte. Und wie geht es Ihnen, wie kommen Sie denn jetzt damit klar? Ein Albtraum. Schrecklich, dass so etwas passiert. Grauenvoll! Und diese Klinik, also nein …!«

Da sie gar nicht mehr aufhörte, sich aufzuregen, musste ich sie unterbrechen. »Was soll ich sagen, es ist jetzt so, und wir müssen hier irgendwie durch.«

Ich fing an, Lina schon mal auszuziehen. Dann kam auch schon Dr. Ludwig. So hatte ich ihn noch nie erlebt. Normalerweise ging es immer so: »Hallo Klöschen, Klos eins und Klos zwei, Pfanni-Klöschen. Oder heißt du Mark-Klöschen? Ach nein, du bist ja ein Mädchen …« Doch dieses Mal gab es keine Späßchen. Die Stimmung war zum Zerreißen angespannt. Er nahm Lina und betrachtete sie.

»Schauen Sie mal bitte, sie atmet ganz flach«, sagte ich. Dann hörte er sie ab.

»Und Sie sind jetzt wirklich die mit der Vertauschung?«

»Ja, wir sind das.«

»Ich verstehe das nicht. Ich verstehe das nicht«, wiederholte er. Er war fassungslos.

Während er Lina untersuchte, fragte er mich weiter aus. Ich erzählte von meinen Zweifeln in der Klinik und von dem verrauchten Zimmer bei Vanessa.

Schließlich meinte er sehr ernst: »Dieses Kind geht unter keinen Umständen mehr zu der anderen Familie zurück.«

»Das geht nicht«, platzte es aus mir heraus. »Nicht auf diese Art und Weise. Ich kann doch nicht Vanessa anrufen und sagen: ›Hallo, ich bin gerade beim Kinderarzt, und der hat gesagt, du bekommst Lina nicht mehr wieder. Geh mit Leni, wohin der Pfeffer wächst. Aber Lina kriegst du nicht mehr.‹«

Dr. Ludwig setzte sich auf die Liege und schüttelte nur den Kopf. »Frau Klos, das Kind geht nicht mehr zurück. Nur über meine Leiche! Wenn ihm etwas passiert, trage ich die Verantwortung, weil ich das wissend zugelassen habe. Ihre Tochter steht kurz vor einer Lungenentzündung. Sie hat einen heftigen Virusinfekt. Wenn ich Sie mit dem Kind nach Hause gehen lasse und Ihnen sage: ›Sie müssen inhalieren und dies und das machen‹, dann kriegen Sie das hin – kein Thema. Aber eine Mutter, die sich nicht mal bei einem kranken Kind mit dem Rauchen zurückhalten kann …«

»Herr Ludwig, ganz ehrlich: So eine Hauruck-Aktion geht nicht.«

»Frau Klos, ganz ehrlich: Wollen Sie, dass Ihr Kind wieder dahin zurückgeht?«, gab er mir postwendend zurück.

»Ich will das auch nicht, natürlich nicht, und vor allem nicht in dieser Situation. Aber die andere Mutter ist erst fünfzehn. Alles ist noch so am Anfang. Eine solche Aktion würde nur in einer Riesenkatastrophe enden.«

Lange sagte er gar nichts mehr, sondern dachte angestrengt nach.

»Es gibt noch eine Möglichkeit«, sagte er schließlich. »Ich schreibe Ihnen eine Einweisung ins Krankenhaus. Da muss die Kleine dann stationär bleiben, und Sie gewinnen Zeit und können sich überlegen, was Sie machen.«

Seinen Vorschlag fand ich perfekt. Er erleichterte mich ungemein. Dr. Ludwig machte alle Unterlagen fertig. Währenddessen rief ich Ralf auf der Arbeit an. Wir besprachen uns kurz, wie wir am besten weiter vorgehen würden. Normalerweise schwärzten wir niemanden an, aber in dieser Situation war klar, dass Prof. von Rhein mit Vanessa reden musste. Weder ich noch Ralf wollten, dass Leni, die erst vor Kurzem einen Pseudokruppanfall gehabt hatte, ebenfalls zur Passiv-Raucherin werden würde. Aber vor allem wollte Ralf nun auch so schnell wie möglich tauschen. Wenn dieser Vorfall nicht gewesen wäre, hätte er den Tausch wahrscheinlich noch hinausgezögert. Doch jetzt wollte auch er Lina so schnell wie möglich bei uns wissen. Er versprach mir, Prof. von Rhein sofort zu unterrichten. Dann rief ich Jule an und fragte sie, ob sie für Vanessa das Taxi spielen könnte.

Zu guter Letzt sagte ich Vanessa Bescheid. »Hör mal, ich musste mit Lina zum Arzt gehen. Sie gefiel mir gar nicht, sie hatte so eine flache Atmung. Der Arzt meinte, sie steht kurz vor einer Lungenentzündung. Ich muss jetzt mit ihr ins Krankenhaus.«

Vanessa war geschockt und fing an zu weinen. »Was?! O Gott!«

»Meine Freundin kommt dich abholen, und dann können wir ja zusammen bei Lina sein«, versuchte ich sie zu beruhigen.

Dann kam Dr. Ludwig mit den Unterlagen. »Wir hören

voneinander. Und ich rufe jetzt gleich in der Klinik an und sage denen Bescheid, wer da kommt.«

»Oje, die tun mir jetzt schon leid«, prophezeite ich. Ich war gespannt, wie die Schwestern und Ärzte dort auf uns reagierten.

KAPITEL 28

*I*hr macht jetzt alles wieder gut«, murmelte ich selbstbewusst, als ich die Klinik betrat. »Und kochen tut ihr bitte
auch ordentlich!«, orderte ich im Stillen.

»Frau Klos, guten Tag«, wurde ich von der Schwester
der Kinderstation freundlich begrüßt, »Dr. Ludwig hat
schon angerufen.«

»Läuft schon mal ganz gut an«, stellte ich zufrieden
fest. Die Schwester führte mich in ein Untersuchungszimmer und bat mich, Lina auszuziehen und zu warten.
Meine Zufriedenheit war verflogen. Es war doch viel zu
kalt in dem Raum, um ein Baby nackt daliegen zu lassen.
Ich zog Lina zwar aus, deckte sie aber sofort mit meiner
Jacke wieder zu, damit sie nicht schon an Ort und Stelle
eine richtige Lungenentzündung bekommen würde. Nach
einer gefühlten kleinen Ewigkeit kam endlich der behan-
delnde Arzt herein.

»Ich habe von der Babyverwechslung gehört. Das tut
mir sehr leid für Sie.«

Ich signalisierte ihm, dass er gleich zur Sache kommen
solle. Er untersuchte Lina gründlich und ließ sie sogar
röntgen. Zum Glück hatte sie noch keine Lungenentzündung, nur eine ganz leicht beginnende. Nichtsdestotrotz
musste man ihr einen Venenzugang legen, um ihr eine
Kochsalzlösung verabreichen zu können. Beim Hin-
einstechen schrie und weinte sie bitterlich und wollte die
Kanüle abreißen.

Bevor sich der Arzt verabschiedete, erklärte ich ihm noch, dass unser Aufenthalt im Krankenhaus unter absoluter Verschwiegenheit stattfinden müsse. »Ich will auf keinen Fall morgen die Kameras vor der Klinik stehen haben!« Er versicherte mir, dass nichts durchsickern würde.

Es dauerte etwas, bis wir unser Zimmer bekamen, dafür wurde mir aber sofort das Mittagessen serviert – und es schmeckte tatsächlich. Die Schwester, die uns betreute, machte ein betroffenes Gesicht. Auch wenn sie mit der Verwechslung nichts zu tun hatte, schien ihr das alles unangenehm zu sein.

Lina war völlig erschöpft, so erschöpft, dass sie nur ein halbes Fläschchen trank. Ich wollte sie zum Schlafen ins Bettchen legen, aber sie fing jedes Mal sofort an zu quengeln. Wenn ich sie dann auf den Arm nahm, beruhigte sie sich wieder.

Über Linas Gesundheitszustand machte ich mir keine großen Sorgen mehr, denn mir war klar, dass ein Kind mit einem derart »schwachen« Befund normalerweise niemals ins Krankenhaus käme. Ich war einfach nur dankbar, dass ich sie auf diese Weise bei mir behalten konnte und sie vorerst nicht zurückgeben musste. Sorgen machte ich mir aber darüber, ob es mit uns beiden klappen und wie sie den Aufenthalt verkraften würde. Schließlich waren wir noch nicht wirklich vertraut miteinander.

Ich war froh, als Jule Vanessa brachte. Leni hatten sie auch dabei. Als Lina Vanessa sah, hörte sie sofort auf zu quengeln. Vanessa sah sehr besorgt aus und nahm die Kleine sogleich auf den Arm.

»Sie braucht ihre Bezugsperson. Es wäre gut, wenn du zumindest für die erste Nacht hier schlafen würdest«, schlug ich vor.

»Ja, mach ich, kein Problem«, antwortete Vanessa, und

Tränen liefen ihr über die Wangen. »Mein Schatz, mein Armes«, flüsterte sie Lina ins Ohr und küsste sie.

Dieses Krankenhaus zu betreten, hatte Vanessa große Überwindung gekostet, das spürte ich. Sie tat das alles nur für Lina, was ich ihr hoch anrechnete.

»Wie machen wir das denn – wo soll Leni heute Nacht schlafen?«, fragte sie mich.

Ich sagte, dass ich Leni mit nach Hause nehmen würde. Es war eine seltsame Situation: Leni war Vanessas leibliches Kind – dennoch überließ sie mir die Entscheidung. Da sagte Jule, die die ganze Zeit als stille Beobachterin in der Ecke stand: »Ist doch absurd. Jetzt seid ihr alle zusammen hier, wo die Verwechslung passiert ist. Jeder hat sein falsches Kind auf dem Arm – und die beiden sind so unterschiedlich. Und sie wissen überhaupt nicht, was um sie herum abgeht.«

Ich nickte nur stumm, denn ändern konnten wir an der Situation nichts, wir konnten nur mit dem, was auf uns zukam, umgehen. Und nun war erst einmal wichtig, dass Lina hierblieb und Vanessa bei ihr. So konnte ich mich wirklich darauf verlassen, dass Lina bestens versorgt wurde. Und für Leni war es auch gut, in ihrer vertrauten Umgebung zu schlafen. Nicht zuletzt war ich auch erleichtert, nicht hierbleiben zu müssen, weil es ja auch noch Yara gab. Die wurde nämlich die ganze Zeit hin- und hergeschoben, damit wir den Rücken frei hatten. Sie brauchte endlich wieder ihre Mama nur für sich, wenigstens für ein paar Stunden.

Bevor ich aufbrach, ging ich noch zum Schwesternzimmer und organisierte ein Bett für Vanessa. Sie selbst wollte so wenig wie möglich mit dem Krankenhauspersonal zu tun haben.

Zu Hause warteten vier Nachrichten der Boulevardpresse auf unserem Anrufbeantworter. Sie wollte unbedingt wissen, wann der Tausch vonstattengehen würde oder ob er sogar schon passiert sei. Die Medien gierten nach einer sensationellen Story. Auch unser Anwalt hatte ein gutes Dutzend Anfragen erhalten. Wenn Ralf ans Telefon ging, sagte er immer denselben Spruch: »Bitte wenden Sie sich an unseren Anwalt.«

Als das Telefon während des Abendessens wieder klingelte, nahm dieses Mal ich ab. Es war ein besonders hartnäckiger Redakteur, der schon mehrfach angerufen hatte und ein Nein einfach nicht akzeptieren wollte. Und nun erzählte er mir, dass er bald in Urlaub fahren würde und es wirklich tragisch fände, wenn er ausgerechnet an dem Tauschtermin nicht da sei. Er wäre doch so gerne bei dem Happy End dabei.

»Happy End?«, raunzte ich ins Telefon. Sollten wir unser Leben jetzt seinem Urlaub anpassen? »Sie glauben ja wohl nicht, dass Friede, Freude, Eierkuchen herrscht, wenn der Tausch über die Bühne ist!«

Ralf machte hektisch ein Zeichen, dass ich bloß zu reden aufhören sollte. Aber es war zu spät. Ich hatte ja schon einen Satz gesagt.

»Ich wette mit dir, die machen da was draus«, sagte Ralf.

»Sollen sie doch, ist mir egal«, antwortete ich trotzig und genoss meinen Spieleabend mit Yara.

Als Ralf und ich unsere Große ins Bett brachten, erzählten wir ihr in aller Ruhe und so als sei es völlig selbstverständlich, dass Leni uns bald verlassen und dafür Lina zu uns kommen würde.

»Aber wir werden Leni trotzdem noch weiterhin sehen. Sie wird uns immer besuchen kommen, und wir können sie auch besuchen gehen.«

Yara nahm auch diese Botschaft gelassen hin. Ich war schon etwas überrascht, dass es ihr so gar nichts auszumachen schien. Ich konnte mir den Gedanken nicht verkneifen, dass sie diesen Pragmatismus eindeutig von ihrem Vater geerbt hatte.

Als ich am nächsten Morgen ins Krankenhaus fuhr, machten Vanessa und ich eine schnelle Übergabe. Ralf fuhr Vanessa zur Schule, da sie ohnehin auf dem Weg zu seiner Arbeit lag. Leni war bei Theodora, die sich richtig gefreut hatte, noch einmal intensiv mit ihrem »falschen« Enkelchen zusammen sein zu können. Und ich war erleichtert, dass ich mich ganz auf Lina konzentrieren konnte.

Ihr Husten war immer noch heftig. Zum Inhalieren brauchte ich die Hilfe einer Krankenschwester, denn das war für die Kleine eine einzige Tortur. Ich nahm Lina auf meinen Schoß, hielt ihre Hände, und die diensthabende Schwester drückte das Gerät an ihr Gesicht. Sie gab sich große Mühe, Lina zu beruhigen, und sang ihr sämtliche Osterlieder vor, die sie kannte – und ihr Repertoire war nicht klein! Lina ließ sich tatsächlich ein wenig ablenken.

Nach dem Inhalieren kam dann der schöne Teil: Ich fütterte Lina, machte sie frisch und spielte mit ihr. Zum ersten Mal konnte ich den ganzen Tag mit ihr zusammen sein, nur sie und ich. Ich genoss diese Zeit so sehr. Obwohl wir im Krankenhaus waren, war es wunderschön für mich. Ich merkte, wie wir langsam zusammenwuchsen.

Irgendwann wurde ich von der Sekretärin der kaufmännischen Direktion der Klinik angerufen und gefragt, ob Frau Geiser mich besuchen kommen dürfe. Zehn Minuten später war sie auch schon da.

»Ich bin ja so befangen. Ich habe mich fast gar nicht getraut zu kommen«, leitete sie das Gespräch ein.

»Wieso denn? Welchen Grund habe ich Ihnen denn gegeben, dass Sie den Kontakt zu mir scheuen?«, fragte ich sie entgeistert.

»Im Gegenteil, Sie waren ja immer sehr zuvorkommend und nett«, versuchte sie sich zu erklären.

»Deswegen verstehe ich Ihre Befangenheit gar nicht. Sie können doch immer mit mir reden.«

»Ich weiß. Trotzdem bin ich irgendwie gehemmt in dieser Sache.«

Ein wenig genoss ich meine Sonderstellung schon. Es war nur richtig und gut, dass sie sich alle so bemühten. Immerhin hatten sie es ja auch verbockt.

Frau Geiser erkundigte sich, ob ich auch mit allem zufrieden sei. Ich versicherte ihr, dass wir uns alle gut aufgehoben fühlten.

»Sie ist ja so süß, Ihre Kleine. Wie geht es Ihnen denn jetzt?«

»Wir müssen nun erst mal den Tausch schaffen. Danach schauen wir weiter. Vielleicht machen wir noch eine Familienkur.«

Wo Frau Geiser schon mal da war, nutzte ich die Gelegenheit, um die Sache mit Hannah nochmals klarzustellen. »Übrigens: Meine Hebamme macht sich solche Sorgen, dass sie ihren Job verlieren könnte. Sie musste beim Gesundheitsministerium vorsprechen. Ich möchte noch einmal betonen, dass Hannah sehr genau und sensibel ist – sowohl vor der Geburt als auch bei der Nachsorge. Ich lege meine Hand dafür ins Feuer, dass sie nicht schlampig gearbeitet hat.«

»Aber wie kommt sie denn darauf? Da braucht sie sich überhaupt keine Sorgen zu machen. Das ist doch schon längst ad acta gelegt«, versicherte sie mir.

»Ich wollte es auch nur noch mal sagen – damit das ein

für alle Mal klar ist. Die Schuld braucht nicht bei meiner Hebamme gesucht zu werden. Da ist nämlich definitiv nichts zu finden.« Ich staunte über mich selbst.

»Ich finde es gut, dass Sie das nochmals sagen. Aber da können Sie wirklich unbesorgt sein.«

Somit war auch dieses Thema erledigt. Eins nach dem anderen musste ja abgehakt werden.

Nun konnte ich mich auf das Wichtigste konzentrieren: den Tausch. Mir wurde nämlich absolut klar, dass wir diesen Einschnitt hier unbedingt nutzen mussten, um die Kinder im Anschluss zu tauschen. Es hätte keinen Sinn gemacht, Lina nach ihrem Krankenhausaufenthalt wieder zu Vanessa zu geben und dann irgendwann zu tauschen. Dieses Hin und Her wäre eine Zumutung für Lina gewesen – allein ein Krankenhausaufenthalt kann ja schon ausreichen, dass ein Kind einen Schaden davonträgt. Ich spürte, dass ich keine Angst mehr vor dem Tausch an sich hatte. Meine größte Sorge war, dass Vanessa nicht mitziehen würde.

KAPITEL 29

Vanessa, was kamen in dieser Woche für Gefühle hoch?«

Vanessa zuckte mit den Schultern, blickte auf den Boden und schwieg.

Die Stimmung bei dieser Sitzung war bedrückend wie noch nie.

»Okay, das ist schwierig für dich. Du musst auch nichts sagen. Fragen wir mal Frau Klos«, fuhr Prof. von Rhein fort.

Als Allererstes wollte ich die Sache mit dem Rauchen klären. »Als ich Lina am Dienstag abgeholt habe, habe ich mitgekriegt, dass in der Wohnung geraucht wurde. Lina war wirklich sehr krank. Sie hatte sogar Atemnot. Ich war fix und fertig und hatte Angst, dass etwas passieren könnte, wenn ich sie mit nach Hause nehme. Ich malte mir alles Mögliche aus. Ich hatte sogar Angst vor plötzlichem Kindstod. Aber momentan bin ich auch sehr anfällig für solche Sorgen – wegen der Geschichte mit meiner Nichte.«

Prof. von Rhein wandte sich zu Vanessa. »Das ist immer so ein Problem mit Ateminfektionen und Rauchen. Rauchst du oder deine Mutter?«

»Beide«, gab Vanessa leise zu.

»Beide?! Du auch?! Das gibt es doch nicht! Vanessa!«

»Doch.«

»In deinem Alter? Wirklich? Wie macht ihr das dann? Geht ihr aus der Wohnung?«

Vanessa blieb ehrlich. Sie schüttelte den Kopf.

»Ihr raucht in der Wohnung? Bei den Kindern?!«

Vanessa nickte wieder und grinste verlegen.

»Nein, wirklich?! Das ist doch nicht dein Ernst!«

Ich war so froh, dass er ihr den Kopf wusch, denn ich brauchte seine Unterstützung.

»Doch, aber ich werde das jetzt einstellen«, antwortete Vanessa.

»Du weißt schon, dass das Rauchen auch Leni nicht gut tut – selbst, wenn sie kein Allergiker-Kind ist? Versprichst du, dass du das nicht mehr machst?«

Jetzt wanderten ihre Blicke zu mir. »Ich verspreche es.«

Ich glaubte ihr und fühlte mich etwas erleichterter. Es war auch vor allem ihre Mutter, der ich mal wieder einen stillen Vorwurf machte.

Prof. von Rhein fuhr mit etwas Positivem fort. »Aber was ich dennoch heraushöre: Sie haben die Krise trotzdem gemeistert – auch wenn es anstrengend und mit vielen Sorgen verbunden war. Und Angelina ist nun sicher.«

Jetzt ging es ans Eingemachte.

»Vanessa, du bist dir ja bewusst, dass ihr ganz bald tauschen müsst?«

Sie nickte und begann zu weinen. Prof. von Rhein gab ihr ein Taschentuch. Mir durfte er auch gleich eins reichen.

Dann begann er, aus der Perspektive der Babys zu reden, um deren Sicht zu vertreten: »Ich bin Leni bzw. Angelina und noch ganz klein. Bisher hatte ich es richtig gut in meinem Leben. Jetzt ist die Zeit, in der ich mich noch umgewöhnen kann. Ich kann mich auf eine neue Familie einlassen – das ist nicht schwierig für mich. Aber bitte macht das möglichst bald! Denn wenn ihr zu lange wartet, dann wird es für mich ganz, ganz schwierig werden.

Dann hinterlässt das große Schmerzen, und ich verliere mein Urvertrauen.«

Er hielt kurz inne, wir alle schwiegen. »Von daher ist jetzt die Frage, wie und wann? Welche Möglichkeiten gibt es denn?«, fragte er.

»Ich denke, wir könnten das jetzt in diesem Zuge machen. Wenn Angelina aus dem Krankenhaus kommt ...«, antwortete Ralf zögerlich, »dass sie dann zu uns kommt und nicht mehr zu Vanessa.«

Prof. von Rhein hakte nach, wie der Tausch konkret aussehen könnte. Fragezeichen waren in unseren Gesichtern zu lesen.

Doch dann schlug Ralf vor: »Vielleicht könnten wir es ja so machen: Wenn Lina morgen entlassen wird, fahren wir alle zu uns, übernachten dort, jeder kümmert sich um sein Kind und schläft mit seinem Kind in einem Zimmer, und dann tauschen wir am nächsten Tag. Dann hätten wir auch noch genügend Zeit, alles zu besprechen.«

»Das hört sich doch gut an«, kommentierte Prof. von Rhein.

Vanessa aber sagte gar nichts mehr, war völlig in sich gekehrt. Sie konnte auch die Fragen nicht mehr beantworten, wenn überhaupt nickte sie nur kaum merklich. Sie hatte Leni auf ihrem Schoß und gab ihr ein Fläschchen. Wie immer war die Kleine ganz brav und ruhig und schien sich bei Vanessa sehr wohl zu fühlen.

Am Ende vereinbarten wir, dass wir uns nach dem Tausch wieder alle treffen würden. Zum Abschluss gab Prof. von Rhein uns noch den Rat, dass es besser sei, wenn wir uns die erste Zeit nach dem Tausch nicht sehen würden.

»Damit Sie sich besser an Ihre leiblichen Kinder gewöhnen können und etwas Ruhe einkehren kann. Und noch etwas: Geben Sie sobald wie möglich der Presse Futter. Auch ich werde mittlerweile ständig angerufen. Die Journalisten drängen massiv. Viel länger können Sie sie nicht mehr hinhalten.«

KAPITEL 30

Wir fuhren zurück zum Krankenhaus. Dort saßen Vanessas Mutter und ihre jüngere Schwester bei Lina am Bettchen. Kaum waren wir im Zimmer, geschah, was ich die ganze Zeit befürchtet hatte: Vanessa brach zusammen!

»Ich will nicht! Ich will das Kind nicht!«, schrie sie, warf sich auf ihr Bett und wurde von einem Weinkrampf geschüttelt. Sie schluchzte laut.

Ich war geschockt. Auch Ralf blieb wie erstarrt mitten im Raum stehen. Ihre Mutter fasste sich am schnellsten wieder, setzte sich zu Vanessa und nahm sie in den Arm.

»Ich kann nicht! Ich kann das nicht!«, rief Vanessa unaufhörlich. Jennifer ging ebenfalls zu ihr und streichelte über ihren Rücken.

»Vanessa, du musst das aber machen. Das ist dir doch klar«, sagte ihre Mutter.

»Ich will aber nicht!«, schrie Vanessa.

Die Mutter überlegte verzweifelt. Schließlich stand sie auf, nahm Leni und versuchte, sie Vanessa in die Arme zu drücken.

»Nein! Ich will nicht«, wehrte sich Vanessa.

Ich konnte das Ganze kaum mit ansehen. »Lass sie mal«, sagte ich mit zugeschnürter Kehle.

Mein Herz schlug heftig. *Was machen wir jetzt nur?*, überlegte ich fieberhaft.

»Ich will nach Hause. Ich will nicht alleine hier sein. Ich will zu euch«, wimmerte Vanessa.

Wie furchtbar, was können wir nur tun? Die Gedanken kreisten panisch in meinem Kopf. *Am Ende wird sie einfach abhauen, ohne irgendein Kind.* Da kam mir eine Idee. »Wie wäre es, wenn ihr alle drei hier übernachten würdet?«

Vanessa wischte sich mit zitternder Hand übers Gesicht und schien sich zu beruhigen. »Das – das wäre okay. Dann würde ich hierbleiben«, sagte sie und schluchzte noch einmal laut auf. Dann blickte sie Leni an und streichelte ihr wie zur Entschuldigung über die Hand.

»Wartet, ich frag mal die Schwestern.«

Ralf war auch ziemlich hilflos in dieser Situation. Er blieb im Zimmer und kümmerte sich um Lina.

Ich ging ins Schwesternzimmer, und in dem Moment fiel alle Stärke, alle Zuversicht mit einem Mal von mir ab. Die Schwester schaute mich an, und ich brach in Tränen aus. »Ich pack das nicht mehr! Es läuft alles den Bach runter, obwohl ich alles so gut vorbereitet habe. Ich dachte, dass alles gut ausgehen würde, aber jetzt ist alles so verfahren. Vanessa packt das nicht …«

Die Schwester war etwas unsicher und distanziert – auch sie war völlig überfordert mit der Situation –, dennoch gab sie ihr Bestes. »Frau Klos, das schaffen Sie jetzt auch noch. Sie haben das die ganze Zeit so gut gemacht. Das hier ist nur noch ein kleiner Schritt«, versuchte sie mich wieder aufzubauen.

»Ich kann aber nicht mehr«, jammerte ich einfach nur.

Ich hatte solch eine Angst, dass Vanessa Lina nicht hergeben oder Leni nicht haben wollte. Oder, wenn sie Leni mitnähme, sie sich gar nicht um sie kümmern würde.

»Können Sie noch ein Bett in das Zimmer stellen? Dass die Mutter und die Schwester auch noch da schlafen können?«, fragte ich die Schwester völlig erschöpft.

»Ich rede gleich mit dem Arzt. Jetzt machen Sie sich darüber keine Sorgen. Die können sicher alle hierbleiben. Wir regeln das.«

Ich wischte meine Tränen fort, atmete tief durch und versuchte, meine Fassung wiederzuerlangen. Dann ging ich zurück. »Ihr könnt hier schlafen«, sagte ich.

Vanessa, ihre Mutter und Jennifer lagen zusammen auf Vanessas Bett. Ich war froh, dass sie sich in diesem Moment gegenseitig Nähe geben konnten. Ralf saß mit Leni an Linas Bettchen, sie war bereits eingeschlafen. »Am besten wir gehen jetzt. Leni braucht auch ihren Schlaf«, sagte ich, und wir verabschiedeten uns.

Zu Hause angekommen, bemerkte ich, dass ein Zettel unter der Haustür lag. Er war von Irene, der Nachbarin. »Jemand hat heute euer Haus beobachtet und war auch auf meinem Grundstück.«

Auch das noch! Sie terrorisierten uns nicht nur per Telefon, jetzt lauerten sie auch schon im Garten. »Hoffentlich stehen sie nicht als Nächstes vor Yaras Kindergarten«, sagte ich zu Ralf.

Zum ersten Mal in all den Wochen hatte ich eine schlaflose Nacht. Der Schock über Vanessas Zusammenbruch und die Angst, dass der Tausch schiefgehen könnte, saßen zu tief. Immerzu malte ich mir aus, dass Vanessa Lina nicht hergeben würde.

Daher war das Erste, was ich am nächsten Morgen machte, Vanessa in der Klinik anzurufen. »Wie geht es dir denn heute?«, fragte ich sie vorsichtig und versuchte, meine Nervosität zu überspielen.

»Es ist besser«, antwortete sie. »Aber Lina hustet noch ganz viel.«

Als wir im Krankenhaus ankamen, sah man Vanessa an, dass sie sich wirklich wieder gefangen hatte. Sie wollte sogar in die Schule. Ralf bot wieder an, sie zu fahren. Vanessa und ich vereinbarten, dass ich nicht nur den Tag, sondern auch die letzte Nacht bei Lina verbringen würde. Vanessa hatte am nächsten Morgen einen Praktikumstag und musste früh raus. Ich blieb also bei Lina, um Leni kümmerte sich Theodora.

In dieser Nacht schlief Lina sehr unruhig. Sie hustete ständig, wurde davon wach und war sehr weinerlich. »Die Mama ist ja da«, versuchte ich sie zu beruhigen. Mich strengte diese Nacht überhaupt nicht an, denn ich hatte so viel Mutteradrenalin in mir, dass ich auch noch fünf weitere Nächte mühelos an ihrem Bett gewacht hätte. Ob gesund oder krank, ob zu Hause oder in der Klinik – ich war dankbar für jede Sekunde, die ich mit meinem Kind verbringen konnte.

KAPITEL 31

Am nächsten Morgen bekam ich die Quittung für mein 15-Sekunden-Telefonat mit dem Journalisten.

»Es wird niemals ein Happy End geben!«, lautete die Schlagzeile auf dem Titelblatt.

Ich ärgerte mich über mich selbst. »Der Typ hat sich doch bestimmt kaputtgelacht über meine Geschwätzigkeit.« Zum Glück konnte ich mich einigermaßen schnell abregen und das Ganze unter »mal wieder etwas dazugelernt« verbuchen.

Bevor Lina am Nachmittag aus dem Krankenhaus entlassen wurde, hatten wir ohnehin noch einen Termin bei unserem Anwalt, um das weitere Vorgehen im Umgang mit der Presse zu besprechen.

Hans Rodenbusch riet uns dringend zu einer Pressekonferenz. »Wenn die Presse keine Informationen bekommt, dann schreibt sie irgendeinen Mist. Daher ist es sinnvoller, Sie treten der Presse entgegen und geben ihr wenigstens ein bisschen Futter. Dann können die Medien etwas daraus machen. Und Sie haben Ruhe. Glauben Sie mir, es ist besser, als nur zu schweigen.«

Ralf war der Presse gegenüber nicht abgeneigt. Ich war es, die darauf beharrte, auf keinen Fall in der Zeitung stehen oder ihren Namen irgendwo lesen zu wollen.

»Es kann natürlich sein, dass die Paparazzi irgendwann vor Ihrer Haustür oder vor dem Kindergarten stehen und Sie abpassen. Stellen Sie sich vor, Sie kommen zur Tür heraus, sind nicht geschminkt, haben verquollene Augen oder womöglich noch Ihren Schlafanzug an – was denken Sie, was die dann schreiben? Solche Fotos kriegen Sie nicht mehr weg. Dann machen wir doch lieber ein paar Fotos, auf denen Sie schön gestylt sind, und Sie behalten zumindest ein bisschen die Kontrolle.«

Die Vorstellung – ich totenblass im Jogginganzug auf der Titelseite der Zeitung – war wirklich nicht gerade reizvoll. Und mittlerweile traute ich diesen Haifischen alles zu. Es machte schon Sinn, was unser Anwalt erklärte. Daher gab ich schließlich nach. »In Gottes Namen – geben wir halt eine Pressekonferenz.«

Hans Rodenbusch empfahl, die Konferenz unmittelbar nach dem Tausch, also am Montag, zu machen. Natürlich war das der blanke Stress, aber strategisch gesehen das Beste.

Von Vanessa wussten wir, dass sie auf keinen Fall irgendetwas mit der Presse zu tun haben wollte. Sie hatte regelrecht Panik davor. Die Leute in ihrem Dorf redeten schon genug über sie. Es gab sogar einen Nachbarn, der sich zu Wort gemeldet hatte, woraufhin in einer Saarbrücker Zeitung stand, dass Vanessas Familie »nicht auf Rosen gebettet« sei. Über diesen Artikel hatte sie sich sehr geärgert. Ich bangte, dass letztendlich der Tausch noch wegen irgendwelcher Paparazzi platzen könnte. Auf jeden Fall wussten sie wohl Bescheid, dass der Tausch bevorstand.

Nach dem Termin mit dem Anwalt lieferte Ralf mich wieder im Krankenhaus ab und fuhr anschließend Vanessa abholen. Ich überlegte, wie wir Vanessas Pressephobie unter Kontrolle halten könnten. Ich bat Irene, uns weiterhin auf dem Laufenden zu halten. »Wenn Vanessa mitbekommt, dass die Paparazzi sogar schon bei uns im

Vorgarten rumlungern, fährt sie bestimmt nicht mit uns. Kannst du daher bitte schauen, ob jemand vor unserer Tür steht, bevor wir nach Hause kommen?«

Schon kurze Zeit später rief sie an. »Hier steht ein Auto vor eurer Tür. Der Fahrer geht die ganze Zeit auf und ab, steigt ins Auto, telefoniert, kommt dann wieder raus.«

Ich rief Michael an und erzählte ihm von unserem Problem mit der Presse. »Ich kümmere mich darum«, meinte er nur.

Keine fünf Minuten später klingelte mein Telefon – es war die Polizei. »Wir schicken jetzt jemanden, der bei Ihnen zu Hause nachschaut und die Presse in Schach hält.«

Ich gab dem Polizisten noch die Handynummer von Ralf und sagte ihm, er solle am besten alles mit meinem Mann regeln.

Als Vanessa und Ralf ankamen, hatte ich keine Möglichkeit mehr, mit Ralf über die Sache zu reden – Vanessa durfte von all dem ja nichts mitbekommen. Zum Glück ahnte sie nichts.

Wir packten Linas Sachen zusammen, und ich ging noch zu den Schwestern, um mich zu bedanken. »Es war toll, wie Sie sich um uns bemüht haben«, sagte ich und legte Trinkgeld für die Kaffeekasse hin.

»Nein, das wollen wir nicht«, versuchte die Schwester abzuwehren. »Aber das ist doch selbstverständlich. Wir wurden super behandelt und waren zufrieden. Sie nehmen das jetzt.« Ich kann nicht verleugnen, dass ich auch ein klein bisschen Genugtuung verspürte. So oder so hätte ich natürlich Trinkgeld gegeben, aber ich war mir auch bewusst, dass es in diesem Fall unbeabsichtigt großzügig wirkte.

Kaum setzte ich meinen Fuß aus dem Krankenhaus, fühlte ich mich sofort verfolgt. Unentwegt schaute ich, ob jemand hinter uns war. Plötzlich tauchten zwei Männer auf, die in unsere Richtung blickten und in ein Auto stiegen. »Ralf, da ist die Presse!«, flüsterte ich panisch, aber ohne dass Vanessa es hören konnte.

»Ganz ruhig. Geh einfach weiter«, murmelte er zurück.

Die Fahrt nach Hause fühlte sich ewig an. Ich schaute immer wieder nervös nach hinten, um zu überprüfen, ob uns jemand hinterherfuhr. Jetzt konnte ich Vanessa auch erzählen, dass in letzter Zeit vor unserer Tür immer mal wieder Autos standen.

Als wir in unsere Straße einbogen, sagte ich zu ihr: »Duck dich!«

Sie tat, wie ihr geheißen. Eigentlich war es überhaupt nicht nötig, da gar niemand vor unserer Tür stand. Ralf fuhr in die Garage hinein und schloss das Tor, sodass wir unbemerkt ins Haus gelangen konnten. Ganz konspirativ sagte ich zu Ralf: »Da war Presse vor der Klinik. Ich glaube, die sind uns gefolgt.«

Er lachte auf. »Hast du nicht gemerkt, dass die ganze Zeit ein Auto vor uns und nicht hinter uns hergefahren ist?«

Ich schaute ihn verdutzt an.

»Das waren Polizisten in Zivil.«

»Ach so! Und ich habe die ganze Zeit so eine Panik gehabt! Das hättest du mir ja auch mal sagen können!«

Um mich zu rächen, versetzte ich ihm einen Stoß mit meinem Ellbogen, er wehrte sich, und es gab ein kleines Gerangel.

Auf einmal war die Stimmung so gelöst. Die ganze Anspannung der letzten Wochen fiel von uns ab, und wir alberten einfach nur noch herum. Vanessa fing sofort an, voller Hingabe mit Yara zu spielen, Ralf kochte und machte dabei seine Witze. Gleichzeitig hatte er Vanessa immer auf seinem Schirm und war sehr aufmerksam ihr gegenüber. Er hatte schon von Anbeginn eine ganz wunderbare Art, mit ihr umzugehen. Unsere Babys lagen auf der Decke und schauten sich mit staunenden Augen an. Wir fühlten uns wie eine große Patchworkfamilie.

Natürlich konnte ich es nicht ganz lassen, Vanessa ein paar Müttertipps zu geben. Ich zeigte ihr, wie ich Lenis Brei mit Milch, Schmelzflocken und püriertem Obst zubereitete. »Du musst ganz lange rühren, damit sich die Schmelzflocken auch richtig auflösen.«

Ich sah, wie Ralf grinste. Etwas später flüsterte er mir zu: »Das macht sie doch sowieso nicht.«

»Na und? Aber ich hab's ihr wenigstens gezeigt«, rechtfertigte ich mich und tauchte meinen Finger in sein Salatdressing, was er überhaupt nicht leiden konnte.

Zuerst schauten wir uns gemeinsam Bilder von unseren Babys an. Genauer gesagt waren es fast nur Bilder von Leni, da es von Lina kaum welche gab. Dann servierte Ralf das Abendessen – Schnitzel mit Pommes und Salat. Dafür bekam Ralf ein dickes Lob von Vanessa. Zum ersten Mal unterhielten wir uns richtig angeregt. Ich sprudelte regelrecht über. Ich war so froh, dass Vanessa sich wieder gefangen hatte und bislang alles so gut lief.

»Was ist denn mit deiner Mama?«, fragte ich sie irgendwann. »Kommt sie dich morgen abholen?«

»Nee. Die packt das nervlich nicht.« Vanessa ließ sich ja meistens nichts anmerken, aber ich glaubte eine Enttäuschung aus ihrer Stimme herauszuhören.

»Und wer kommt dann?«, hakte ich nach.

»Mein bester Freund. Der bringt noch seine Mutter mit.«

Dafür konnte ich beim besten Willen kein Verständnis aufbringen. Wie konnte Vanessas Mutter ihre Tochter in einem der wichtigsten und schwersten Momente ihres Lebens so im Stich lassen? Aber ich hielt meinen Mund, schließlich ging es mich nichts an. *Familienzusammenhalt ist eben keine Selbstverständlichkeit*, dachte ich, und ich war froh, dass meine eigene Familie mir so großen Rückhalt bot.

Vanessa spielte nicht nur mit Yara, sie kümmerte sich auch ganz liebevoll um Leni. Doch sie ging anders mit ihr um als mit Lina. Vorsichtiger. Auch ich herzte Lina nicht so, wie ich es im Krankenhaus gemacht hatte, als ich allein mit ihr war. Wie immer hielt ich mich zurück, denn nach wie vor war ich mir nicht sicher, wie Vanessa darauf reagieren würde, und ich wollte nichts riskieren.

Irgendwann kamen wir auf das Thema Namensgebung zu sprechen. Auch Ralf gefiel der Name Angelina nicht. Natürlich sagten wir Vanessa das nicht. Es war schließlich nur unsere ganz persönliche Meinung, unser Geschmack, und über den lässt sich ja bekanntlich streiten. Mal ganz davon abgesehen mochte ich eher kurze als lange Namen. Wir beschlossen also, dass Lina auch amtlich Lina heißen sollte. Vanessa freute sich sehr darüber. Sicherlich hätte es ihr viel ausgemacht, wenn wir Lina einen komplett anderen Namen gegeben hätten.

Jetzt waren wir gespannt, was sie mit dem Namen Leni machen würde. »Leni ist auch schön«, meinte sie.

»Super! Dann lassen wir alles so«, beschlossen wir einhellig und strahlten uns an. Wieder einmal hatten wir uns ganz harmonisch einigen können, und wieder einmal fiel mir ein Stein vom Herzen.

Als wir später unsere jeweils eigenen Babys bettfertig machten, gab ich Vanessa noch ein paar weitere Tipps.

»Du brauchst nicht viel zu machen. Du kannst Leni einfach hinlegen und gleich rausgehen.«

Vanessa schaute mich mit großen Augen an. »Echt? Du musst nicht noch ihre Hand halten, bis sie eingeschlafen ist?«

Für Vanessa war das befremdlich, zumal sie Lina immer gern beim Einschlafen geholfen hatte. Ungläubig legte sie Leni hin und verließ gleich darauf das Zimmer. Tatsächlich gab die Kleine keinen Pieps von sich.

Bei mir dauerte die Sache etwas länger. Lina beschwerte sich sofort, nachdem ich sie hingelegt hatte. Ich nahm sie wieder auf den Arm, woraufhin sie aufhörte. So ging das etliche Male. *Das ist ja zum Wahnsinnigwerden*, dachte ich. Das kam natürlich davon, dass Vanessa Lina immer bei ihr im Bett schlafen ließ. Aber hier mussten ich und Lina jetzt durch. Und irgendwann schlief sie dann auch ein, und wir konnten zum gemütlicheren Teil des Abends übergehen.

»So, jetzt trinken wir einen«, sagte ich, um die Stimmung aufzulockern, und öffnete auch ein paar Tüten Knabberzeug. »Äh, darfst du überhaupt schon was trinken, Vanessa?«, fragte ich noch ordnungshalber.

»Ja, ja, ein Cola-Bier geht schon«, antwortete sie. Ich war ziemlich schnell beschwipst und kann mich erinnern, dass die Bubbles in meinem Sekt wie Sprechperlen wirkten. Und das, obwohl ich ohnehin schon den ganzen Tag wie ein Wasserfall redete. Plötzlich fühlte ich mich zwanzig Jahre jünger. Alles war »cool« oder »easy«. Trotz meines Pegels hatte ich aber immer noch das Gefühl, dass ich Vanessa in die richtige Bahn lenken müsste. Meine mütterlichen Impulse, die Verantwortung, die ich ihr gegenüber spürte, konnte ich nicht ganz abschalten. Sie erzählte mir dann prompt Dinge, die ich lieber nicht hätte hören wollen. Wenn man seine Kinder tauschen muss, ist es definitiv besser, man weiß gewisse Dinge nicht voneinander. Sie war noch so kindlich und ging an alles so naiv heran. Es war erfrischend und erschreckend zugleich. Ich ertappte mich bei dem Gedanken, dass es bestimmt kein Jahr dauern würde, bis sie wieder schwanger wäre … Aber was ich wirklich an ihr mochte, war ihr unschuldiger Humor. Sie lachte viel und gern und war sich selbst gar nicht bewusst, wie witzig manche Dinge waren, die sie erzählte. Immer erst, wenn Ralf und ich uns vor Lachen bogen, fiel ihr das auf.

»Ich freu mich so, dass wir jetzt hier so sitzen und dass ihr so normal seid. Ich hatte ja die Befürchtung, dass ihr vielleicht so überkandidelte Spießer sein könntet und sofort euer Kind haben wollt. Aber ihr seid echt cool.«

Wir fühlten uns geehrt. Wir waren mehr als doppelt so alt wie sie und keine Spießer. Hurra! Je später der Abend, umso offener und zutraulicher wurde Vanessa. Zuerst erzählte sie uns von ihrem Vater und dann von ihrem Exfreund. Sie hatten sich schon während der Schwangerschaft getrennt. Dabei war die Schwangerschaft kein Unfall gewesen – sie wollten tatsächlich ein Kind haben. Doch jetzt schien nicht mal mehr ein sporadischer Kontakt zwischen ihnen möglich zu sein.

Ich war nun doch mehr fassungslos als cool: Wie konnte man in diesem Alter ernsthaft eine Familie gründen wollen? Das war einfach unvorstellbar für mich.

Als es dann auf halb drei zuging, waren wir uns einig, dass wir endlich ins Bett gehörten. Doch zuvor wollten wir Vanessa noch etwas fragen, etwas Wichtiges.

»Könntest du dir vorstellen, die Patentante von Lina zu werden?«

Ihre Augen fingen an zu leuchten. »Echt? Oh ja, das würde ich total gerne werden!«

Wir freuten uns, dass sie so reagierte. Auch wenn dieses Angebot nicht unbedingt meinem tiefsten Herzen entsprang, es war ernst gemeint: Ich wollte Vanessa damit einen Gefallen tun. Es gab ja schon von Anfang an Nicole als Patentante, aber ich glaubte, dass Vanessa als zusätzliche Patentante sich dann besser von Lina würde trennen können und ihr der endgültige Abschied leichterfallen würde.

Angetrunken und vor allem eingelullt von unseren Gefühlen gingen wir schließlich zu Bett – und verdrängten bestmöglich, was am nächsten Tag auf uns zukommen sollte.

KAPITEL 32

Als ich wach wurde, war mein allererster Gedanke: »Jetzt geht sie weg – und zwar für immer!« Es war ein erdrückendes, bleischweres Gefühl. Mir fielen die Worte von Theodora ein. »Kinder sind Menschen, man kann sie nicht tauschen wie eine Ware. Und schon gar nicht, wenn man eine Bindung zu ihnen aufgebaut und sie lieb hat.«

Sie selbst vermied es, dass Wort »Tausch« in den Mund zu nehmen. Sie benutzte ganz bewusst den Begriff »Rückkehr in die Familie«. Das war keine Spitzfindigkeit, sie hatte absolut recht.

Wir frühstückten alle zusammen, aber die Stimmung war eine ganz andere als am Abend zuvor. Jeder war in sich gekehrt. Wir kümmerten uns um die Kinder, spielten mit ihnen und machten einen kleinen Spaziergang. Ralf bereitete wieder das Mittagessen vor, den Clown spielte er nicht mehr. Es wurde immer mühsamer, die Unterhaltung in Gang zu halten. Wir versuchten, irgendwie die Zeit herumzukriegen, bis am frühen Nachmittag Vanessas bester Freund und dessen Mutter kamen.

Petra war eine ganz Nette. In erster Linie sorgte sie dafür, das Gespräch aufrechtzuerhalten. Zwischendurch betonte sie immer wieder, dass unsere Geschichte so furchtbar sei und dass Vanessa das alles so gut machen würde. »Sie ist eine tolle Mama, obwohl alles so schwierig ist.«

Irgendwann kippte die Stimmung dann gänzlich. Vanessa sagte fast gar nichts mehr, und Ralf wurde immer blasser. Ich kämpfte mit den Tränen und merkte, dass einer von uns jetzt den Anfang machen musste.

Daher nahm ich mir Leni und ging mit ihr ins Kinderzimmer. Mein Herz schmerzte fürchterlich. Ich suchte irgendeinen Anker und versuchte mir einzureden, dass ich die Verabschiedung von Leni jetzt allein durchziehen würde und dass es dann nachher, wenn Vanessa sie mitnehmen würde, nicht mehr so wehtäte. Ich drückte und streichelte Leni ganz lange und weinte bitterlich.

»Ich werde dich nie vergessen, meine kleine Leni«, flüsterte ich ihr ins Ohr. »Du bist immer in meinem Herzen.«

Es fühlte sich an, als würde man ein Stück aus mir herausreißen. Irgendwann kam mir der Gedanke, ihr etwas mitzugeben, damit sie sich in ihrem neuen Zuhause wohlfühlen könnte. Ich durchwühlte ihren Kleiderschrank und suchte die Sachen heraus, die ich besonders an ihr mochte. Weil sie so ein dunkler Typ war, standen ihr braune, beige und helllila Farbtöne am besten, wie ich fand. Ich entschied mich, ihr nicht alles mitzugeben. Einige Sachen wollte ich zur Erinnerung noch behalten. Es sollten aber nicht nur Kleider sein, ich wollte ihr auch noch andere Dinge mitgeben. Ich schaute mich im Zimmer um, und mein Blick fiel auf das Mobile, das über der Wickelkommode hing. Seit über einem halben Jahr blickte Leni beim Wickeln darauf und lachte immer, wenn es sich bewegte. *Das erkennt sie dann wieder*, dachte ich mir.

Dann sah ich das Namensschild an ihrer Zimmertür. *Was sollen wir noch mit diesen Buchstaben?*, fragte ich mich traurig. *Sie passen doch nicht mehr. Die kann Vanessa jetzt an ihre Tür hängen.*

Ich machte einen Buchstaben nach dem anderen ab, was das Schlimmste für mich war, denn es bedeutete den Auszug für immer.

»Ich denke immer an dich, meine Kleine«, schluchzte ich und merkte, dass Lenis Gesichtchen ganz nass war von meinen Tränen.

Als Letztes packte ich noch ihr Trinkfläschchen ein und die Taufkerze mit ihrem Namen. »Die kann deine Mama an deinem Geburtstag abbrennen lassen.«

Irgendwann ging ich mit Leni dann wieder runter zu den anderen. Ich setzte mich völlig fertig an den Kaffeetisch und schaute zu Ralf. Seine Augen waren mit Tränen gefüllt – nun war er an der Reihe. Er nahm Leni und ging ebenfalls hoch mit ihr. Wir anderen verfielen in gelähmtes Schweigen.

Nach einiger Zeit sagte Petra mitfühlend, aber bestimmt: »Das hat doch keinen Zweck. Wir müssen das nun über die Bühne bringen.«

Jetzt fing auch Vanessa an zu weinen.

»Kinder, wir fahren jetzt. Das hilft ja alles nichts. Wir ziehen es nur unnötig in die Länge«, insistierte Petra.

»Ehrlich gesagt, wäre ich auch ganz froh, wenn wir das nun durchziehen würden. Ich kann nicht mehr«, stimmte ich ihr mit brüchiger Stimme zu.

Also ging ich hoch zu Ralf. Er saß mit Leni auf dem Bett, hielt sie fest umarmt und weinte. Einerseits war ich froh, dass er weinen konnte, denn es war der Beweis, dass er doch mehr Gefühle hatte, als er die ganze Zeit gezeigt hatte. Andererseits dachte ich: *Wie schlimm muss der Abschied von Leni für ihn sein, wenn er so bitterlich weint.* Noch nicht mal ansatzweise hatte ich bei ihm einen derartigen Gefühlsausbruch erlebt. Es tat mir richtig weh, ihn so zu sehen. Ich setzte mich neben die beiden und weinte mit. Wir sagten kein Wort, ließen einfach nur gemeinsam unsere Tränen laufen.

Dann kam Vanessa ins Zimmer. Auch sie sagte nichts,

sondern weinte nur. Niemals werde ich vergessen, was dann geschah. Auf einmal kam Yara ins Zimmer und streichelte Vanessas Bein. Dann setzte sie sich zu uns, um uns zu trösten. Eine ganze Weile lang streichelte sie abwechselnd Ralf und mich, ganz wortlos. Unsere dreijährige Tochter war stark für uns alle. Diese Liebe von ihr zu spüren war zwar wunderschön, aber gleichzeitig zerriss es mich fast.

Irgendwann sagte einer von uns: »Komm, wir gehen jetzt runter.«

Im Flur überreichte ich Vanessa die Tüte. »Ich habe dir ein paar Sachen zusammengepackt.«

Und dann übergaben wir uns schluchzend die Kinder. Vanessa hatte Lina noch einmal lange ganz fest an sich gedrückt und ihr etwas ins Ohr geflüstert. Und jetzt drückte ich Vanessa zum Abschied noch einmal fest. »Mach es gut. Wir telefonieren.«

Auch Petra liefen die Tränen. »Alles Gute für euch. Ihr schafft das zusammen«, gab sie uns mit auf den Weg.

Und dann waren sie fort.

Aber das schreckliche Gefühl in mir blieb. Ich gab Lina in Ralfs Arme. »Ich muss mal kurz alleine sein.«

Ich lief in unser Schlafzimmer und weinte und weinte. Irgendwann war ich so erschöpft, dass keine Träne mehr rauskam. Ich fühlte mich vollkommen leer.

Zurück im Wohnzimmer versuchte ich, mich mit Lina zu beschäftigen. Aber sie wollte die ganze Zeit einfach nur auf meinen Arm; legte ich sie auf der Kuscheldecke ab und hielt ihr ein Spielzeug hin, fing sie sofort an zu jammern und streckte ihre Arme nach mir aus. Sie schien dieses Gefühlschaos ebenfalls zu spüren und Trost zu suchen.

Irgendwann wusste ich nicht mehr, was ich noch tun konnte. Lina schrie sich jetzt richtig in Rage.

Auf einmal sagte Yara laut: »Sei ruhig, du falsche Schwester!« Yara sprach das aus, was ich insgeheim dachte. Ich fand diese Schreierei einfach nur unerträglich. Ich fühlte mich wie eine Maschine, die die ganze Zeit gelaufen war, aber plötzlich nicht mehr funktionierte. Und obwohl ich den On-Knopf drückte und drückte, sprang sie einfach nicht mehr an. Ich war fertig.

»Ich will dieses schreiende Kind nicht mehr. Ich mag das jetzt nicht«, hörte ich mich selbst sagen.

Seit Wochen hatte ich diesen Tag herbeigesehnt, doch nun, wo es geschehen war, fühlte sich alles nur noch schrecklich an. Ich hatte dieses quengelnde Kind gegen so ein liebes eingetauscht.

»Bitte kümmere du dich um sie. Ich kann nicht mehr«, sagte ich zu Ralf und drückte ihm abermals Lina in die Arme.

Der Arme war sicher genauso fertig wie ich, zumal er sich anscheinend auch noch einen Magen-Darm-Infekt eingefangen hatte – oder seine Übelkeit war eine Reaktion auf all das. Aber ich konnte beim besten Willen nicht anders. Ich legte mich für eine halbe Stunde auf mein Bett und döste ein. Zwischendurch kam Yara hoch und legte sich zu mir.

Der kurze Schlaf tat mir gut, und danach sah ich alles nicht mehr ganz so tiefschwarz. Mittlerweile war es Abend geworden und Zeit, Lina ins Bett zu bringen. Ich legte sie hin, hielt noch ein paar Minuten ihre Hand und schon schlief sie ein. Auch für sie war es ein sehr anstrengender und belastender Tag gewesen.

Als ich beim Hinausgehen die kahle Zimmertür sah, kamen mir aber gleich wieder die Tränen. *Jetzt ist das eine Kind weg und das andere noch gar nicht richtig da, weil es nicht wirklich ihr Zimmer ist*, dachte ich.

Ich rief Nora an und erzählte ihr, wie ich mich fühlte und bat sie um Hilfe. Sie hatte von all meinen Freundinnen am meisten Zeit. »Ich kaufe gleich morgen früh neue Namensbuchstaben«, versprach sie mir.

Keine Stunde später stand meine Freundin Paula vor unserer Tür. Sie hatte ein Bärchen dabei, auf dem aus selbst gebastelten Pappbuchstaben »Lina« stand. Zusammen hängten wir den Bären an Linas Zimmertür. »Nun ist es so, wie ich es haben will«, sagte ich erleichtert und konnte wieder lächeln. Was hätte ich nur ohne meine Freundinnen gemacht?

Obwohl ich so übermüdet war, wollte ich unbedingt noch Michael sehen. Am nächsten Tag schon würde die Pressekonferenz sein, und der Gedanke daran machte mich schrecklich nervös. Ich wusste nicht, was mich erwartete, und hatte Angst, dass ich vor laufender Kamera zusammenbrechen könnte.

Wie immer nahm sich Michael sofort Zeit für mich. Zuerst erzählte ich ihm von dem Tausch und wie genervt ich anschließend von Linas Schreierei gewesen war.

»Was bin ich nur für eine Rabenmutter, Michael! Die ganze Zeit kann es mir nicht schnell genug gehen, und dann hab ich Lina endlich und bin nur genervt von ihr.«

»Unter diesen Umständen ist das eine ganz normale Reaktion. Ihr müsst euch doch erst einmal aneinander gewöhnen.«

Seine Worte entlasteten mich ein wenig. Ein Restgefühl von Schuld blieb allerdings. Schließlich gingen wir zu dem Thema über, welches mir fürchterliche Magenschmerzen bereitete. Michael meinte, dass meine Angst vor der Pressekonferenz ganz normal wäre, vor allem in Anbetracht der Tatsache, was wir gerade alles durchgemacht hatten.

»Was ich unter keinen Umständen will, ist heulend rausrennen! Das wäre das Schlimmste, was mir in der Situation passieren könnte«, erklärte ich ihm.

Er versuchte, mir meinen Druck zu nehmen. »Wenn deine Emotionen zu stark werden, kannst du jederzeit das Gespräch abbrechen und Ralf kann alleine weitermachen. Aber am besten machst du dir ein paar Notizen. Überleg dir, welche Fragen kommen könnten und was du darauf antworten willst. Bereite dich vor – damit stärkst du dich.«

Zusammen dachten wir uns dann Fragen aus, und ich notierte meine Antworten dazu. Nach vier Stunden ging Michael nach Hause und ich fiel wie tot ins Bett.

Morgen noch die Pressekonferenz, und dann ist es endlich vorbei! Dann beginnt das Leben wieder von vorne, waren meine letzten Gedanken, bevor ich vollkommen erschöpft einschlief.

KAPITEL 33

*I*n den letzten Wochen war es mir völlig egal gewesen, wie
ich aussah. Es ging mir schlecht, also ließ ich mich gehen –
es gab schließlich Wichtigeres. Dieser Tag war der erste, an
dem ich mich wieder schick machte. Ich schminkte mich,
zog eine braune Stiefelhose und ein weißes Hemd mit einem braunen Pullunder an.

Theodora hatte die große Ehre, auf Lina aufzupassen.
Sie war hin und weg, dass sie die Erste sein durfte, die Lina
sittete. Als Lina ihre Oma sah und von ihr auf den Arm
genommen wurde, lachte sie sie ganz bezaubernd an und
versuchte, ihre Brille zu greifen. Sie fremdelte überhaupt
nicht. Theodora war sehr ergriffen von Linas entwaffnen-
dem Lachen. »Du kennst mich noch nicht und lachst mich
schon an!«, sagte sie strahlend, und gleichzeitig kamen ihr
die Tränen.

Ich war erleichtert, dass Lina sofort Zutrauen zu ihrer
Oma fand. Mit gutem Gewissen konnte ich sie nun abgeben.

Michael bot sich als Chauffeur an. Er holte uns frühzei-
tig ab, sodass wir noch Zeit hatten, mit unserem Anwalt
alles durchzusprechen.

Wie immer war Hans Rodenbusch die Ruhe selbst
und versuchte, seine Gelassenheit auf uns zu übertragen.
»Denken Sie daran: Die Presse will etwas von Ihnen und
nicht umgekehrt. Sie halten die Fäden in der Hand. Was
Sie sagen wollen, sagen Sie, was Sie nicht sagen wollen,

brauchen Sie nicht zu sagen. Lassen Sie sich nicht unter Druck setzen.«

Natürlich hatte er recht, dennoch blieb ich sehr aufgeregt, wir waren ja nun mal alles andere als Medienprofis. »Überlegen Sie sich, welche Fragen wichtig sind und was Sie darauf antworten wollen«, briefte er uns weiter.

Zum Glück war ich schon gut vorbereitet und konnte die Fragen, die ich mir zusammen mit Michael überlegt hatte, vortragen. »Was denken Sie, wie die Verwechslung passiert sein könnte?«, »Haben sich die Kinder geglichen?«, »Warum sind Sie der Klinik gegenüber noch so freundlich?« …

Während wir das Frage-Antwort-Spiel durchgingen, kam die Sekretärin und bat Hans Rodenbusch hinaus. Es dauerte eine Weile, bis er wieder zurückkam.

»Es gibt da ein kleines Problem. Eine Saarbrücker Zeitung ist hier und behauptet, es gäbe Fotos von den Kindern – und zwar von beiden. Sie möchten O-Töne von Ihnen haben, sonst drohen sie, die Fotos zu veröffentlichen.«

Ich dachte kurz nach. Wir hatten dieser Zeitung für ihre Rubrik »Baby des Monats« nach der Geburt ein Foto von Leni geschickt. Das hatten sie natürlich. Aber woher sollten sie ein Foto von Lina haben? Es gab kaum welche. Und Vanessa war es nach der Geburt schlecht gegangen, sie hatte sicher nicht an die Veröffentlichung eines Fotos gedacht.

»Das glaube ich nicht«, sagte ich. »Die können nicht von beiden Kindern ein Foto haben.«

Hans Rodenbusch schaute mich an. »Lassen wir es jetzt drauf ankommen, oder bekommt der Redakteur seine O-Töne? Jeder, sowohl Sie als auch Ihr Mann, sollen sich jeweils einen Satz überlegen, den Sie ihm dann vorlesen.«

»Das ist das, was er will?«, hakte ich nach und lachte auf.

»Ja, das ist es, was er will«, antwortete Hans Rodenbusch.

Wir beschlossen, dass er seine O-Töne dann eben bekommen sollte. Zusammen mit Michael überlegten wir schnell. Mir fiel als Erstes das Thema »Zukunft« ein. Auf einen Zettel schrieb ich: »Wir verstehen uns sehr gut, und wir wollen auch in Zukunft freundschaftlich miteinander verbunden bleiben.«

Ich schaute zu Ralf, er schrieb: »Trotz aller Dramatik gab es ein großes Happy End.«

Die Tür ging auf, und der Redakteur, ein Mann mit Brille, Halbglatze und Schnauzbart, kam herein. Noch bevor er etwas gesagt hatte, fand ich ihn schrecklich unsympathisch – allein schon deshalb, weil er versuchte, uns zu erpressen.

Was für ein Lackaffe, dachte ich erbost und warf ihm einen eiskalten Blick zu.

Er druckste herum und sprach nur mit mir. »Frau Klos, Sie wissen ja, ich habe zwei Fotos von den Kindern.«

»Eins«, entgegnete ich ihm.

»Nein, ich habe beide Fotos.«

»Das glaube ich Ihnen nicht. Sie haben eins. Aber ist auch egal. Fangen Sie an.«

»Dann mache ich jetzt das Band an«, sagte er.

»Ja, machen Sie Ihr Band an, und dann ist gut.« Ich hielt den Zettel demonstrativ vor mein Gesicht und las meinen Satz ab. Dann las Ralf seinen schmalzigen Satz vor. Es war tatsächlich das, was er wollte. Einfach nur irgendwelche Sätze. Wir hätten genauso gut sagen können: »Mama, Papa – wir lieben euch.« Dann schaltete er sein Diktiergerät wieder aus und rauschte davon.

Ich fand diese Nummer unsäglich würdelos. Und genau aus diesem Grund verschwand in diesem Moment meine Nervosität. Meine Angst vor der Presse sank auf null. Und damit hatte ich genau die richtige Einstellung, um da rauszugehen.

Unser Anwalt machte sich schon auf den Weg zum Pressesaal, um zu schauen, wie viele Journalisten gekommen waren. In der Zwischenzeit vereinbarte Michael einen Deal mit mir: »Ich setze mich so hin, dass wir Augenkontakt haben können. Falls irgendetwas sein sollte, gehe ich aus der hinteren Tür raus und du kommst nach.«

Da klingelte Michaels Handy. Es war Hans Rodenbusch – wir sollten uns auf etwas gefasst machen, es sei die Hölle los. Das schüchterte mich erstaunlicherweise überhaupt nicht ein. Ralf auch nicht, zumindest zeigte er seine Nervosität nicht. Dann gingen wir los.

Als sich die Fahrstuhltür öffnete, dachte ich nur: *Bin ich Paris Hilton oder was!?* Ein Blitzlichtgewitter prasselte auf uns ein. Eine Meute von ungefähr fünfzig Journalisten umzingelte uns wie ein Schwarm Stechmücken. Über uns hingen Dutzende von Mikros, es fiel mir sogar auf, dass eines davon ein Fell hatte. »Frau Klos? Frau Klos?«, riefen sie und stellten alle durcheinander irgendwelche Fragen. Sie rannten neben mir, vor mir, hinter mir her. Es war ein einziges Gedrängel und Geschubse.

»Wo ist denn meine Promi-Brille?«, fragte ich Ralf grinsend. Er lachte. So eine überdimensional große Sonnenbrille, das wäre es jetzt gewesen. Stoisch ging ich durch die Menge hindurch und beantwortete keine einzige Frage.

In dem Saal war ein langer Tisch aufgebaut mit einer festgelegten Sitzordnung. Zu meiner Linken saß Ralf, neben ihm unser Anwalt. Zu meiner Rechten saß Sozialdezernentin Frau Kirch. Sie nahm meine Hand und lächelte mir aufmunternd zu. »Sie schaffen das. Wir machen das gut.« Das fand ich wirklich lieb von ihr.

Zuerst fand eine »Fotosession« statt. Genau hundertzwanzig Sekunden durften wir fotografiert werden. Ich kam mir vor wie ein Tier im Zoo. Eineinhalb Meter vor uns knipsten sich die Fotografen die Finger wund. Irgendwann wusste ich nicht mehr, wo ich hinschauen sollte.

»Das ist jetzt nicht wahr, oder?«, flüsterte ich Frau Kirch zu.

»Ich habe so etwas auch noch nicht erlebt«, antwortete sie leise.

Nach einer gefühlten Ewigkeit sagte unser Anwalt: »Die Zeit ist um. Die fotografierende Presse muss nun den Raum verlassen.«

Die Fotografen packten brav ihre Ausrüstung zusammen und gingen hinaus. Ungefähr vierzig Journalisten waren jetzt noch da. Unter anderem von Ralfs Lieblingsmagazin. Lustigerweise saßen auf der einen Seite mehr Frauen und auf der anderen Seite mehr Männer – wie in der Kirche. Hans Rodenbusch moderierte die Konferenz. Die Journalisten hoben ihre Hände, und er entschied, wer an die Reihe kam. Einige sprach er mit Namen an. Ich ließ meinen Blick selbstbewusst durch die Menge gleiten. Ich fühlte mich ganz erhaben und hörte mich schon die ersten Fragen beantworten. Ganz souverän, als hätte ich mein Leben lang nichts anderes gemacht. Die simplen Fragen wurden eindeutig von den Männern gestellt. Für sie war es ein reiner Arbeitstermin. Bei den Frauen hingegen hatte ich das Gefühl, dass einige wirklich betroffen waren. Deshalb suchte ich auch eher deren Blicke. Ich konnte alle Fragen gut beantworten, musste mir nichts aus den Fingern saugen. »War der Tausch emotional?« Ich erzählte keine Einzelheiten, sagte nur, dass es natürlich sehr emotional gewesen war und viele Tränen geflossen sind. Als ein Journalist von der Boulevardpresse fragte, welche Haarfarbe, welche Augenfarbe und welche Größe die Kinder nach der Geburt gehabt hätten, als handelte es sich um irgendwelche Autos, schüttelten einige Journalistinnen nur den Kopf. Eine blickte mich sogar an und rollte die Augen. Den Vogel schoss allerdings mein Freund von der Lokalpresse ab. Er wollte unbedingt Ralfs Beruf wissen und konnte seine Antwort, dass dies nichts zur Sache tue, einfach nicht akzeptieren. Er bohrte weiter und weiter. Irgendwann gab es sogar Buhrufe von den Frauen im Saal. Als er schließlich kapierte, dass er definitiv nicht weiterkam, fragte er Ralf ganz ernst: »Arbeiten Sie beim Verfassungsschutz, oder warum können Sie das nicht sagen?«

Jetzt brach Gelächter aus. »Frau Klos, was ist denn Ihr Beruf?«, fragte er dann.

Wie unglaublich dämlich von ihm, dachte ich. Natürlich konnte ich ihn nun wunderbar auflaufen lassen.

»Wenn mein Mann das nicht sagt, sage ich das auch nicht.« Alle lachten, und unser Anwalt setzte noch eins oben drauf.

»Ich kann Ihnen eins verraten: Sie arbeitet auch nicht beim Verfassungsschutz.« Es war richtig witzig.

Die Journalisten wollten natürlich auch etwas über Vanessa herausfinden. »Was sind denn das für Leute?«

»Dazu sagen wir nichts. Sie wollen sich nicht zeigen. Außerdem ist es nicht deren Pressekonferenz«, antwortete ich.

Frau Kirch fügte noch hinzu, dass wir aus Datenschutzgründen auch gar nichts sagen dürften.

Ruck, zuck war es auch schon vorbei. Ich hatte das Gefühl, dass einige Journalisten ziemlich enttäuscht nach Hause gingen. Im Gegensatz zu mir – ich war ungefähr zehn Zentimeter gewachsen. Hätte mir jemand am Tag zuvor prophezeit, dass alles bestens und sogar auch noch recht locker ablaufen würde, ich hätte denjenigen für völlig verrückt erklärt.

»Frau Klos, Sie haben das toll gemacht. Sie waren richtig professionell«, lobte mich unser Anwalt, als wir kurz darauf zur Nachbesprechung zusammensaßen.

»Auch wenn es unglaublich klingt, aber ich würde es auch jederzeit wieder tun.«

Es war nicht nur eine zentnerschwere Last, die von mir abfiel. Ich hatte eine Erfahrung gemacht, die mich fürs Leben stärkte.

Natürlich waren wir wahnsinnig gespannt auf die Nachrichten im Fernsehen. Wir saßen alle gemeinsam vor dem Fernseher.

»Oh! Guck mal! Mama und Papa sind im Fernsehen!«, rief Yara begeistert.

Wir schauten eine Nachrichtensendung nach der anderen, wir waren überall zu sehen, und am nächsten Tag standen wir auch in allen Zeitungen. Sogar die Schweizer waren froh, dass die vertauschten Kinder nun in ihren »richtigen Bettli« lagen.

Endlich hatten wir das Gefühl, dass wir jetzt alle Steine aus dem Weg geräumt hatten. Ich fühlte mich wie ein komplett neuer Mensch. Auch nervlich schien es mir wesentlich besser zu gehen.

Doch wir mussten uns alle erst in unser neues Leben hineintasten. Lina quengelte zwar weniger als am Tag davor, aber es ging ihr immer noch nicht wirklich gut – mal ganz davon abgesehen, dass sie noch stark hustete. Die meiste Zeit verbrachte ich mit ihr spielend auf dem Teppichboden, oder wir schauten zusammen Bücher an. Dann war sie abgelenkt.

Am darauffolgenden Tag war sie nur noch ein bisschen quengelig. Und dann war sie auch schon angekommen in unserer Familie.

Ralf war ganz vernarrt in sie. Immer, wenn sie gluckste oder quietschte, ahmte er sie nach. Und wenn sie sich zur Seite drehte, rollte er sie wieder schwungvoll zurück. Er fand es toll, dass sie so aufgeweckt war und dass er so wild mit ihr spielen konnte. Überraschenderweise war Yara überhaupt nicht eifersüchtig auf ihre neue Schwester. Ganz im Gegenteil. Sie spielte die ganze Zeit mit ihr und betüddelte sie.

Vanessa rief ich nicht an. Sie uns auch nicht. Und ich vermisste Leni auch überhaupt nicht. *Das gibt es doch nicht! Über ein halbes Jahr war Leni deine Tochter, und nun geht alles so weiter wie vorher. Es ist fast wieder ganz normaler Alltag.* Das erschreckte mich, es machte mir ein schlechtes Gewissen.

Ich fragte mich natürlich schon, ob es Leni auch gut ginge und ob Vanessa sie annehmen würde. Aber ich spürte, dass es nicht mehr so wichtig für mich war. Das Leben mit Lina nahm mich einfach zu sehr in Anspruch, und Leni rückte mehr und mehr in den Hintergrund.

Am Ende der Woche rief ich Vanessa dann aber doch an. Ich erzählte ihr, dass Lina in den ersten drei Tagen sehr viel geweint hatte, aber jetzt angekommen sei. »Nun ist es so, als ob sie nie weg gewesen wäre. Ich muss noch nicht einmal mehr ihre Hand beim Einschlafen halten.«

Vanessa erzählte, dass Leni wie immer gewesen sei – ruhig. Einerseits passte es zu Leni, andererseits fand ich es schon erstaunlich, dass sie auf den Tausch anscheinend gar nicht reagierte. Wir wechselten das Thema, und ich sagte Vanessa, dass ich mich bezüglich einer zweiten Taufe erkundigt hätte. Im Gegensatz zu Lina war Leni ja schon getauft, und Vanessa konnte sie nicht nochmals taufen lassen. Vom Pastor hatte ich erfahren, dass man in diesem Fall eine Art Ersatzzeremonie abhalten könne, also eher so etwas wie ein symbolischer Akt. Dabei könnten auch die Paten eingeführt werden.

»Ach, übrigens«, sagte Vanessa, »sie heißt jetzt nicht mehr Leni, sondern Lilli. Wir haben sie umbenannt.«

Diese Nachricht traf mich wie ein Schlag. Ich war nicht mehr in der Stimmung weiterzureden und beendete das Gespräch schnell. Ich musste mich erst einmal hinsetzen und tief durchatmen. Und schon kullerten die Tränen. Auch, wenn ich Leni nicht vermisste, so waren ja doch noch Gefühle für sie da. Das merkte ich allein schon daran, dass mir immer die Tränen kamen, wenn ich an den Tausch dachte. *Jetzt ist nicht nur das Kind weg, jetzt heißt es auch noch anders!*, dachte ich traurig und wütend zugleich.

Vom Gefühl her war der Name das Letzte, was ich von Leni noch hatte und an dem ich noch hing. Mal ganz davon abgesehen fand ich diesen Namen doch so wunderschön: Leni Caterina. Doch der sollte fortan nicht mehr existieren. Damit schien Leni ein komplett anderes Kind mit einer ganz neuen Identität zu sein. Sie sollte nicht mehr die sein, die ich einmal kannte. Das Kapitel Leni war damit anscheinend beendet.

Ich wurde stinksauer. Ich hatte Vanessa die Buchstaben von Lenis Tür abgemacht und ihr noch die Taufkerze mitgegeben. Ich erkundigte mich für sie bezüglich einer zweiten Taufe und wie und wo sie Lenis Namen amtlich ändern lassen musste. Wir machten sie zu Linas Patentante – und dann so etwas!

Ich diskutierte mit Ralf darüber. »Wie kann sie das tun? Erst verkünden, wir lassen die Namen so, aber es dann doch anders machen! Und nicht einmal den Mumm haben, uns deshalb anzurufen.«

»Wir haben doch auch gesagt, der Name Angelina gefällt uns nicht, und uns dann für Lina entschieden«, wandte Ralf ein.

»Aber das ist doch was ganz anderes! Sie ist ja auch immer Lina gerufen worden«, meckerte ich. »Außerdem hatte sie doch mit Sicherheit schon an dem Abend gewusst, dass ihr der Name nicht gefällt. Das hätte sie ehrlich sagen können. Dafür hätte ich doch Verständnis gehabt.«

Ich konnte und wollte es nicht fassen. »Ihr neuer Name wird nicht über meine Lippen kommen. Das ist Leni. Und Punkt!«

KAPITEL 34

Wie erklären wir denen das bloß? Das kapiert doch keiner, zumal die Namen auch noch so ähnlich klingen«, sagte ich zu Ralf, als wir zum Amt für öffentliche Sicherheit und Ordnung fuhren.

Mir war es wichtig, so schnell wie möglich dokumentieren zu lassen, dass unser Kind fortan nicht mehr Leni, sondern Lina hieß. Ich wollte dies nicht nur hören. Ich wollte es schwarz auf weiß haben, als ob das die endgültige Sicherheit wäre, Lina nun niemals mehr zu verlieren. Ralf nahm sich ein paar Tage frei, damit wir die Amtsgänge zusammen erledigen konnten.

»Warum wollen Sie denn den Vornamen Ihres Kindes ändern lassen?«, fragte uns die zuständige Bearbeiterin in einem leicht vorwurfsvollen Ton und schaute auf Lina, die im Maxi-Cosi zappelte.

»Fangen wir von vorne an«, antwortete ich. »Das ist eins der Kinder, die nach der Geburt vertauscht wurden.«

Sie ließ ihren Stift fallen. Ihr Gesichtsausdruck wandelte sich von Skeptisch in Betroffen. »Sie sind das? Wirklich?«

Ich musste fast schon grinsen – es war immer dasselbe. Mal wieder fing ich an zu erklären. »Sie hieß ja bei der anderen Familie anders, und deshalb wollen wir den Namen beibehalten. Das ist besser, als dem Kind den Namen zu geben, den es vor einem halben Jahr hatte.«

Wie ich schon befürchtet hatte, verstand sie erst einmal

nur Bahnhof und verschrieb sich prompt. Bevor sie neu ansetzte, fragte sie, ob es uns denn einigermaßen gut ginge.

»Danke der Nachfrage. Wir haben unser Kind zurück. Und nun wird sicher bald alles wieder normal.«

Beim zweiten Anlauf verschrieb sie sich wieder. »Ach, ich bin ganz durcheinander«, entschuldigte sie sich.

Irgendwann hatte sie es dann. »Leider Gottes kostet es aber etwas. Und gar nicht so wenig.« Es war ihr anscheinend unangenehm, dass sie von uns dafür auch noch Geld verlangen musste.

»Das zahlen wir ohnehin nicht. Das läuft alles über die Klinik«, sagte Ralf.

»Ach so, na dann. Ist ja auch mehr als richtig so.«

Dann mussten wir zum Standesamt, um die Geburtsurkunde ändern zu lassen. Dort ging das Ganze wieder von vorne los.

»Sie haben den Namen geändert? Das geht doch nicht so einfach!«

»Es war ja auch nicht aus Lust und Laune heraus, sondern weil es eins der vertauschten Kinder ist.«

»O Gott! Und dann sind die Namen auch noch so ähnlich. Warum haben Sie die denn nicht behalten?« – und so weiter und so fort.

Ähnlich war es mit dem Antrag für eine Familienkur. Als ich bei der zentralen Vermittlungsstelle anrief, bekam ich zunächst Folgendes zu hören: »Ich kann Ihnen jetzt schon sagen, dass Sie ganz, ganz schlechte Aussichten haben, eine Familienkur genehmigt zu bekommen. Ich kenne in meiner ganzen Laufbahn nur zwei Fälle, die durchgegangen sind. Das eine war ein ganz schwer krankes Kind, und auch die Mutter war schwer krank. Bei dem anderen Fall war ein Kind von der Familie gestorben. Dass der Mann mitdarf, kriegt man eigentlich nicht durch.«

»Nun ja, bei uns ist es so, dass unser Kind nach der Geburt vertauscht wurde. Wir wollen jetzt eine Kur machen, um als Familie ein wenig zusammenzuwachsen.« Stille.

»Hallo?«, fragte ich nach einiger Zeit.

»Okay, ich glaube, Sie brauchen sich überhaupt keine Gedanken zu machen. Das wird bestimmt genehmigt.«

Als Ralf wieder arbeiten ging, kehrte auch bei mir die übliche Routine ein. Mein Alltag sah so aus wie zu Lenis Zeiten, nur, dass Lina viel mehr beschäftigt werden musste. Es reichte ihr nicht, nur in der Wippe oder auf dem Boden zu liegen, mich zu beobachten oder selbst mit ihrem Spielzeug zu spielen. Sie wollte unterhalten werden. Wir schauten zusammen Fühlbücher an, machten Drehübungen, spielten mit kleinen Kuscheltieren oder einfach nur mit unseren Fingern. Ich genoss das alles sehr. Ich hatte immer noch ein großes Nachholbedürfnis. Viel Zeit verbrachte ich auch damit, ihre extrem trockene Haut einzucremen – meistens drei Mal am Tag. Mir fiel auf, dass sie sich oft kratzte. Daher machte ich mir noch mehr Sorgen als ohnehin schon, dass sie Neurodermitis bekommen könnte.

Obwohl ich so viel Zeit mit Lina verbrachte, achtete ich penibel darauf, dass ich sie Yara gegenüber nicht bevorzugte. Ich wollte meine Kinder auf jeden Fall gleich behandeln und ihnen gleich viel Liebe geben – egal, welche Vorgeschichte Lina hatte, oder vielleicht gerade wegen dieser besonderen Vorgeschichte. Ich hatte jedoch den Eindruck, dass sich meine Eltern nur auf Lina fixierten. Bei meinem Vater war es am auffälligsten. Er beachtete Yara überhaupt nicht mehr. Er, der noch nie in seinem ganzen Leben ein Kind gewickelt hatte, machte Lina tatsächlich frisch. Ich fand das sehr süß, zumal er ihr die Windel auch noch falsch herum anzog. Dennoch machte ich meine Eltern darauf aufmerksam, dass sie immer noch ein zweites Enkelkind hätten. Meine Mutter nahm meine Kritik sehr ernst und kümmerte sich daraufhin nur noch um Yara und gar nicht mehr um Lina. Mit der Zeit pendelte sich aber auch das ein, und beide Kinder bekamen gleich viel Aufmerksamkeit.

Froh waren wir alle, als Ann-Kathrin endlich ihren ersten Chemoblock hinter sich hatte und nach Hause durfte. Zwar konnte ihr Onkologe nicht so wirklich dahinterstehen, er hätte sie lieber im Krankenhaus behalten, aber Ann-Kathrin hatte sich durchgesetzt. Sie hatte es sich von Anfang an vorgenommen, nach der ersten Behandlung für einige Zeit nach Hause zu gehen, und ließ einfach keine andere Meinung gelten. Das war ihr erster kleiner Sieg, und ich freute mich riesig für sie.

Das, was in unserem Alltag noch ziemlich außergewöhnlich war, waren die tagtäglichen Anfragen der Medien. Das Interesse wollte einfach nicht abebben. Allerdings gingen wir auf keine Anfrage ein. Ralf war zwar etwas offener, aber ich wollte nichts mit den Journalisten zu tun haben. Mit der Pressekonferenz hatte ich mein Soll schon erfüllt.

Und noch etwas war noch nicht bzw. nicht mehr »normal«: die Art, wie unsere Umwelt auf uns reagierte. Ging ich durchs Dorf, steckten die Leute die Köpfe zusammen und rührten in der ohnehin schon brodelnden Gerüchtesuppe. War ich mit den Kindern auf einem Fest, starrten uns manche Mütter die ganze Zeit an, als würden sie etwas erwarten. Sah ich in der Stadt ehemalige Schulkameraden, dann winkten sie nur kurz, drehten sich um und liefen schnell weiter. Das schmerzte. Aber vor allem verstand ich nicht, warum die Leute so reagierten bzw. wovor sie Angst hatten. Glaubten sie, wir seien nun hochgradig traumatisiert und bräuchten Mitleid? Verstanden sie nicht, dass wir immer noch die Alten waren und niemand befürchten musste, in eine unangenehme Situation zu geraten? Wir hatten doch kein Kind verloren, sondern das verlorene wiedergefunden – das Beste, was uns passieren konnte!

Ich wünschte mir, die Menschen wären offener mit uns umgegangen. Ebenso hätte ich mir gewünscht, dass die Mütter in den einschlägigen Internetforen weniger selbstgefällig über unseren Fall geurteilt hätten, zumal sie selbst niemals in einer derartigen Situation gewesen waren. Überall las ich Beiträge wie:

»Mir hätte niemand ein falsches Kind unterschieben können, und ich denke, dass das jeder Mutter so gehen müsste.«

»Wo war bei den beiden Frauen der Mutterinstinkt? Ich behaupte, ich hätte mein Kind vom ersten Tag an unter hundert anderen herausfiltern können.«

»Das Schreien bleibt im Gedächtnis, und daran erkennt man sein Kind unter tausend anderen Kindern – jedes Kind schreit anders.«

»Ich würde niemals meine Kinder, die ich mehr liebe als mein Leben, tauschen oder hergeben. Niemals. Das könnte ich gar nicht überleben.«

»Es gibt in so einer Situation nur Verlierer. Das Einzige, was man machen kann, ist die Kinder in den falschen Familien belassen und den Kontakt zu den richtigen Eltern pflegen.«

Mir wurde wie noch nie zuvor bewusst, wie einfach es doch ist, ein schnelles und gnadenloses Urteil zu fällen. Ich nahm mir vor, fortan mehr darauf zu achten und vorsichtiger in meinen eigenen Bewertungen zu sein. Immerhin hatte ich auch die Tendenz, nicht wertfrei zu sein. Für irgendetwas ist es immer gut, wenn man einmal durch die Hölle gegangen ist.

KAPITEL 35

Wenige Wochen nach dem Tausch trafen wir uns alle wieder in Homburg. Ich erzählte Prof. von Rhein, dass wir vier uns gut aneinander gewöhnt und schon einen richtigen Alltag hätten. »Ich bin begeistert und schockiert zugleich, wie wahnsinnig schnell die Umstellung ging. Lina ist das Pendant zu unserer Großen. Beide essen viel und sind ständig aktiv. Die Ähnlichkeit ist extrem. Jetzt passt es wirklich – zu allem. Auch dazu, wie sie in meinem Bauch war.«

Ich schaute Leni an, die vor mir auf dem Boden lag. Es war das erste Mal, dass ich sie seit dem Tausch wiedersah. Ich fand sie immer noch sehr niedlich, aber ich verspürte keine Trauer oder Sehnsucht mehr. Ich hatte sie losgelassen, zumindest fühlte es sich so an.

Prof. von Rhein fragte Vanessa, wie die Umstellung für sie war. Da fing sie sofort an zu weinen.

»Schlimm. Die ersten Tage nach dem Tausch gingen zwar noch – auch Lilli hat die Umstellung einfach so akzeptiert, sie war eigentlich wie immer. Aber sie ist generell viel ruhiger als Angelina. Sie schläft viel. Daher hab ich mehr Zeit, mir Gedanken zu machen. In der Schule kann ich mich auf gar nichts mehr konzentrieren. An dem Montag nach dem Tausch habe ich gefragt, ob sie mich nach Hause lassen können. Ich bin dann die ganze Woche nicht mehr hingegangen.«

»Vielleicht ist das ja das Problem«, warf Ralf ein. »Sie

hat ein Baby bekommen, das noch nicht so weit ist wie Lina.«

»Wie ist es denn jetzt für dich, wenn du Lina siehst?«, fragte Prof. von Rhein.

Vanessa weinte immer mehr. Ich gab ihr Lina auf den Arm, weil ich dachte, die Nähe zu ihr könnte ihr nun gut tun. Vanessa streichelte und küsste sie.

»Ich habe ein Bild von ihr auf dem Fernseher stehen. Wenn ich das anschaue, kann ich nicht mehr …«

Prof. von Rhein schlug vor, das Bild umzudrehen. Vanessa schüttelte den Kopf. »Das Bild muss da stehen. Ich will mich an sie erinnern.«

»Was kriegst du denn im Alltag von Lilli so mit?«, fragte Prof. von Rhein weiter.

»Wenn ich von der Schule kam, hatte Lina mich immer angelacht. Lilli guckt gar nicht, wenn ich komme.«

»Das ist aber nichts Ungewöhnliches«, versuchte ich Vanessa zu beruhigen. »Sie nimmt kaum Notiz und ist überall froh.«

Meine Worte halfen natürlich nichts. Sie entsprangen ja auch nur meiner puren Hilflosigkeit. Vanessa schluchzte. »Ich kann mich nicht an Lilli gewöhnen, ich krieg das nicht hin. Sie ist ein ganz anderes Kind. Das tut so schrecklich weh.«

Prof. von Rhein überlegte. »Siehst du denn eine Ähnlichkeit zwischen ihr und dir?«

»Das Aussehen ist egal. Ich erkenne meine Augenform in ihr. Und diese Nase hatte ich auch als Baby.«

»Sieht sie denn so aus wie ihr Vater?«, hakte Prof. von Rhein nach.

»Nein, von ihm hat sie gar nichts. Er ist blond und hat grüne Augen.«

»Kannst du denn mit jemandem darüber reden?«

»Mit meiner Mama. Aber die hängt auch noch sehr an Lina.«

Vanessa tat mir wirklich leid. Zwischen unseren Empfindungen lagen Welten. Und niemand konnte ihr so wirklich helfen, sie musste allein durch ihre Trauer.

Am Ende der Sitzung vereinbarten wir, uns bald bei mir zu Hause zu treffen. Ich war mir allerdings nicht sicher, ob Vanessa das helfen würde. Ich hatte das Gefühl, dass sie das noch mehr zurückwerfen würde und dass mehr Abstand eigentlich das Richtige gewesen wäre.

Ann-Kathrin gingen wir dieses Mal nicht auf der Onkologie besuchen. Dafür wollte ich mir an einem anderen Tag mehr Zeit nehmen. Ann-Kathrin hatte nämlich nur wenige Tage, nachdem sie entlassen wurde, eine Sinusvenenthrombose, das heißt einen Schlaganfall, bekommen. Sie wachte morgens mit schrecklichen Kopfschmerzen auf und konnte ihren Arm nicht mehr bewegen. Ein Blutgerinnsel hatte sich im Gehirn festgesetzt – eine Nebenwirkung von dem hochdosierten Kortison, mit dem sie behandelt worden war.

Sie hatte für einige Zeit auf der Kinderintensivstation liegen müssen und war nun gerade dabei, sich wieder zu erholen. Mir war klar geworden, wie gefährlich nicht nur ihre Erkrankung, sondern auch die Behandlung war. Mit all den eigenen Problemen im Kopf hatte ich ihren Gesundheitszustand heruntergespielt. Damit war es nun vorbei. Ich machte mir große Sorgen um sie. Trotzdem versuchte ich, positiv zu bleiben und glaubte nach wie vor fest daran, dass sie es schaffen würde. Das Wort »sterben« nahm ich im Zusammenhang mit Ann-Kathrin einfach nicht in den Mund.

KAPITEL 36

*L*inas Haut wurde von Tag zu Tag schlechter, und sie kratzte sich ständig mit ihren kurzen Nägelchen. Wenn sie im Bett lag, rieb sie die Fersen aneinander. Irgendwann weinte sie vor lauter Juckreiz, konnte nachts nicht mehr schlafen und hatte sogar wunde Stellen. Ich wusste mir keinen Rat mehr. Jetzt konnte nur noch ein Spezialist helfen.

Dr. Bergmann, unser Hautarzt, untersuchte Lina gründlich. »Mmh, das könnten Krätzmilben sein.«

Ich wusste bis zu diesem Zeitpunkt überhaupt nicht, was Krätze eigentlich ist. Ich wusste, dass es Grasmilben gibt. Krätzmilben allerdings waren mir kein Begriff.

»Sie hat diese typischen roten Stellen zwischen den Fingern und an den Innenseiten der Handgelenke«, erklärte mir Dr. Bergmann. »Wissen Sie, ob es bei der anderen Mutter eine Vorgeschichte gibt?«

Mir war nichts bekannt. Er entschied sich, Lina nicht sofort auf Krätze zu behandeln, sondern erst einmal abzuwarten, was Vanessa sagen würde. Solange sollte ich Lina mit einer Salbe gegen Juckreiz eincremen.

Zufälligerweise war ich ohnehin für den Nachmittag mit Vanessa verabredet. Ich merkte, dass es Vanessa immer noch nicht viel besser ging. Sie war ziemlich wortkarg und schaute mich und Lina ganz seltsam an. Als ich sie auf die Krätze ansprach, meinte sie: »Das hatte ich auch, als ich in der Jugendhilfeeinrichtung war.«

»Aber warum hast du mir das denn nicht gesagt?«, fragte ich sie entgeistert.

»Ich wusste nicht, dass das so wichtig ist. Ich hab mich mit einer Lotion, die ich vom Arzt verschrieben bekommen habe, eingecremt. Dann wurde es besser.«

Sie zeigte mir die Zwischenräume ihrer Finger, die noch immer gerötet waren. Es kam ihr anscheinend gar nicht in den Sinn, dass Lina sich angesteckt haben könnte. Aber vor allem kam es ihrem Arzt nicht in den Sinn. Das war mir unbegreiflich.

Als ich Dr. Bergmann erzählte, was ich erfahren hatte, verschrieb er mir ein neues Mittel. »Sie müssen sich alle, die ganze Familie, mit dieser Lotion zwei Mal am Tag eincremen. Drei Tage lang. In der Zeit müssen Sie alles waschen: alle Kleider, die getragen wurden, alle Kissen, auch die Couchkissen, und den Kinderwagen. Die Matratzen saugen Sie ab und legen Sie an die Luft, die Krabbeldecke frieren Sie erst ein, anschließend waschen Sie sie.«

Mir wurde ganz schlecht bei seiner ellenlangen Aufzählung und bei dem Gedanken, dass sich der Rest der Familie auch noch anstecken könnte. Die letzten Monate steckten mir immer noch in den Knochen, und nun das! Woher sollte ich die Kraft nehmen und zur Putzmaschine werden?

Zu Hause beschloss ich erst einmal, eins meiner Toten-Hosen-Alben aufzulegen. Als Ansporn sozusagen. Ihre Musik und Texte brachten mich normalerweise immer in Fahrt, ganz egal, in welchem Seelenzustand ich mich befand. »Steh' auf, wenn Du am Boden bist« hallte es in voller Lautstärke durchs ganze Haus. Und siehe da – die Putzmaschine begann, auf Hochtouren zu laufen. Ich desinfizierte und wusch, was das Zeug hielt, und wusste nach einigen Stunden gar nicht mehr, wohin mit all den Bergen Wäsche.

Doch schon am nächsten Tag kapitulierte ich. Da halfen auch keine Toten Hosen mehr. Ich rief die Vermittlungsstelle für Haushaltshilfen an. Das war nun das zweite Mal innerhalb von drei Monaten, dass ich um Hilfe bat. Das erste Mal bekam ich eine Unterstützung, nachdem wir erfahren hatten, dass wir die Eltern des vertauschten Kindes sind. »Könnte ich wieder die Haushaltshilfe bekommen, die ich damals hatte? Wir haben die Krätze, und ich schaff das hier nicht mehr.«

Am nächsten Tag stand Frau Altmeyer vor der Tür. Ich hätte sie umarmen können! Sie putzte und bügelte, ohne zu verschnaufen. Und die Klinik zahlte bereitwillig. So wurden die Wäscheberge nach und nach kleiner und Linas Juckreiz besser. Allerdings bekam sie nun Ekzeme.

Doch Dr. Bergmann erklärte mir, dass diese Ekzeme eine positive Reaktion des Körpers seien. »Die Milben bohren sich in die Oberhaut und legen in den Kanälen ihren Kot und ihre Eier ab. Wenn dieser Kot sich abbaut, kommt es zu extrem allergischen Reaktionen – also zu Ekzemen. Das ist dann ein Zeichen, dass die Milben absterben.«

Ich sollte Lina nun so oft es ging mit einer einfachen Kinderlotion eincremen. Das tat ich zwar ganz gewissenhaft, aber nach ungefähr zwei Wochen hatte ich trotzdem noch ein ungutes Gefühl. Ich ging daher nochmals zu Dr. Bergmann, und er versicherte mir, dass die Krätze weg sei.

Drei Tage später entdeckte ich auf Linas Rücken eine dicke, eitrige Pustel. Außerdem kratzte sie sich wieder mehr. Dr. Bergmann zuckte zusammen, als er mich und Lina sah. Für ihn war es schon schlimm genug, dass mein Kind vertauscht worden war. Dass wir auch noch die Krätze hatten, nahm ihn sichtlich mit. Kaum hatte ich mich hingesetzt, fing ich an zu heulen. »Ich hab das Gefühl, sie hat neue Pusteln bekommen und es ist nicht weg.«

Er versuchte mich zu trösten. »Wir kriegen das in den Griff. Das ist alles nicht so schlimm.«

Dann schaute er sich Linas Rücken an und sagte schließlich: »Sie haben leider recht. Es ist wirklich wieder da. Irgendwo müssen Milben überlebt haben.«

»Ich kann nicht mehr! Und jetzt muss ich auch noch diesen Mist da wegbekommen«, jammerte ich.

Dr. Bergmann sagte, er müsse nun überlegen, was zu tun sei. Dafür ging er für einen Moment hinaus. Als er zurückkam, verkündete er, dass er mit Prof. Holtz von der Uniklinik Homburg gesprochen habe und dass dieser meinte, Lina müsse ab morgen stationär behandelt werden, mit einem ganz speziellen Mittel. Auch Yara müsse ins Krankenhaus und prophylaktisch mitbehandelt werden. »Die Behandlung durchzuführen, ist gefährlich, da dieses Mittel starke Nebenwirkungen hat und es unter anderem zu neurologischen Schäden kommen kann.«

Ich war fix und fertig. Starke Nebenwirkungen, Schäden? Und schon wieder ins Krankenhaus! Das konnte doch alles nicht wahr sein!

Nun ging die ganze Wascherei von allen Bettdecken, Kleidern und Kuscheltieren wieder von vorne los. Hemmungslos griff ich zum Telefon. Ich rief meine Mutter, Theodora, Ricarda, Nora, Paula, meine Nachbarin und die Haushaltshilfe an. Alle erklärten sich bereit, mir beim Waschen zu helfen – bis auf Ricarda. Ihre Tochter Janne hatte sich bei Lina angesteckt. Sie musste nun selbst diese eklige Krätze irgendwie ausgerottet bekommen. Normalerweise hätte ich ein schlechtes Gewissen gehabt, aber noch nicht einmal dafür hatte ich gerade Kapazitäten.

Mir war klar, dass wir in der kommenden Zeit ziemlich isoliert leben müssten, da sich keiner trauen würde, uns zu besuchen. Wer will schon freiwillig die Krätze bekommen? Auch Yara musste unter Quarantäne und durfte nicht mehr in den Kindergarten. Zu Vanessa sagte ich, dass wir uns nicht sehen könnten, da ich auf keinen Fall wollte, dass wir uns gegenseitig erneut ansteckten. Ich gab ihr sicherheitshalber noch den Namen des Medikamentes durch, das sie und Leni nehmen sollten, um auch ihrer Krätze gänzlich den Garaus zu machen.

Unsere soziale Isolation war eigentlich nicht schlimm, aber für mich war sie die Spitze des Eisberges. Das hatte auch damit etwas zu tun, dass Ralf und ich in der Zeit eine schwierige Phase miteinander durchmachten. Ich hatte das Gefühl, dass unsere Welten immer mehr auseinanderdrifteten. Wir lebten nur noch nebeneinander her. Ich konnte mit ihm nicht richtig über meine Gefühle reden, und er machte wie immer alles mit sich selbst aus. Er lebte so weiter, als sei nichts gewesen. Ich fühlte mich einfach nur unverstanden. Ich hätte mir gewünscht, dass er mal vorschlägt, zusammen ins Kino oder essen zu gehen. Nur wir zwei. Obwohl er oft für uns kochte und mir abnahm, was er mir abnehmen konnte, fühlte ich mich überfordert und hätte mir daher von ihm noch mehr Unterstützung im Haushalt und mit den Kindern gewünscht. Natürlich ging das nicht, er musste ja arbeiten. In der wenigen Zeit, in der wir uns sahen, stritten wir uns meistens. Ich nörgelte ständig an ihm herum, nichts konnte er mir recht machen, egal, was es war – bis hin zu seiner Karottensuppe, die ich nicht mochte. Meine Dauernörgelei verletzte ihn und machte ihn wütend.

Ich rief meine Mutter an, um mich bei ihr auszuheulen. Seit Wochen war sie für ihre beiden Töchter der Fels in der Brandung. »Das ist alles zu viel für mich! Ich kann nicht mehr«, klagte ich.

Doch meine Mutter reagierte anders, als ich es erwartet hatte. »Denk nur mal an deine Schwester und an Ann-Kathrin – die sind viel schlimmer dran als ihr.«

Sie hatte ja völlig recht damit. Trotzdem – es ging auch mir schlecht! Und ich fand, dass es mir durchaus mal zustand, mich ganz unten zu fühlen, ganz egal, wer was im Vergleich zu mir durchmachen musste.

»Das ist mir schon klar«, antwortete ich trotzig.

»Das mit der Krätze geht vorbei. Das ist nicht so schlimm«, meinte sie dann noch.

Ich hatte es so satt, dass unsere Familie immer stark sein musste. Ich fragte mich, wozu und für wen? Und warum sollte ich mir selbst und den anderen etwas vormachen? Ich fühlte mich einfach schwach und wollte das nicht länger unterdrücken müssen. Ich wusste aber auch, dass es nichts bringen würde, mich auf ein Streitgespräch mit meiner Mutter einzulassen. Also beendete ich das Telefonat lieber und weinte noch eine Zeit lang wütend vor mich hin.

Ich vereinbarte mit Ralf, dass er die Nächte im Krankenhaus verbringen sollte, weil ich zu Hause alles waschen musste. Vom Waschen hatte er nämlich keine Ahnung. Am Ende würden noch ein paar Milben überleben, nur, weil er falsch wusch. Das Risiko war mir zu groß.

Die Schwestern und Pfleger der Uniklinik Homburg waren sehr freundlich zu uns. Aber im Vergleich zur Klinik machte hier keiner Kratzfüßchen. Es hatte eben niemand ein schlechtes Gewissen uns gegenüber. Beim Eincremen half uns immer ein junger Pfleger. Wir mussten

Lina festhalten, damit sie die Salbe nicht an ihre Finger bekam und ableckte. Auf keinen Fall durfte das Mittel an ihre Schleimhäute gelangen. Das war das Allerwichtigste. Deswegen wurde sie am ganzen Körper mit Verbänden und Kleidern bedeckt. Glücklicherweise schlug die Therapie schnell an, und ihr Juckreiz ließ nach.

Irgendwann fiel mir allerdings auf, was wir bislang vergessen hatten. »Was ist denn eigentlich mit ihrem Kopf? Da hat sie doch auch Milben«, fragte ich den Pfleger.

Er blickte mich mit großen Augen an. »Das geht nicht. Wir können doch nicht den Kopf mit diesem Mittel einreiben. Das ist viel zu gefährlich!«

»Aber die Milben müssen doch ganz weg! Sonst steigen sie vom Kopf abwärts, und dann geht das Ganze wieder von vorne los.«

Der Pfleger ging nachfragen. Als er zurückkam, meinte er: »Aber nur ganz, ganz dünn!«

Vorsichtig rieben wir Lina mit diesem Teufelszeug ein und legten ihr anschließend einen Kopfverband an. Wie eine kleine Mumie sah sie aus. Damit sie besser einschlafen konnte, hingen wir dunkle Vorhänge an die Fenster und bauten ein Zelt aus Bettlaken über ihr Gitterbettchen. Dennoch weigerte sie sich, einen Mittagsschlaf zu halten, obwohl sie ihn bitter nötig gehabt hätte. Sie war so vorwitzig, wollte auf keinen Fall etwas verpassen. Daher lugte sie immer wieder aus ihrem Zelt hervor. Erst kamen ein paar Fingerchen zum Vorschein, dann stieß der Kopf hervor. »Lina, nun leg dich hin«, versuchten wir sie vergeblich zu überzeugen.

Vier Tage lang mussten Lina und Yara in Quarantäne bleiben. Auch für Ralf war es eine extrem anstrengende Zeit. Er konnte nachts kaum schlafen und musste den ganzen Tag arbeiten. Am letzten Tag bat er mich, die Nacht im Krankenhaus zu übernehmen. Er war am Ende seiner Kräfte.

»Hoffentlich müssen wir uns nicht wieder sehen«, sagte ich bei der Entlassung zu dem zuständigen Arzt. »Nein, das ist jetzt durch. Bei diesem Mittel können Sie davon ausgehen, dass alles abgetötet ist.«

Er meinte, dass die Ekzeme nun richtig aufblühen würden und gab mir eine Lotion mit. Tatsächlich wurden die Ekzeme so heftig, dass ich mir einbildete, die Milben seien noch nicht ganz weg. Ich merkte, wie ich mich schon wieder in eine Panik hineinsteigerte – wollte das denn niemals aufhören?

Bei der Nachkontrolle versicherte Dr. Bergmann, dass ich mir keine Gedanken mehr machen müsse.

»Und was ist, wenn es wiederkommt?«, fragte ich ihn.

»Da brauchen Sie jetzt gar nicht drüber nachzudenken. Ein zweites Mal macht man diese Behandlung nicht!«

KAPITEL 37

*E*igentlich hatte ich nicht das Gefühl, dass ich eine Therapie bräuchte, um das Erlebte zu verarbeiten. Ich befürchtete jedoch, dass vielleicht Spuren zurückbleiben könnten, wenn ich alles nur mit mir selbst ausmachen würde. Ich wusste ja nicht, welche meiner Reaktionen normal sein würden und welche nicht, und ob ich vielleicht unbewusst etwas auf meine Kinder übertragen würde. Wieder einmal flackerte eine Horrorvorstellung in mir auf: Die ganze Zeit glaube ich, alles sei bestens. Doch nach einigen Jahren bin ich dann ein Wrack und meine Kinder hochgradig gestört.

Diesem Horrorszenario wollte ich ganz pragmatisch vorbauen. Ich rief Michael an und erzählte ihm von meinem Vorhaben, eine Therapie anzufangen.

»Es gibt einige Therapeuten, die dir bestimmt gut helfen können. Ich kann mir vorstellen, dass du mit Dr. Maria Leifert gut klarkommen würdest. Sie arbeitet in einem Zentrum für Psychosomatik.«

Schon nach wenigen Tagen bekam ich einen Termin für eine sogenannte probatorische Sitzung. Als ich die Psychosomatische Klinik betrat, war mein erster Gedanke: »Warum muss ich hier hin?« Ich bildete mir ein, überall Psychopathen zu sehen – Leute mit irren Blicken, und es hätte mich nicht gewundert, wenn mich jemand von hinten angefallen hätte. Ich fühlte mich sehr unwohl und fehl am Platz. Aber natürlich waren es so Leute wie du und ich. Sicherlich hatte niemand das erlebt, was ich erlebt hatte. Aber keiner war mehr oder weniger verrückt als ich. Es waren – wie so oft – nur meine Angstfantasien, die mit mir durchgingen. Doch genau aus diesem Grund war ich ja hier.

Endlich wurde ich aufgerufen. Ich sah Frau Leifert und mochte sie sofort. Ich schätzte sie auf Anfang bis Mitte vierzig, eine hübsche Frau. Kaum saß ich, liefen mir auch schon die Tränen.

Sie ist eine, die mich verstehen wird. Sie ist mein Anker, dachte ich. *Und hier geht es endlich mal nur um mich.*

Jetzt, wo ich bereit war, alles, was in mir hochkam, auch anzuschauen, spürte ich, wie ausgebrannt ich war – auch psychisch, nicht nur physisch.

»Erzählen Sie mal«, sagte Frau Leifert mit einem sanften Lächeln.

Ich hatte überhaupt keine Hemmungen, ihr von meinen Gefühlen zu erzählen. »Ich weiß gar nicht, wo ich anfangen soll«, sagte ich unter Schluchzen.

Schließlich erzählte ich meine ganze Geschichte in Kurzfassung. Außerdem versuchte ich ihr zu erklären, dass ich von einem auf den anderen Tag ein völlig anderer Mensch geworden war – überängstlich und verwundbar – und dass ich mir meine alte Unerschrockenheit zurückwünschen würde.

»Da haben wir ja viel Stoff zum Arbeiten«, sagte sie am Ende der Zeit. Ich war sicherlich die Erste und höchstwahrscheinlich auch die Einzige, die sie therapieren würde, der so etwas passiert war. Ich bin bestimmt ein spannender Fall, dachte ich insgeheim.

Die Bestätigung bekam ich prompt. »Wenn Sie wollen, dass wir zusammenarbeiten, kann ich Ihnen anbieten, dass wir nach Ihrer Kur direkt starten.«

Ohne noch einmal darüber nachzudenken, sagte ich ihr sofort zu. Allein schon diese Sitzung hatte mir sehr gutgetan.

Als ich auf die Straße hinaustrat, war ich in bester Laune und so froh, dass ich diesen Schritt gewagt hatte.

Jetzt wird alles gut – auch meine Ängste, sagte mir meine innere Stimme.

KAPITEL 38

*E*s war die letzte Sitzung in Homburg, zu der wir alle erschienen.

»Vanessa, wie sind mittlerweile deine Gefühle zu Lilli und Lina verteilt?«, fragte Prof. von Rhein.

»Neunzig zu zehn. Genau umgekehrt zu den letzten Wochen«, antwortete Vanessa, und ein kleines bisschen Stolz klang mit.

Sie sagte, dass sie nun einen ganz normalen Alltag mit Lilli hätte, fast so wie mit Angelina früher, und dass sie nicht mehr so oft an sie denken müsse. Sie erzählte auch, dass sie sich auch wieder mit ihren Freunden treffe und freitagabends immer ausgehen dürfe. Prof. von Rhein bestärkte Vanessa, indem er sagte, dass es auch wichtig sei, dass sie nicht nur Mutter ist, sondern, wie alle anderen Jugendlichen auch, etwas erleben müsse. Auch ich war erleichtert, dass es Vanessa nun viel besser ging mit der ganzen Situation. Sie wirkte stabil und lebensfroh.

Prof. von Rhein erkundigte sich auch nach unseren Kindern. Ich erzählte, dass Lina gerade fremdelte und auch oft quengelte. Und dass sie viel mehr fordere als Leni und genau wisse, was sie wolle.

»Lilli ist jetzt lebhafter und manchmal auch kratzbürstig«, gab Vanessa zur Antwort.

Während wir uns unterhielten, küsste und umarmte Yara Lilli pausenlos. Diese schaute ihre »Exschwester« nur mit großen Augen an, nach manchen Küsschen lächelte sie auch. Yara sagte immer noch »Leni« zu ihr. Einmal nannte sie sie sogar »Lini«, so verwirrt war sie. Wir verbesserten sie, dass die Kleine doch nun »Lilli« heiße. So ging das einige Male, bis Yara schließlich verkündete, sie würde Lilli ab jetzt nur noch »Marie« nennen. Wir mussten alle lachen. Lina indes öffnete langsam, aber mit Erfolg die Schnürsenkel von Prof. von Rheins Schuh und steckte sie in den Mund. Yara hing irgendwann an Vanessa, betatschte sie überall. In diesem ganzen Tohuwabohu erzählte ich, dass ich nun eine Therapie beginnen würde. Prof. von Rhein fragte Vanessa, ob sie sich das auch vorstellen könne.

»Es geht mir gut. Vor drei Wochen hätte ich das schon eher gemacht. Aber jetzt brauche ich das nicht mehr«, antwortete sie gelassen.

Prof. von Rhein sprach seine Bewunderung für Vanessa aus, wie sie das so alles mache und dabei immer so ruhig bleibe. Schließlich ging er mit ihr für ein Gespräch unter zwei Augen in einen anderen Raum. Ich nutzte die Gelegenheit, um *meine Leni* zu umarmen und zu küssen. »Sie ist echt süß«, stellte Yara fest, »und gar nicht so schwer.«

Ralf holte die Kamera und knipste drauflos.

Als wir mit dem Einzelgespräch an der Reihe waren, erzählten wir Prof. von Rhein, dass im ganzen Alltagsgeschehen kaum mehr Zeit bliebe, sich zu treffen, und dass Vanessa auch eher schwer zu erreichen sei. »Wir haben nun beschlossen, weniger von unserer Seite aus zu machen. Jetzt muss mal etwas von ihr kommen.«

»Ich finde es gut, dass Sie Vanessa etwas Zeit lassen wollen, damit sie selbst mal aktiv wird.« Dann fragte er mich, ob ich mir Sorgen um Lilli machen oder mich nach ihr sehnen würde.

»Ich hätte gedacht, dass ich sie mehr vermissen würde,

aber das ist gar nicht der Fall. Ich habe eher ein Problem damit, dass ich das halbe Jahr mit Lina verpasst habe.« Und schon kamen mir die Tränen.

Prof. von Rhein fragte Ralf, ob es ihm auch so ginge. »Weniger. Es ist nur etwas schwierig, sich von heute auf morgen umzugewöhnen. Die Unterschiede der Kinder sind wirklich groß.«

Prof. von Rhein versuchte mich zu trösten. »Es braucht eben alles seine Zeit.«

Doch meine Trauer um das verlorene halbe Jahr wurde immer größer. Ich fand es auch schlimm, dass es keine Fotos von Lina als Baby gab, bis auf die zwei, die Vanessa mir kopiert hatte. Es war wie eine Leerstelle, ein schwarzes Loch. Aus diesem Gefühl heraus entwickelte ich plötzlich den starken Wunsch, noch ein Kind zu bekommen. Ein Kind, mit dem ich von Anfang bis Ende komplett zusammen sein könnte. Ein Kind, das ich stillen und darüber die innige gemeinsame Nähe spüren und genießen konnte. Natürlich war mir klar, dass der jetzige Zeitpunkt für eine erneute Schwangerschaft völlig abwegig war, allein schon wegen meiner Kaiserschnittnarbe. Aber vor allem war es unvorstellbar in Bezug auf die nervliche Belastung. Ich hatte mich noch lange nicht erholt. Dennoch erzählte ich Ralf von meinem Wunsch.

»Jetzt geht es wirklich nicht. Aber vielleicht zu einem späteren Zeitpunkt«, tröstete er mich.

Einem dritten Kind gegenüber war er noch nie abgeneigt gewesen, allein schon, weil er selbst mit zwei Geschwistern groß geworden war und das sehr genossen hatte. Mein Wunsch kam wieder und wieder hoch.

Letztendlich aber wichen meine Emotionalität und mein Wunsch dem schonungslosen Alltag. Lina fing bald an zu krabbeln. Sie ging ständig auf Entdeckungsreise. Man musste alles vor ihr in Sicherheit bringen und sie immer im Auge behalten. Yara fing mit ihren ersten Hobbys an und verabredete sich nachmittags mit ihren Freundinnen zum Spielen. Ich musste sie ständig durch die Gegend fahren und Termine einhalten. Ich war mit meinen beiden Kindern und mit dem ganzen Haushalt komplett ausgelastet, und das Thema »drittes Kind« erledigte sich daher von selbst.

KAPITEL 39

*I*rgendwann kam mir die Idee, dass doch Ann-Kathrin noch zusätzlich Linas Patentante werden könnte. Vielleicht würde ihr das Mut machen und sie hätte noch einen Grund mehr, um für ihr Leben zu kämpfen. Ich fragte meine Schwester, und auch sie hielt dies für eine gute Idee.

Es dauerte etwas, bis ich mir eingestand, dass ich den Kontakt zu Vanessa eigentlich gar nicht mehr wollte. Sie meldete sich nicht mehr, auch nicht auf die Nachrichten, die Ralf auf ihrer Mailbox hinterließ. Dass wir ständig die Initiative ergreifen sollten – dazu war ich einfach nicht mehr bereit. Und ein neues Gefühl, das sich ehrlich und richtig anfühlte, nahm immer mehr Raum ein: Ich wollte Vanessa nicht mehr als Patentante von Lina haben. Ich wollte keine Patin, die nur an Geburtstagen ihre Pflicht erfüllen würde. Lina sollte eine Patin haben, die sich wirklich engagierte. Eine, mit der wir am Wochenende gern Zeit verbringen würden und die mit der ganzen Familie verbunden wäre. Das Amt eines Paten war für mich gleichbedeutend mit Nähe. Aber Nähe empfand ich einfach nicht zu Vanessa – nicht, weil ich sie nicht mochte, sondern weil wir einfach nicht zusammenpassten. Und sie schien ja auch diese Nähe nicht zu suchen. So war ich mir auf einmal sicher, dass der Kontakt mit ihr zu nichts führen würde und bildete mir ein, dass eine »Kündigung« der Patenschaft in beiderseitigem Einverständnis sein würde. Ich überlegte, was ich machen sollte, und schrieb ihr schließlich einen Brief.

Saarwellingen, den 25. März 2008

Hallo Vanessa!

Obwohl Du nichts von Dir hören lässt, hoffe ich, dass es Euch allen trotzdem gut geht und dass Ihr gesund seid. Uns geht es gut, obwohl ich mir in der letzten Zeit über viele Dinge fast den Kopf zerbreche. Wie Du weißt, bin ich mittlerweile in psychologischer Behandlung, mit deren Hilfe ich es schaffen will, nach und nach Dinge, die mich belasten, zu verarbeiten. Deshalb wähle ich jetzt auch diesen Weg, mich Dir mitzuteilen, weil wir ansonsten niemals zum Reden kommen. Viele Dinge, die ich Dir sagen möchte, wirst Du vermutlich nicht verstehen, vielleicht eher in ein paar Jahren, vielleicht aber auch nie. Falls doch, umso besser.

Ich bin im Moment ein bisschen auf dem Ego-Trip, d. h. ich fange an, auch mal an mich zu denken. Ich habe mich in den letzten Wochen und Monaten sehr zurückgenommen, habe alle meine Wünsche und Bedürfnisse hinten angestellt. Ich habe nur an die Kinder, Ralf und an Dich und Deine Familie gedacht. Das war auch vollkommen okay so, denn wenn ich gemerkt habe, dass es Dir besser geht, ging es mir auch besser. Aber jetzt bin ich an einem Punkt angelangt, an dem ich nicht mehr die Initiative ergreifen möchte. Ich möchte mich auch einfach mal wieder gutfühlen. Erstaunlicherweise komme ich sehr gut damit klar, Lilli nicht mehr zu sehen. Ich bin von Natur aus ein sehr rational und realistisch denkender Mensch, obwohl ich in den letzten Monaten auch sehr emotional war. Aber so langsam kommt wieder das Rationale durch. Und sei mir jetzt bitte nicht böse, aber ich denke, wenn wir einfach nur realistisch sind, sollten wir uns eingestehen, dass es in Zukunft keine freundschaftliche Verbindung zwischen unseren

Familien geben kann. Wenn man ehrlich ist, war es bis jetzt doch eher eine Verbindung aufgrund gemeinsamer Verzweiflung. Ich habe am Anfang auch gedacht, dass alles anders laufen würde, habe mir alles schön ausgemalt so mit Patchwork usw. Aber die letzten Wochen haben mir klargemacht, dass es nicht funktioniert. Wir sind einfach zu unterschiedlich. Allein der Altersunterschied stellt schon ein Riesenproblem dar. Ich hatte das Gefühl, Dich ständig bemuttern zu müssen, wollte Dir aber auch nicht auf den Schlips treten.

Es hört sich jetzt hart an, und wahrscheinlich denkst Du jetzt auch, wie blöd ich bin, aber ich bin kein bisschen traurig über die momentane Situation. Ich glaube vielmehr, dass es ein ganz normaler Verlauf ist, an dessen Ende die Zeit alle Wunden geheilt hat. Ich habe das Gefühl, dass jeder Kontakt zwischen uns erzwungen ist, und ich will einfach nichts mehr erzwingen. Ich denke, dass sich niemand von uns in der Gegenwart des anderen wirklich wohlfühlt. Meiner Meinung nach ist es besser, einfach alles laufen zu lassen. Aber wenn ich ehrlich bin, denke ich, dass es im Sande verlaufen wird. Wir haben es die ersten Wochen nach dem Tausch nicht geschafft, wie sollen wir es dann die nächsten Monate oder sogar darüber hinaus schaffen? Deshalb halte ich auch eine Patenschaft nicht mehr für sinnvoll. Da war ich anfangs in meiner Emotionalität vielleicht zu euphorisch. Das war wohl meine Schuld. Aber beim jetzigen Stand der Dinge kann ich mir eine Patenschaft nicht mehr vorstellen. Unsere Kinder sehen ihre Paten zwei bis drei Mal in der Woche, treffen sich auch mit ihnen in der Kirche. Darin liegt ja auch der eigentliche Sinn der Paten, die Kinder im christlichen Glauben mitzuerziehen. Wie soll das mit uns funktionieren? Ich habe auch meine

Erfahrungen mit Paten gemacht. Sie existieren nur noch auf dem Papier, und ich möchte nicht, dass das bei meinen Kindern auch so ist, denn ich weiß noch ganz genau, wie schlimm das für mich war.

Wir haben uns entschlossen, meine kranke Nichte zwecks Patenschaft zu fragen. Es war mir eine Herzensangelegenheit, denn ich weiß, wie viel ihr das bedeutet. Sie steht mir sehr nahe, und ich wollte ihr damit zeigen, wie lieb ich sie hab und dass wir ganz fest daran glauben, dass sie wieder ganz gesund wird. Sie braucht leider eine Knochenmarktransplantation, aber wir hoffen trotzdem, dass alles gutgeht.

Ich hoffe, Du hast ein bisschen Verständnis für unsere Entscheidung. Ich wünsche mir, dass Du nicht allzu böse bist, obwohl ich auch das wiederum verstehen würde. Du sollst wissen, dass ich trotz allem immer noch den größten Respekt vor Dir habe und den Hut vor Dir ziehe, wie Du mit all dem Mist, den Du schon erlebt hast, umgegangen bist.

Wenn Du Lina sehen möchtest oder wissen möchtest, was sie macht oder wie es ihr geht, kannst Du natürlich jederzeit vorbeikommen oder anrufen. Warte aber nicht auf mich, denn ich weiß nicht, ob und wie ich mich in Zukunft noch einbringen kann.

Ich wünsche Dir für Deine Zukunft nur das Allerbeste, ganz viel Glück mit Lilli und dass alle Deine Wünsche in Erfüllung gehen.

Liebe Grüße auch an Deine Familie. Ich drücke Dich ganz fest. Gib der Kleinen einen dicken Kuss. Sie wird immer einen Platz in meinem Herzen haben.

Alles Liebe
Jeannine

Es war das allererste Mal, dass ich jemandem derart meine Gefühle darlegte. Nachdem ich den Brief abgeschickt hatte, fragte ich mich, ob ich nicht diplomatischer hätte sein sollen. Zumindest hätte ich von Angesicht zu Angesicht mit ihr reden können.

Wenige Tage später bekam ich eine trotzige SMS von Vanessa. Sie hätte sich nicht gemeldet, weil es ihr nicht gut gegangen sei. Es sei sehr schade, dass sie nicht mehr Linas Patentante sein dürfe. Ich hätte es wohl dabei belassen – doch es war Ralf, der die Sache nun bereinigen wollte. »Nein, so geht das auch nicht, mit einer kurzen SMS. Da müssen wir jetzt richtig drüber reden!«

Er rief sie an, und sie weinte und rechtfertigte sich, warum sie sich nicht gemeldet hatte. Sie hätte viele Probleme gehabt, mit Lilli klarzukommen. Ralf wiederum rechtfertigte mein Verhalten.

»Du musst uns auch verstehen. Du hast dich einfach überhaupt nicht mehr gemeldet – es kann ja nicht immer nur von uns ausgehen. Woher sollten wir denn wissen, dass es dir noch immer schlecht ging? Außerdem hat Jeannine keine guten Erfahrungen mit ihren Paten gemacht. Für uns ist das kein Amt, das man nur auf dem Papier erfüllt.«

Nach diesem Gespräch waren die Wogen wieder etwas geglättet.

Zu Ostern schrieb ich dann Ann-Kathrin eine Karte und überreichte sie ihr persönlich.

Liebe Ann-Kathrin!
Willst Du gerne meine Patentante sein? Ich würde mich sehr freuen! Meine Mama, mein Papa und Yara wären auch sehr froh. Wir haben dich alle lieb! Frohe Ostern wünscht dir deine Lina.

Gespannt sah ich dabei zu, wie Ann-Kathrin las. Ihre Augen begannen zu strahlen, und dann blickte sie mich ungläubig an: »Ich darf Patentante werden?«

Ich nickte.

»Ja, das will ich!«, antwortete sie ganz stolz und freute sich riesig.

Und ich hatte das Gefühl, dass ich richtig entschieden und gehandelt hatte.

KAPITEL 40

*I*ch fieberte dem Tag entgegen, an dem wir endlich zu unserer dreiwöchigen Familienkur fuhren. Linas Ekzeme waren immer noch nicht ganz weg, was mich nach wie vor beunruhigte – sehr sogar, denn ich hatte Angst, dass alles wieder von vorne losgehen und die Kur womöglich deshalb ins Wasser fallen könnte.

Als wir nach einer ziemlich anstrengenden zwölfstündigen Autofahrt mit einer sich vor Reiseübelkeit erbrechenden Lina an der Nordsee, in der Nähe von Husum, endlich ankamen, wurden wir für alle Anstrengungen belohnt: Uns erwartete ein wunderschönes, am Wattenmeer gelegenes Kurhaus. Unser Apartment war großzügig und hell, mit zwei Schlafzimmern, und die Sonne lachte für uns!

Als Erstes mussten wir zur Aufnahmeuntersuchung. Der Arzt saß vor uns und las unseren Antrag. Zunächst leise, dann immer lauter. »... im Zuge einer Vertauschung bei der Geburt ...«

Er stoppte. »Moment! Das muss ich jetzt noch mal von vorne lesen.«

Wieder las er den Abschnitt laut vor. »Vertauschung bei der Geburt? Also Sie haben das Kind vertauscht?«

Ralf und ich mussten lachen. »Nein, nicht ich habe das Kind vertauscht. Mein Kind wurde im Krankenhaus vertauscht – zwei Tage nach der Geburt.«

Wie die meisten Leute, die von unserer Geschichte erfuhren, stammelte er erst einmal nur fassungslos »O Gott! O Gott!«

Als er sich wieder etwas gefangen hatte, fragte er, wie man denn Babys vertauschen könne. Was das denn für Leute seien, denen ein derartiger Fehler passiere? So etwas könne er einfach nicht begreifen. Dabei wurde er immer emotionaler, bis ich versuchte, ihn mit dem Argument zu bremsen, dass wir ja jetzt hier seien, um uns davon zu erholen.

Daraufhin meinte er entschieden: »Das werden Sie auch. Wir machen alles für Sie, wir werden Sie nach Strich und Faden verwöhnen. Überlegen Sie doch mal, was gut für Sie wäre.«

Dann nahm er ein Blatt und las alle Anwendungen vor, die sie im Angebot hatten. »Massagen?«

Bis zu diesem Zeitpunkt hatte ich noch keine einzige Massage in meinem Leben bekommen. Ich hatte bis dato auch noch nie Verspannungen gehabt. Ich nickte einfach mal, es konnte ja nichts schaden. Dann nahm ich noch Öl- und Solebäder und fand es klasse, dass auch Vorträge über Neurodermitis angeboten wurden. Zusammen mit Ralf plante ich, an der Rückenschule teilzunehmen und auch die Progressive Muskelrelaxation und die Aquagymnastik zu besuchen. Zwei Mal pro Woche Einzeltherapie-Gespräche und Gruppentherapien waren ein weiterer und obligatorischer Teil der Kur.

Als der Arzt allerdings Lina untersuchte und ich ihm von der Krätze erzählte, war er plötzlich nicht mehr ganz so freundlich. Ich erklärte ihm, dass Linas Ausschläge nur noch Restreaktionen auf die Krätze seien.

»Das müssen wir aber jetzt im Auge behalten«, sagte er streng. »Wenn Ihr Kind nämlich die Krätze hat, dann dürfen Sie gar nicht hier sein. Wenn Sie nur den geringsten

Verdacht haben, dass die Krätze noch akut ist, dann müssen Sie wieder nach Hause fahren.«

Am Ende gab er uns noch eine Salbe mit. Als wir draußen waren, meinte Ralf, dass ich wieder einmal zu viel erzählt und damit nur schlafende Hunde geweckt hätte. Zähneknirschend gab ich ihm recht.

Wenn wir vormittags unsere Anwendungen hatten, kamen die Kinder in eine Betreuung. Ich dachte, Yara würde sich dort superwohl fühlen, weil die Angebote so toll waren und weil es viel mehr Erzieher für eine viel kleinere Gruppe als in ihrem Kindergarten bei uns zu Hause gab. Sie machten jeden Tag Ausflüge in den Wald und bastelten viel. Doch Yara teilte meine Begeisterung nicht. Sie fand keinen richtigen Anschluss in der Gruppe und weinte jedes Mal bei der Übergabe. Aber Ralf und ich entschieden gemeinsam, dass Yara da jetzt durchmüsse. Wir brauchten jeder unbedingt auch mal Ruhe und Zeit für sich selbst. Sowohl meine als auch Ralfs Akkus waren längst leer und mussten wieder aufgeladen werden. Wir vereinbarten, dass wir Yara nie länger als notwendig in der Betreuung lassen würden. Wenn Ralf und ich der Kindergartengruppe beim Spazieren im Wald zufällig begegneten, versteckten wir uns schnell hinter einem Baum, damit sie uns nicht sehen konnte, und kicherten dann wie zwei Schulkinder, die einen Streich spielen.

Bei Lina war es wie nach dem Tausch: Die ersten drei Tage bei der Eingewöhnung in ihrer Krabbelgruppe schrie sie wie verrückt, danach gefiel es ihr, und sie spielte leidenschaftlich mit allen Sachen.

Als ich meine erste Massage bekam, dachte ich, ich sei im Himmel. Allein schon deswegen hatte sich die Kur gelohnt. Aber auch der Entspannungskurs wirkte Wunder.

Es war das erste Mal, dass ich mich auf so etwas einlassen konnte, und es funktionierte wunderbar.

Ich genoss es so sehr, dass wir endlich Zeit im Überfluss für uns selbst und für uns als Familie hatten. Wir bastelten, schrieben Einladungen für Yaras vierten Geburtstag, spielten Brettspiele, verbrachten Stunden auf Spielplätzen und unternahmen am Wochenende Ausflüge. Lina erkundete neugierig die Welt und konnte sich wunderbar mit sich selbst beschäftigen.

Auch für Ralf und mich war es eine heilsame Zeit. Wir fanden uns endlich als Paar wieder. Allein schon, weil wir wieder einmal etwas zusammen machten, das nicht nur mit den Kindern zu tun hatte. Auch wenn es nur ein gemeinsamer Spaziergang war, gab es uns doch das Gefühl, dass wir nicht nur Eltern, sondern auch noch Mann und Frau waren. In all den Monaten davor war dieses Gefühl verloren gegangen, und jetzt, wo wir wieder enger zusammenrückten, merkten wir beide, wie sehr uns das gefehlt hatte.

Doch etwa nach der Halbzeit fing Ralf an, sich zu langweilen. Er beschäftigte sich immer häufiger mit seinem Laptop und ging fast jeden Abend in den Gemeinschaftsraum zum Fernsehen. Im Gegensatz zu mir konnte er diese absolute Ruhe nicht mehr genießen. Ich fand es nach wie vor klasse, mich einfach nur hinzusetzen und das Essen serviert zu bekommen. Und noch besser fand ich es, nichts wegräumen, spülen oder putzen zu müssen. Für mich hätte das noch ewig so weitergehen können. Für Ralf jedoch wurde der Aufenthalt immer mehr zu einer Qual.

Am schlimmsten fand er die Therapiestunden. Die für uns zuständige Psychologin wäre auch für mich keine gewesen, bei der ich eine Langzeittherapie hätte machen wollen. Sie war das Gegenteil von meiner Frau Leifert – steif und konservativ, mit Mappe und Kostümchen. Trotzdem taten die Gespräche mit ihr gut, und ich musste auch bei ihr weinen.

Am Ende meiner ersten Sitzung hatte ich das Gefühl, sie auf ihren nächsten Klienten, nämlich auf meinen Mann, vorbereiten zu müssen. Sie tat mir richtig leid bei der Vorstellung, wie Ralf sie auflaufen lassen würde.

»Wenn jetzt mein Mann kommt, dann machen Sie sich auf etwas gefasst. Da sind Sie schnell durch«, warnte ich sie also vor.

»Ach, warten Sie mal ab. Meistens sind die Männer in der Kur ganz anders, als man glaubt«, erwiderte sie selbstsicher.

Als Ralf und ich uns dann die Klinke in die Hand gaben, sagte er, ich solle schon in einer halben Stunde wieder da sein, und nicht wie vorgesehen in einer Stunde. Ich lachte nur und ging auf dem Gelände spazieren. Keine zwanzig Minuten später hörte ich, wie jemand meinen Namen rief. Es war Ralf.

Mit einem verschmitzten Grinsen erzählte er mir, dass er ihr so richtig Paroli gegeben hätte. Er hätte ihr gleich gesagt, dass er kein Psychogespräch nötig hätte.

Ich konnte nur noch den Kopf schütteln.

Nach der dritten Sitzung teilte er ihr dann mit, dass er sich bei ihr unwohl fühle und nicht mehr kommen wolle.

»Also Ihr Mann – so etwas habe ich noch nicht erlebt! Sie hatten wirklich recht. Er ging ja auf gar nichts ein. Ich habe nichts aus ihm herausgekriegt. Komplett verschlossen. Aber trotzdem scheint es ihm gut dabei zu gehen«, erzählte mir die Psychologin.

»Tja, was soll ich sagen? So ist er eben«, antwortete ich schulterzuckend.

»Man kann ja niemanden zwingen«, schlussfolgerte sie und legte Ralf zu den Akten.

Als die Kur dem Ende zuging, fragte ich Ralf, ob wir nicht noch eine Woche verlängern sollten. Ich hatte immer noch keine Lust, wieder nach Hause zu fahren.

»Um Gottes willen! Ich fahre definitiv nach Hause!«, war seine Antwort – Verhandlungen ausgeschlossen.

Schon drei Tage vor unserer Abreise packte er unsere Koffer und überlegte sich, wo wir auf unserer Rückreise essen gehen könnten.

»Brauchst du das noch, oder kann ich das schon mal einpacken?«, fragte er mich andauernd und hielt mir irgendetwas vor die Nase, als ob dadurch die Zeit schneller vergehen würde. Am vorletzten Tag war alles gepackt.

Und da wurde Lina wieder einmal krank. Sie bekam hohes Fieber und heftigen Husten. Das war für Ralf, der mittlerweile schon die Minuten zählte, die Gelegenheit. »Weißt du was? Wir fahren einfach schon früher heim.«

»Das geht nicht so einfach«, entgegnete ich. »Du kannst nicht einfach so eine Kur abbrechen.«

Er bearbeitete mich so lange, bis ich schließlich doch den Arzt fragte, ob wir nicht etwas früher abreisen könnten. Ich erklärte ihm, dass es besser sei, mit der kranken Lina über Nacht zu fahren, damit sie schlafen könne. Der Arzt gab uns seinen Segen, und wir reisten ab.

Als wir dann mitten in der Nacht zu Hause ankamen, empfing uns ein Schild. »Herzlich willkommen! Wir sind froh, dass ihr wieder da seid.« Da konnte auch ich mich freuen, dass wir wieder daheim waren.

Lina wurde schnell wieder gesund, und ihre Ekzeme waren durch die Klimaveränderung komplett verschwunden. Damit war das Thema Krätze ein für alle Mal erledigt und raus aus meinem Kopf. Auch ich fühlte mich bestens erholt und ausgeruht.

Alles wäre gut gewesen, wäre da nicht die bleibende Sorge um Ann-Kathrin gewesen …

KAPITEL 41

*D*ie Kinderonkologen rieten dringend dazu, Ann-Kathrin einer Knochenmarktransplantation zu unterziehen. Bislang wollten Michaela und Martin erst gar nicht daran denken. Denn eine Transplantation bedeutete nicht nur eine große Tortur für Ann-Kathrin und die Auslöschung ihres eigenen Genmaterials sowie Unfruchtbarkeit als Folgeschaden und was sonst noch alles – eine Transplantation bedeutete auch, dass sie sie vielleicht nicht überleben würde. Jeder zehnte Patient stirbt nämlich daran. Doch eine Knochenmarktransplantation senkt die Rückfallquote von Leukämie deutlich. Und ein Rückfall ist das Schlimmste – es bedeutet den sicheren Tod. Sie hatten also nicht wirklich eine Wahl. Ann-Kathrin musste in das Stammzellentransplantationszentrum der Uniklinik Frankfurt, für mindestens zwei Monate.

Zuerst wurde ihr eigenes Knochenmark abgetötet, dann bekam sie die Spende. Wir alle zitterten mit ihr mit, wie ihr Körper das neue Knochenmark annehmen würde. Ich hätte so gern irgendwie geholfen, aber ich konnte ja nichts tun. Das Einzige, was mir einfiel, war eine Kerze anzuzünden. Ich erinnerte mich daran, dass meine Mutter das früher immer gemacht hatte, als eine Art christliches Ritual, wenn ich lange Strecken mit dem Auto gefahren war.

Doch wie es der Teufel so will, wurden Ann-Kathrins Leberwerte immer schlechter und schlechter, und sie bekam schließlich eine Blutvergiftung. Damit sie überleben würde, musste das richtige Medikament gefunden werden. Aber das war wohl nicht so einfach: Ein Mittel nach dem anderen wurde ausprobiert, aber nichts schlug an. Es war ein Wettlauf mit der Zeit.

Ich schwor mir, nie wieder eine Kerze in solchen Situationen anzuzünden, und die vermeintliche Beschützerkerze warf ich sofort weg. Mittlerweile hatte ich nicht mehr das Gefühl, dass Ann-Kathrin es auf jeden Fall schaffen würde, ganz im Gegenteil. Mit großer Wucht brach die ganze Schwere ihres Zustandes, den ich so lange verdrängt hatte, über mich herein. Panik überfiel mich. Ich stellte mir vor, wie es sein würde, wenn Ann-Kathrin sterben würde. Ich versuchte, diese Gedanken zu unterdrücken, aber es gelang mir nicht. Nachts träumte ich sogar von ihrer Beerdigung und wachte weinend auf. Innerlich bereitete ich mich auf das Schlimmste vor. Schon, wenn ich nur auf dem Display die Nummer meiner Mutter sah, zuckte ich zusammen und mir wurde ganz schlecht. Am liebsten hätte ich einfach nicht abgehoben. Irgendwann drehten sich meine Gedanken nur noch um Ann-Kathrin. Auf andere Dinge konnte ich mich kaum noch konzentrieren. Dazu quälte mich mein ständig schlechtes Gewissen meiner Schwester gegenüber. Ich fühlte mich schlecht, weil ich zwei gesunde Kinder hatte. Michaela konnte für Ann-Kathrin nicht einmal kämpfen, sie konnte nur stark für sie sein. Ich hingegen hatte ganz viel Einfluss auf unser Schicksal gehabt und hatte viel tun können. Ich war so unendlich dankbar, dass uns das weniger schlimme Schicksal getroffen hatte, und gleichzeitig schämte ich mich so sehr für diese Gedanken. Von Michaela erfuhr ich, dass Ann-Kathrin, die nach außen immer so stark wirkte, die schlimmsten Todesängste hatte. Sie weinte nächtelang durch. Dann musste meine Schwester sich zu ihr ins Bett legen und sie beruhigen.

Schließlich hieß es, dass es nur noch ein Medikament gäbe, und wenn das nicht anschlagen würde, sähe es schlecht aus. Ann-Kathrins Leben hing also am seidenen Faden, und wir alle waren mit unseren Nerven am Ende.

Aber sie hatte Glück im Unglück: Das Medikament schlug an! Langsam stabilisierte sich ihr Gesamtzustand, und ihr neues Blut fing an zu arbeiten.

Ralf und ich beschlossen, Ann-Kathrin in Frankfurt zu besuchen. Ich bereitete mich innerlich darauf vor, dass sie sicherlich noch schlechter aussah als beim letzten Besuch kurz vor unserer Kur. Doch als ich dann in ihr Zimmer kam, erschrak ich trotzdem. Ihr Gesicht war aufgedunsen, ihr Kopf wirkte überdimensional groß auf ihrem ausgemergelten zarten Körper. Haare hatte sie mittlerweile gar keine mehr. Sie lag im Bett und wimmerte nur. »Ich will nicht! Ich will hier raus, Papa! Du musst mich hier rausholen!«

Es war so bedrückend, dass sich meine Kehle zuschnürte. Ich sagte leise »Hallo!« und blieb erst mal in der Nähe der Tür stehen. Ann-Kathrin nahm mich in ihrem Delirium überhaupt nicht wahr. Es war der blanke Horror. Ich merkte, wie mir die Tränen in die Augen schossen. Doch als ich meine Schwester anschaute, schüttelte sie nur den Kopf und signalisierte mir, dass ich auf keinen Fall losheulen durfte. Daraufhin ging ich raus und versuchte mich zu beruhigen.

Nach einiger Zeit war ich fähig, wieder hineinzugehen. Ann-Kathrin war immer noch zu sehr in ihrer eigenen Welt gefangen, um mich wahrzunehmen. Eine Schwester kam, um ihr Blut abzunehmen. Da begann sie plötzlich um sich zu schlagen und schrie: »Das ist ein Dreckloch hier! Die haben alle kein Gefühl! Wie die stechen! Die müssen doch wissen, dass das wehtut …!«

Michaela und Martin versuchten sie zu beruhigen. Doch meine Schwester gab schnell auf.

Martin wurde lauter.

»Wir lassen das Martin regeln«, sagte Michaela in mein Ohr. »Der ist für solche Momente zuständig. Ich krieg das nicht mehr hin. Mir fehlt mittlerweile die Kraft.«

»Schluss jetzt, Ann-Kathrin! Wir verstehen das alle. Du bist krank – und das ist schlimm. Aber wir machen alles für dich. Und jetzt ist gut!«, schallte Martins Stimme durch das Zimmer.

Ich bewunderte meine Schwester, wie sie das alles aushielt. Ehrlich gesagt hatte ich ihr diese Stärke nicht zugetraut, denn sie war schon als Kind immer viel sensibler als ich und weinte wegen jeder Kleinigkeit. Ich fragte mich, ob ich an ihrer Stelle nicht längst zusammengebrochen wäre. Auf jeden Fall war es gut, dass Ann-Kathrin auch mal ein richtiger Kotzbrocken sein konnte – diese Kraft brauchte sie, um lebend wieder da rauszukommen.

KAPITEL 42

Die Kinder sind weg!«, schrie ich durchs ganze Haus. Jemand war in unser Haus eingebrochen und hatte unsere Kinder entführt. »Die Kinder sind weg! Raaaalf, unsere Kinder!«, schrie ich wieder und wieder.

»Jeannine, aufwachen. Wach auf, Schatz. Du hast nur schlecht geträumt.« Ralf rüttelte an meinen Schultern.

Schweißgebadet setzte ich mich auf. Es war nicht das erste Mal, dass ich diesen Alptraum hatte.

Am Anfang hatte ich mit Frau Leifert noch über die Vertauschung der Babys gesprochen, doch inzwischen ging es immer mehr um meine Ängste. Meine aktuellen Verlustängste konzentrierten sich nicht nur auf meine Nichte, ich hatte auch eine panische Angst, dass meinen eigenen Kindern etwas passieren könnte.

Trotzdem war ich der Meinung, dass es zu siebzig Prozent die Krankheit von Ann-Kathrin und nur zu dreißig Prozent die Vertauschung war, die mich in solche Ängste trieb. Eine Vertauschung wird mir nie wieder passieren. Aber auf Krankheiten, Unfälle, Entführungen oder so etwas Schlimmes hat man ja so gut wie keinen Einfluss.

Bald legte sich jedoch die Angst wie ein dichter schwerer Teppich über mein ganzes Leben, ich bekam sogar psychosomatische Störungen. Zunächst äußerte sich das in Taubheitsgefühlen am ganzen Körper. Ich bildete mir sofort ein, dass ich Multiple Sklerose hätte und rannte von einem Arzt zum anderen. Wenn ich Schmerzen im Rücken verspürte, glaubte ich, einen Tumor zu haben. Wenn mein Bein wehtat, dachte ich gleich an eine Thrombose. Meine Fantasie brannte immer mit mir durch – schließlich konnte ich durch meinen medizinischen Beruf ja aus einem ziemlich großen Fundus an Krankheiten schöpfen. Je ausgelaugter ich war, umso fürchterlicher waren meine Horrorvisionen. Frau Leifert, die ja nicht nur Psychologin, sondern auch Schulmedizinerin ist, wirkte in zweierlei Hinsicht heilsam auf mich ein. Sie erklärte mir die Zusammenhänge von Stress und körperlichen Beschwerden und gab mir viele Tipps, wie zum Beispiel Entspannungsübungen, Ernährungsumstellung, pflanzliche Mittel. Sie half mir, meinen Körper besser zu verstehen, auf seine Warnsignale zu hören und dementsprechend zu handeln.

Wenn ich heulend zur Therapie kam, machte sie Entspannungsübungen oder Rollenspiele mit mir. »Stellen Sie sich vor, die Angst wäre eine Person und sitzt nun vor Ihnen. Wie sieht sie aus?«

Ich stellte mir eine kleine, hässliche Puppe, so wie in *Chucky – Die Mörderpuppe*, vor. Sie quälte mich ganz fürchterlich, piekste und zwickte mich andauernd und überall und hatte dabei dieses fiese Grinsen im Gesicht. Irgendwann konnte ich mich so gut in die Rollen hineinversetzen, dass ich zu meiner imaginären Puppe sagte: »Hau ab, du scheiß Puppe! Geh dahin, wo der Pfeffer wächst. Lass mich einfach nur in Ruhe!«

Aber Frau Leifert half mir auch, indem sie mein Selbstbewusstsein stärkte, mir immer gut zuredete und mich viel lobte. »Im Grunde genommen haben Sie ein sehr starkes Naturell. Es ist Ihr ewig schlechtes Gewissen, diese hausgemachte Sache von Ihrer Mutter, die Sie so beeinträchtigt und in ständige Gewissenskonflikte bringt.«

So war dann irgendwann die Beziehung zu meiner Mutter das Thema Nummer eins. Nach und nach wurden mir meine Verhaltensmuster klar: Ich hatte eigentlich ständig ein schlechtes Gewissen. Das war auch der Grund, warum ich mich damals im Krankenhaus nicht durchsetzen konnte und nicht auf einen Gentest bestanden hatte. In unserer Familie galt stets das Gebot, nicht schwach sein zu dürfen, bloß niemals zu jammern und anderen Leuten nicht zur Last zu fallen. Dafür aber ackern, ackern, ackern und sich für alle verbiegen. In meinem bis dahin dreizehnjährigen Berufsleben hatte ich gerade ein einziges Mal einen Krankenschein gebraucht. Ich hatte eine heftige Erkältung und konnte mich nicht wie sonst, wenn ich krank war, noch irgendwie zur Arbeit schleppen. Meine Mutter mit ihrem Verpflichtungswahn lehrte mich nicht nur, immer brav »ja« zu sagen, wenn mich jemand fragte, ob ich einen Kuchen backen will, sondern zu antworten, dass ich auch gerne gleich zwei Kuchen backen kann. Besonders bei meiner Mutter hatte ich ständig ein mordsschlechtes Gewissen. Rief ich sie mal ein paar Tage nicht an, lud ich meine Eltern nicht so oft ein, wie meine Schwester es tat ... Und meine Mutter schürte das noch, wenn auch unbewusst: »Wenn wir aus dem Urlaub kommen, lädt deine Schwester uns immer zum Essen ein ...«

Frau Leifert meinte, dass ich meiner Mutter Paroli bieten sollte, und ich befolgte ihren Rat. So lernte ich, meiner Mutter Grenzen aufzuzeigen, und sie lernte, meine Grenzen zu respektieren.

Nach und nach wuchs mein Selbstbewusstsein, und ich hörte darauf, was gut für mich war und was nicht. Meine Ängste verschwanden zwar nicht komplett, aber ich lernte, besser mit ihnen umzugehen und sie zu äußern, ohne mich minderwertig zu fühlen.

KAPITEL 43

*E*s war um die Zeit herum, als Lina ungefähr ein Jahr alt war, dass ich endlich eine deutliche Ähnlichkeit zwischen ihr und mir erkennen konnte. Zum Beispiel sahen ihre Finger und Füße genauso aus wie meine, als ich ein Kind war. Auch ihre Locken waren so gekringelt wie meine damals. Wenn ich Yara Fotos von mir als Kind zeigte, glaubte sie, das sei Lina. Nun stand also nicht nur auf dem Papier, dass Lina mein Kind war, jetzt gab es endlich auch den sichtbaren lebendigen Beweis dafür. Das war ein gutes Gefühl.

Linas erster Geburtstag war ein sehr besonderes und emotionales Datum für mich. Ich war so froh, dass wir diesen Geburtstag nicht »verpasst« hatten, dass die Verwechslung doch relativ früh herausgekommen war. Trotz all meiner Freude darüber war es mir wichtig, dass wir diesen Tag ganz unspektakulär feiern würden. Die Normalität, die wir bis hierher gelebt hatten, sollte weitergeführt werden. Es würde kein großes Fest werden, nur ein kleines im Kreise der Familie und der besten Freunde.

Als ich gerade Yara in den Kindergarten gefahren hatte, kam Nora zum Gratulieren. Sie war die Erste und schenkte Lina etwas zum Anziehen. Wenig später klingelte es wieder an der Tür, und Michael stand mit einem Blumenstrauß vor mir. Der war allerdings nicht für das Geburtstagskind, sondern für mich – mit den besten Grüßen von Frau Koch. Für Lina gab es ein kleines Stofftierchen. Es war schön, Michael wiederzusehen, aber diesmal als Freund und nicht als Feuerwehrmann, der emotionale Brände löschen muss. Bestens gelaunt öffnete ich eine Flasche Sekt, und wir plauderten noch ein bisschen, bevor er weiter zur Arbeit fuhr. Ich wunderte mich schon etwas, dass ein Geschenk vom Landratsamt kam – vielmehr hätte ich Glückwünsche von der Klinik erwartet. Doch von dieser Seite kam überhaupt nichts. Ob sie es wohl vergessen hatten oder wieder einmal befangen waren? Einen kurzen Anruf und eine Nachfrage, wie es Lina geht, hätte ich ehrlich gesagt schon für angebracht gehalten.

Am Nachmittag begann dann die Feier. Meine Eltern und Schwiegereltern kamen, mein Schwager und meine Schwägerin, Ralfs Patentante, Ricarda und Mathias, Nora und Simon, Paula und Jochen, Jule, Maria – und alle brachten natürlich ihre Kinder mit. Nur eine fehlte: Ann-Kathrin. Sie war immer noch in Frankfurt.

Da es warm und sonnig war, spielten die Kinder im Garten. Die Großen spielten Topfschlagen, Lina krabbelte ihnen immer hinterher und hob einfach den Deckel hoch. Als die Kinder gerade besonders wild tobten, rief Vanessa an, um Lina zu gratulieren. Ich hielt den Hörer an Linas Ohr, sodass sie ihre Glückwünsche persönlich entgegennehmen konnte. Vanessa hielt den Hörer auch noch an Lillis Ohr. Natürlich kapierten die beiden Einjährigen überhaupt nichts. Wir hielten das Telefonat sehr kurz und sagten, dass wir ohnehin morgen an Lillis Geburtstag sprechen würden und dass wir uns ja mal wieder treffen könnten. Ich freute mich über Vanessas Anruf, aber es löste keine Welle von Melancholie oder Sehnsucht oder sonst ein Gefühl in mir aus. Das war ein gutes Zeichen für mich.

Ich hatte den Eindruck, dass es für alle ein besonderes Fest war, aber dass jeder seine Gefühle für sich behielt. Es war so schön, dass wir noch bis spät in den Abend hineinfeierten und jede Sekunde miteinander genossen.

KAPITEL 44

*E*s ergab sich aus Zufall. Im Grunde genommen war es nur ein unüberlegter, ganz spontan geäußerter Satz: »Ich könnte ja Oles Tagesmutter werden«, witzelte ich, als meine Freundin Maria mir erzählte, sie würde gerne wieder arbeiten gehen, aber wisse nicht, wie sie es mit der Betreuung für ihren kleinen Ole machen solle.

»Echt? Jetzt mal im Ernst: Würdest du das wirklich machen?«, fragte sie mich erwartungsvoll.

»Also, was heißt Tagesmutter?«, überlegte ich laut. »Wenn du drei Mal in der Woche arbeiten gehst, dann kannst du ihn mir bringen. Ich denke schon, dass ich das machen würde.«

Damit war diese Idee in die Welt gesetzt. Wir vereinbarten zunächst, dass wir uns das beide noch mal durch den Kopf gehen lassen und mit unseren Männern besprechen würden. Ralf fand die Idee gar nicht so schlecht. »Du bist ja ohnehin zu Hause. Wenn du dir das zutraust und denkst, du schaffst das, dann mach das doch.«

Ich überlegte nicht mehr lange, sondern sagte Maria einfach zu. Sie strahlte übers ganze Gesicht. »Das ist so toll! Du bist die Einzige, bei der ich kein schlechtes Gewissen habe, dass ich ihn abgebe.«

Ich fühlte mich ziemlich geehrt. *Sie traut mir das wirklich zu*, dachte ich. *An ihrer Stelle hätte ich das nicht gemacht.* Ich fand mich selbst noch irgendwie »gestört« durch das, was ich in dem letzten Jahr erlebt hatte, oder zumindest glaubte ich, mir selbst dieses Stigma geben zu müssen.

In unserem gemeinsamen Winterurlaub konnte sich Ole schon mal ein wenig an mich gewöhnen und umgekehrt. Im Januar 2009 ging dann mein neuer »Job« los. Ole war knapp zwei und Lina eineinhalb Jahre. Zum Glück verstanden sich die beiden super. Trotzdem plagten mich ständig irgendwelche Selbstzweifel: *Hoffentlich übernehme ich mich nicht! Wie kriege ich beide gleichzeitig zum Mittagsschlaf? Und vor allem: Wie kriege ich Ole zum Essen?*

In unserem Urlaub hatte ich schon mitbekommen, wie mäkelig der Kleine beim Essen war. Ihm schmeckte eigentlich nie etwas. Doch es klappte alles reibungslos. Seltsamerweise aß er bei mir alles. Zwar nicht so viel, aber er verschmähte nichts. Ich kam mir wie die Supernanny vor und fand es superwitzig: Das eine Kind saß rechts von mir, das andere links, und dann ging es mit dem Füttern immer hin und her. Auch der Mittagsschlaf funktionierte reibungslos. Zuerst legte ich Lina hin, danach kam ihr neuer Freund in unserem Schlafzimmer ins Bett. Ich gab ihm seine Flasche, streichelte ein paar Mal seinen Kopf und ging dann hinaus. Ich hörte, wie er noch etwas vor sich hinsang und nuckelte, bis er schließlich schlief, und zwar viel länger als bei seinen Eltern.

Ich wunderte mich schon etwas über mich selbst, dass ich so viel Ruhe für zwei kleine Kinder aufbringen konnte. Es strengte mich überhaupt nicht an. In dieser Zeit ging es mir sehr gut. Ich hätte die Betreuung auch noch länger als ein halbes Jahr machen können, wenn ich nicht wieder arbeiten gegangen wäre. Bei Yara hatte ich mir damals nur ein Jahr Elternzeit genommen. Mit Lina aber wollte ich aufgrund unserer Geschichte drei Jahre zu Hause bleiben. Ich wollte so viel Zeit wie möglich mit ihr verbringen können. Doch nach zwei Jahren wurde der Wunsch, endlich wieder »in die Welt« hinaus zu gehen, immer größer. Alle meine Freundinnen mit Kleinkindern arbeiteten mittlerweile wieder, ich war die Einzige, die noch zu Hause war, und mir fehlte Austausch. Bei meiner alten Arbeitsstelle hatte ich das große Glück, so lange pausieren zu können, wie ich wollte – und konnte auch wieder einsteigen, wann es mir passte.

Wir hatten für Lina schon bald einen Krippenplatz, und Maria fand ebenfalls eine gute Lösung für sich und Ole.

Linas Eingewöhnung in der Krippe ging extrem schnell, sie weinte kein einziges Mal. Sie ging sofort auf die anderen Kinder zu und spielte mit ihnen. Nach nur drei Tagen schlief sie dort sogar. Wenn ich sie abholte, wollte sie gar nicht mehr weg. Mir hingegen fiel das Loslassen etwas schwerer als ihr. Es hätte mir auch gereicht, wenn sie nur zwei oder drei Tage in die Krippe gegangen wäre. Davon rieten mir die Erzieherinnen aber ab. Sie meinten, Kontinuität wäre für Lina besser – vielleicht hatten sie bei dem Gedanken ja Linas Geschichte im Hinterkopf. Die Erzieherinnen handelten stets sehr kompetent und ums Wohl der Kinder bedacht.

Auch wenn ich nicht erwartet hatte, dass Lina ein Problem haben würde, fortan in den Kindergarten zu gehen, spürte ich so etwas wie eine Erleichterung, dass sie ganz normal reagierte, mehr noch: dass sie ein sehr unbekümmertes Kind zu sein schien.

KAPITEL 45

*E*in wenig nervös war ich schon. Vor allen Dingen stellte ich mir immer wieder die Frage: »Wie sieht sie wohl aus, werde ich sie überhaupt wiedererkennen?«

Es war ein sehr warmer Tag, an dem Vanessa und Lilli uns besuchen kamen. Lilli dann schließlich zu sehen, war schlichtweg befremdlich für mich. Ich konnte mir einfach nicht mehr vorstellen, dass sie das Kind war, das ich ein halbes Jahr lang gestillt und für mein eigenes gehalten hatte. Sie war nun fast zwei Jahre alt, wir hatten uns tatsächlich ein Jahr nicht mehr gesehen. Mittlerweile hatte sie helles, halblanges Haar, und ihr Babygesicht war gänzlich verwandelt. Von dem kleinen Buddha von einst war nichts mehr zu erkennen, und sie glich nun sehr ihrer Oma, wie ich fand. Auf jeden Fall sah man deutlich, dass sie Vanessas Kind und nicht meines war.

Sie rannte die Rutschbahn hoch und runter und war kaum zu bremsen, ein richtiger kleiner Wildfang. *Süß ist sie*, dachte ich. Aber meine Lina fand ich natürlich süßer. Auch Vanessa war überrascht, als sie ihr »Exkind« sah. »Mann, hat die sich verändert!«, rief sie aus und konnte es kaum glauben – ihr erging es wohl ähnlich wie mir.

Wir redeten hauptsächlich über die Kinder, das war schließlich unser gemeinsamer Nenner. Sie erzählte mir aber auch, dass sie nun wieder einen Freund habe und mit ihm zusammengezogen sei. Und dass sie gerne Erzieherin werden und ein soziales Jahr machen wolle. Da sie so liebevoll mit Kindern umging, schien der Beruf perfekt für sie zu sein. Auch Yara war immer noch ganz begeistert von Vanessa und wollte ständig mit ihr spielen.

Vanessa sagte nicht nur, dass es ihr und Lilli gut gehe, man konnte das auch sehen. Wenn sie von Lilli erzählte – was sie schon alles könne –, waren ihre Blicke und ihre Stimme mit Mutterliebe erfüllt.

Wir vier verbrachten einen richtig schönen Nachmittag zusammen, ohne irgendwelche Schatten aus der Vergangenheit.

KAPITEL 46

Linas Taufe stand nun an, oder besser gesagt: Sie stand noch aus. Ich war so froh darüber, dass sie noch nicht getauft worden war. Das war mir fast noch wichtiger, als dass wir zusammen ihren ersten Geburtstag erleben konnten. Sie taufen zu lassen und dies zu feiern, gab mir noch mehr das Gefühl, dass sie unser Kind war.

Eigentlich wollten wir sie schon viel früher taufen lassen, aber ich hatte von Anfang an gesagt, dass ich nicht ohne Ann-Kathrin feiern würde. Ich wollte so lange warten, bis sie wieder auf den Beinen stehen und unter Leute gehen konnte – und wenn Lina vier sein würde. Ann-Kathrin war ihre Patentante, und sie sollte bei der Taufe ihres Patenkindes dabei sein. Ich hatte das Gefühl, dass ich das Ann-Kathrin schuldig war und dass das mein kleiner Beitrag sein könnte, ihre Genesung zu unterstützen.

Meine sehr katholische Schwiegermutter fragte mich zwar immer wieder: »Was ist denn jetzt mit der Taufe?«

Ihr war es sehr wichtig, dass Lina so schnell wie möglich die Taufe erhielt, und wahrscheinlich waren wir aus diesem Grund mal wieder das Dorfgespräch.

Aber ich antwortete immer dasselbe: »Ann-Kathrin geht es noch nicht so gut. Deswegen wird es noch dauern.«

Auf keinen Fall wollte ich, dass diese Taufe so vonstatten gehen würde wie die von Leni. Ich wollte unbedingt einen »Abklatsch« ihrer Taufe vermeiden. Etwas Besonderes sollte es werden. Mein erster Gedanke war gleich, in Sankt Thomas zu feiern. Ich fühlte eine Bindung zu diesem Ort, und so würde sich der Kreis schließen. Ralf gefiel die Idee ebenfalls, und so fragten wir bei Markus Weiss an, der auch sogleich zusagte. Er war der beste Pastor, den ich mir für Linas Taufe vorstellen konnte.

Im Frühjahr 2009 war es dann so weit. Wir hatten nur die engsten Familienmitglieder und Freunde eingeladen und natürlich Michael. Ralf, die Kinder und ich, meine Schwiegereltern und Nicole, wir alle reisten schon am Abend vorher an, um es ganz entspannt angehen zu lassen. Die Taufe war am frühen Nachmittag angesetzt. Alle kamen nach dem Mittagessen – bis auf Ann-Kathrin und ihr Vater. Sie steckten im Stau fest. Mein Vater war deswegen schon ganz aufgelöst. Er war nervlich einfach nicht mehr belastbar und hatte Angst, dass ihnen etwas passiert sein könnte. Aber ich bemerkte auch, dass ihm unsere Geschichte emotional sehr naheging, auch wenn er das bislang nicht so gezeigt hatte.

Völlig nervös tigerte er umher und sagte immer wieder: »Wo bleiben die nur? Wo bleiben die denn nur? Wir müssen doch anfangen!«

Ich dachte, er würde gleich einen Herzinfarkt bekommen. Ralf versuchte ihn zu beruhigen. »Es ist alles kein Problem. Die Taufe ist nur für uns. Wir sind von nichts abhängig. Du kannst ganz entspannt sein.«

Aber seine Worte halfen wenig. Mein Vater war der festen Meinung, dass man pünktlich beginnen müsse.

»Ich fange aber nicht ohne Ann-Kathrin an!«, sagte ich bestimmt. »Das geht nicht. Wir warten so lange, bis sie da ist.«

Am Ende verspäteten sich Ann-Kathrin und ihr Vater

gerade mal um eine viertel Stunde. Mein Vater hatte es gerade noch so überlebt, und wir fingen sofort an.

Als wir die Kapelle betraten, spürte ich, dass jeder den Tränen nahe war. Ich traute mich gar nicht, mich umzudrehen und in die Gesichter zu blicken, um nicht selbst gleich loszuweinen. Markus Weiss gab jedem von uns eine lange weiße Kerze. Jeder zündete seine an Linas großer Taufkerze an. Die Kapelle erstrahlte daraufhin in einem wunderschönen, weichen Licht. Es war eine verzauberte Atmosphäre.

»Ihr seid, als ihr damals nach Sankt Thomas kamt, durch reißende Wasser gelaufen«, eröffnete Markus Weiss seine Predigt. »Die Verwirrung war groß. Ihr wusstet nicht, wie soll das mit uns und unserem Kind weitergehen. Ich bin dankbar, dass ich Anteil nehmen durfte an eurem Weg, einem schweren Weg. Einem Weg, den das Leben verzeichnet. Das ist Leben – so ist das Leben ...«

Nicole las einen Text vor, den ich ausgesucht hatte. »Es sagte einmal die kleine Hand zur großen Hand: ›Du, große Hand, ich brauche dich, ich brauche deine Kraft und deine Erfahrung. Ich bitte dich: Bleib in meiner Nähe und halte mich ...‹«

Ich hörte, wie meine Mutter in ein Taschentuch schnäuzte, und auch Theodora liefen die Tränen. Ricarda spielte ein Flötenstück – »Gib mir die richtigen Worte« – und wurde von Mathias am Keyboard begleitet. Der Klang der Musik erfüllte die Kapelle. Es war ein ergreifendes Fest. Und vor allem war es wunderschön.

Als Markus Weiss am Taufbecken stand und sich herumdrehte, um Lina entgegenzunehmen, griff er intuitiv nach Yara, die gerade auf meinem Arm war. »Das ist das falsche Kind«, sagte ich schnell.

Gelächter hallte durch die Kapelle. Ich war erleichtert, dass alle über meinen Scherz lachen konnten, und ich glaube, von allen lachte ich am lautesten.

Lina wusste gar nicht, wie ihr geschah, als sie das kalte Wasser über ihren Kopf und danach noch Öl auf ihre Stirn bekam. Ihre Augen schauten uns nur fragend an. Ann-Kathrin stand ganz still und andächtig mit Linas Taufkerze in der Hand neben ihrem Patenkind. Blass sah sie aus.

Nach der Taufe feierten wir in einem Raum, in dem für uns ein langer Tisch festlich gedeckt war. Alles war liebevoll dekoriert, und es gab – Gott sei Dank – ein üppiges Kuchenbuffet. Ralf und ich mussten uns um nichts kümmern, wir durften einfach nur genießen.

Zumindest nach meiner kurzen Ansprache: »Ich danke allen, dass ihr hier seid. Und ich freue mich, dass wir diesen wundervollen Tag gemeinsam mit euch feiern können. Das Buffet ist eröffnet.«

Unser Schicksal erwähnte ich ganz bewusst nicht. Es war der Grund, warum wir überhaupt hier und alle so ergriffen waren. Jedes Wort mehr wäre überflüssig gewesen.

Am späten Nachmittag fuhren wir dann wieder nach Hause und ließen den Tag bei uns ausklingen. Lina stand natürlich im Mittelpunkt und wurde die ganze Zeit geherzt. Jeder strahlte und war bester Laune. Bei der Verabschiedung sagten alle, wie schön und stimmig dieser Tag gewesen sei.

Theodora knuddelte und küsste Lina. »Wenn es dich nicht gäbe, dann müsste man dich erfinden«, sagte sie zu ihr. Lina kicherte nur.

Als Ann-Kathrin sich von mir verabschiedete, fiel mir sofort auf, wie mitgenommen sie aussah. Aber sie hatte sich den ganzen Tag auf den Beinen gehalten. Das war sehr viel wert. Wir umarmten uns. Ich hielt sie lange fest und hatte auf einmal das überwältigende Gefühl, dass jetzt endlich alles wieder gut ist. Sie hatte es geschafft! Und wir hatten es geschafft!

Es war einer der glücklichsten Tage in meinem Leben.

*M*ama? Wie war das noch mal, als die Lina vertauscht wurde?«

Der Kochlöffel fällt mir in die Tomatensoße.

Lina, inzwischen fünf Jahre alt, sitzt am Küchentisch und schaut abwechselnd von Yara zu mir und zurück.

Ich muss erst mal schlucken. Mit dieser Frage habe ich nun wirklich nicht gerechnet. Sonst bin ich ja nicht auf den Mund gefallen, doch nun schaue ich unsicher zu Lina hinüber, wie sie wohl reagiert. Eigentlich hatte ich es mir immer genau so gewünscht. Ganz nebenbei im Alltag. Hauptsache kein großes Ding daraus machen, bloß nicht vor ihrem ersten Schultag sagen müssen: »Lina, komm, setz dich mal hin. Papa und Mama müssen dir noch was erzählen …« – schließlich wohnen wir in einem Dorf, wo jeder jeden kennt. Und auf keinen Fall sollte Lina ihre eigene Geschichte über Dritte erfahren. Doch heute ist der denkbar ungünstigste Tag, ich habe alles minutiös durchgeplant: Nach meiner Frühschicht in der Klinik Yara aus der Schule und Lina aus dem Kindergarten abholen, Mittagessen kochen, danach einen großen Tacco-Salat für Paulas Geburtstagsfeier machen, die Kinder pünktlich zum Sport und zum Musikunterricht bringen und wieder abholen, Abendbrot essen, die Kinder ins Bett bringen und um halb neun gestylt auf der Party sitzen. Da ist keine Minute Luft mehr dazwischen. Und abgesehen von diesem ganzen Stress bin ich auf diese Frage gerade null vorbereitet. Ich schalte erst mal den Herd runter, drehe mich wieder zu den Kindern und antworte mit gespielter Lockerheit: »Also, das war so: Als du geboren wurdest, Lina, da wurde auch noch ein anderes Kind im Krankenhaus geboren. Und alle Babys kriegen ein Namensbändchen, nachdem sie auf die Welt gekommen sind. Als die Krankenschwester dich und das andere Baby nachts gebadet hat, sind diese Bändchen aus Versehen abgefallen, und die Krankenschwester hat dich mit dem anderen Baby verwechselt. Und dann habe ich das falsche Baby mit nach Hause genommen. Also nicht dich, wie es eigentlich hätte sein müssen, sondern das andere Baby. Aber irgendwann hat man herausgefunden, dass ihr vertauscht wurdet, und dann haben wir dich wieder zurückgekriegt.« Schon beim Reden merke ich, dass das, was ich da erkläre, kein fünfjähriges Kind auf dieser Welt verstehen kann. Aber ich kann es gerade nicht besser. Lina starrt mich an, als sei ich zu einem Schaf mutiert. Ihr Gesichtsausdruck ist ein einziges großes Fragezeichen. *Wir werden sicher noch oft darüber sprechen und irgendwann wirst du es verstehen,* denke ich hilflos. Doch Yara, die das Thema auf den Tisch gebracht hat, rettet mich. Sie versucht so zu tun, als sei das alles nur eine Lappalie gewesen. »Aber jetzt haben wir dich ja wieder, Lina! Wir sind so froh, dass du nun bei uns bist. Es war ja auch nur ganz kurz, dass du die Falsche warst. Das war doch gar nicht schlimm.« Lina schaut wieder abwechselnd zu ihrer großen Schwester und zu mir und kapiert gar nichts. Ich nicke und lächle. »Ja, genau. Gott sei Dank haben wir dich wiedergefunden«, höre ich mich in einer viel zu hohen Tonlage sagen – mehr fällt mir nicht ein. Aber genauso ist es: Wir sind einfach nur dankbar und froh, dass wir dich wiederhaben, Lina. Das sind die einzigen Gefühle, die von der ganzen Geschichte übrig geblieben sind – Dankbarkeit und Glück!

NACHWORT

*R*alf und ich entschlossen uns, keine Klage gegen die Klinik einzureichen. Stattdessen einigten wir uns gütlich. Unser Anwalt sagte immer nur: »Wirklich schade, dass Sie nicht in Amerika wohnen! Dann könnten Sie sich nun die ganze Klinik kaufen.«

Egal, wie hoch die Summe gewesen wäre, sie hätte das, was passiert ist, ohnehin nicht gutmachen können. Etwas erschüttert hat mich, dass es doch tatsächlich Neider gab: »Na ja, sie haben ja auch Geld dafür bekommen ...«

Wie kann man nur so denken, frage ich mich.

Es konnte letztendlich nie geklärt werden, wie die Vertauschung eigentlich passiert ist. Natürlich ist das ein unbefriedigendes Ergebnis für uns. Die beiden zuständigen Schwestern konnten sich nicht mehr an ihre Nachtschicht erinnern – was ich allerdings gut verstehen kann, denn ich wüsste auch nicht mehr, wie meine Nachtschicht vor einem halben Jahr gewesen war.

Das saarländische Gesundheitsministerium hat zwar Untersuchungen angestellt, jedoch haben wir das Gutachten bis heute nicht zu sehen bekommen. Wir wurden noch nicht einmal als Zeugen befragt, was wir ziemlich verwunderlich fanden. Alle Informationen, die uns zuteilwurden, erfuhren wir wie Außenstehende nur über die Presse.

Mir kamen immer mal wieder irgendwelche abstrusen Verschwörungstheorien zu Ohren, wie zum Beispiel, dass die Babys absichtlich vertauscht wurden. Entweder von dem Vater von Lilli oder von einer zuständigen Krankenschwester, die wahrscheinlich psychisch gestört war, weil sie vielleicht schon zehn Abtreibungen oder Fehlgeburten hinter sich hatte. Alles Gerüchte und Unsinn natürlich.

Im Laufe der Zeit habe ich mir meine eigene Version zurechtgelegt. Ich glaube, dass Leni und Angelina nebeneinander auf einem Wickeltisch lagen. Um sie zu beruhigen, wurden die schreienden Babys nachts gebadet. Dabei verloren sie ihre Namensbändchen, die ohnehin etwas zu locker saßen. Vielleicht kam es zu einem stressigen Moment, in dem das Telefon klingelte oder ein anderes Kind schrie, sodass eine Schwester kurz woandershin ging. Als sie wieder zurückkam, griff sie das falsche Bändchen, zog das Baby wieder an und legte es in das falsche Bettchen.

Ich hadere noch heute mit mir selbst, dass ich Leni nachts abgegeben habe – zumal ich ja ein ungutes Gefühl hatte, es zu tun. Im Grunde genommen war es völlig unnötig gewesen. Höchstwahrscheinlich wäre uns dieses Schicksal dann niemals widerfahren, wenn ich mein Kind in meinem Zimmer behalten hätte. Diese Gedanken sind zwar müßig, aber schwer ein für alle Mal abzustellen.

Außer mir selbst mache ich niemandem einen Vorwurf. Ich verstehe, dass mich mein Mann, meine Familie, meine Freunde und auch die Krankenschwestern in erster Linie beruhigen wollten, als ich meinte, das Baby im Bettchen meiner Tochter sei nicht mein Kind. Wenn man eine Kindsverwechslung nur aus Filmen kennt oder gar noch nie davon gehört hat, dann ist es naheliegend, solche Ängste und Zweifel völlig absurd zu finden.

Ich habe mit Ralf nie über die »Schuldfrage« gesprochen. Auch er hat dieses Thema niemals erwähnt, er hat sich auch niemals bei mir entschuldigt, dass er meine Zweifel nicht ernst genommen hatte. Auf seine Art und Weise hat er versucht, das Geschehene wieder etwas gutzumachen, indem er mich mit all seinen Kräften unterstützt hat. Ich weiß allerdings, dass ich an seiner Stelle ein fürchterlich schlechtes Gewissen gehabt hätte – auch, wenn ein schlechtes Gewissen nicht weiterhilft. Umso besser, dass unsere Rollen nicht vertauscht waren.

Viele fragen sich, ob mein Vertrauen in die Klinik nicht zerstört ist. Ganz im Gegenteil, kann ich nur sagen. Ich würde jederzeit wieder dort gebären. Der Skandal hat nämlich große sicherheitstechnische Veränderungen mit sich gebracht. Früher gab es eine Regel, wie viel Platz zwischen dem Namensbändchen und dem Arm des Babys sein durfte – nämlich der kleine Finger eines Erwachsenen. Laut der Deutschen Gesellschaft für Gynäkologie und Geburtshilfe lösten sich viele Bändchen oder Ketten, die zur Neugeborenenidentifikation verwendet wurden, versehentlich ab. Das ergab eine Umfrage in Hunderten von Krankenhäusern. Kaum auszudenken, wie viele Vertauschungen aus diesem Grund vielleicht unbemerkt stattgefunden haben …

Mittlerweile gibt es in der Klinik, in der Lina geboren wurde, nicht nur Überwachungskameras auf der Säuglingsstation, sondern auch Doppelmarkierungen an Hand- und Fußgelenk des Babys. Außerdem trägt auch die Mutter ein Identifikationsband. Bei jedem Schichtwechsel der Schwestern werden die Namensbändchen auf ihren korrekten Sitz überprüft, alles muss schriftlich dokumentiert werden. Und die Schwestern dürfen nur noch der Mutter das Kind überreichen, nicht mehr dem Vater. Bei diesen hohen Sicherheitsvorkehrungen ist eine Verwechslung definitiv ausgeschlossen.

Häufig werde ich gefragt, ob die ganze Geschichte bei Lina Spuren hinterlassen habe. Ich bin mir sicher, dass es keine Spuren hinterlassen hat. Auch aus psychologischer Sicht habe ich diese Bestätigung bekommen. Lina ist ein fröhliches und ausgeglichenes Kind. Sie ist zwar ganz anders als ihre große Schwester, viel »kindlicher« und sensibler. Aber sicherlich wäre sie das auch ohne ihren schwierigen Start ins Leben. Sie hat auch keine besonderen Ängste, zumindest keine, die ich mit ihrem Schicksal in Verbindung bringen würde.

Mich indes hat unsere Geschichte schon verändert. Auf der einen Seite bin ich ängstlicher geworden, auf der anderen Seite aber auch viel stärker und selbstbewusster. Ich kann von mir selbst behaupten, dass ich über mich hinausgewachsen bin. Ich habe gelernt zu kämpfen, insbesondere, wenn es um das Wohl meiner Kinder geht. Ich verlasse mich mehr auf meine Intuition. Wenn ich heutzutage irgendwelche »Verdachtsmomente« hege, dann gehe ich der Sache nach und bin nicht mehr so kompromissbereit wie früher.

Rückblickend kann ich behaupten, dass unser Schicksal eine positive Erfahrung für mich war – auch wenn die ersten Wochen der reinste Albtraum waren. Uns kann so schnell nichts mehr umhauen. Wir fühlen uns zusammengeschweißt und als starke Familie.

Mit Lilli und ihrer Mama Vanessa haben wir zurzeit keinen Kontakt. Aber ich weiß, dass Lilli in guten Händen ist und dass sie sehr geliebt wird. Das ist das Allerwichtigste. Mehr brauche ich nicht.

DANKSAGUNG

… meinem »ghost« Anne, ohne die dieses Buch nie geschrieben worden wäre – danke für eine kreative, aufregende, spaßige und teilweise auch emotionale Zeit

… Ralf, Yara und Lina für ihr Verständnis und Aushalten meiner Launen in stressigen Zeiten

… meiner ganzen Familie für ihre Offenheit – ich weiß, dass es nicht immer leichtgefallen ist

… meinen Freunden für gutes Zureden, Mithilfe und Unterstützung, insbesondere Susanne – danke für's Händchenhalten beim Fliegen

… Monika Bachmann, Josef Rath, Marlies und Roland für ihre tatkräftige Mithilfe bei Recherchearbeiten

… und allen anderen, die mich bestärkt haben, dieses Projekt anzugehen, und mich in irgendeiner Art und Weise unterstützt haben

… und natürlich meinen beiden Agentinnen, die immer an dieses Buch geglaubt haben!

*Die komische und manchmal aben-
teuerliche Geschichte einer ungewöhn-
lichen Freundschaft*

James Bowen
BOB, DER STREUNER
Die Katze, die mein
Leben veränderte
Aus dem Englischen
256 Seiten
ISBN 978-3-404-60693-1

Als James Bowen den verwahrlosten Kater vor seiner Wohnungs-
tür fand, hätte man kaum sagen können, wem von beiden es
schlechter ging. James schlug sich als Straßenmusiker durch, er
hatte eine harte Zeit auf der Straße hinter sich. Aber dem ab-
gemagerten, jämmerlich maunzenden Kater konnte er einfach
nicht widerstehen, er nahm ihn auf, pflegte ihn gesund und ließ
ihn wieder laufen. Doch Bob war anders als andere Katzen. Er
liebte seinen neuen Freund mehr als die Freiheit und blieb. Heute sind sie eine stadtbekannte Attraktion, ihre Freundschaft geht
Tausenden zu Herzen …

*Die beeindruckende Reise einer jungen Frau
in die Freiheit*

Meral Al-Mer
NICHT OHNE MEINE
MUTTER
Mein Vater entführte
mich als ich ein Jahr alt war.
Die Geschichte
meiner Befreiung
336 Seiten
mit zahlreichen
Abbildungen
ISBN 978-3-404-60706-8

Wo Merals Familie herkommt, da herrschen die Männer:
stolze, auch kluge Männer, manchmal. Aber häufig brutal,
ohne Respekt vor dem Körper einer Frau. Und ohne Angst
davor, dass sie sich wehren könnte. Meral hat sich befreit,
von ihrem Vater, der sie entführte, als sie ein Jahr alt war.
Den sie anzeigte wegen seiner Gewalttätigkeit und grausamen
Demütigungen, unter denen sie litt, solange sie bei ihm leben
musste. Und sie hat wiedergefunden, was sie so lange ent-
behrte: ihre Mutter, die sie mehr als 25 Jahre nicht sehen durfte.

Bastei Lübbe Taschenbuch

Eine Europäerin auf der Suche nach
Spiritualität und Liebe

Elisabeth Karamat
HONIGMANN
Wie ich die wahre Liebe
in der Karibik fand
241 Seiten
ISBN 978-3-404-60713-6

Elisabeth ist Mitte vierzig, hat einen guten Job und drei er-
wachsene Kinder. Aber soll es das schon gewesen sein, das gute
Leben? Nach einem Urlaub auf der idyllischen Karibik-Insel
St. Kitt's beschließt sie auszuwandern. Ein Grund dafür: der
rätselhafte Kwando, ein Rastafari und spiritueller Heiler, der
sie geradezu magisch anzieht. Elisabeth lässt sich auf ein neues
Leben in einer fremden Kultur ein.

Bastei Lübbe Taschenbuch

Wenn der eigene Körper
zum Gegner wird

Andrea Zapla
AUSSER MIR
Mein neues Leben mit
Multipler Sklerose
368 Seiten
ISBN 978-3-404-60691-7

Zunächst sind nur die Füße betroffen. Taub, wie auf Watte geht Andrea Zapla, stolpert manchmal. Die sonst so leidenschaftliche Sportlerin muss das Training ausfallen lassen. Doch dann mehren sich die Symptome: ein Kribbeln in ihrem Bauch macht sich bemerkbar, wie ein kleines, unangenehmes Tier. Die Diagnose »Multiple Sklerose« ist zunächst ein Schock. Wird sie zwangsläufig im Rollstuhl landen?

Lebensbejahend, dabei voller Humor und Selbstironie erzählt Andrea Zapla die Geschichte ihrer Krankheit – und wie sie lernte, mit ihr zu leben.

Bastei Lübbe Taschenbuch